本书受到云南财经大学全额资助

云南财经大学前沿研究丛书

中国公务员辞职及其管理研究

STUDY ON RESIGNATION AND
MANAGEMENT OF CHINESE CIVIL SERVANTS

李永康 / 著

社会科学文献出版社
SOCIAL SCIENCES ACADEMIC PRESS (CHINA)

序

公务员辞职制度是公务员制度建设的重要内容，关系到公务员的权利保障和政府管理的效能建设，对其进行研究具有重要的理论价值。同时随着当前中国改革开放的深入和发展，公务员辞职呈现出许多新情况，需要在制度上和管理上进行创新，因此本书也具有重要的现实意义。

本书作者系我所指导的公共组织与人力资源研究方向的一位博士，在其2010年至2013年读博士期间，我在指导他博士论文方向时提出，学术界和博士选题方面关于公务员的入口和管理过程方面的选题比较充分，如公务员选拔、公务员录用、公务员绩效考核、公务员队伍建设等。对公务员的出口问题也有一些研究，比如辞职辞退、辞职下海、引咎辞职等，但是目前的研究比较薄弱。卢丹博士的论文《中国公务员退出机制研究》，分别讨论了退出机制的辞职、辞退、退休和开除四种形式，其中辞职问题很值得进一步系统研究。于是本书作者选择了《中国公务员辞职及其管理研究》这一选题进行探索性研究。如今他的著作即将出版，是研究公务员退出问题的一本力作，可喜可贺！

《中国公务员辞职及其管理研究》一书是作者在其博士学位论文的基础上，充分关注和分析党的十八大以来公务员辞职问题的新变化和新趋势，整理国外新近的研究观点与结论，结合2019年6月1日实施的修订后的《中华人民共和国公务员法》及最新版的有关党规和法规，不断探索和修改而成的。这本书总体来看有以下几个特点。

第一，首次系统研究了中国公务员辞职制度。作者依据法规界定了中国公务员辞职制度包括公务员辞去公职和领导干部辞去现职两大部分。

公务员辞去公职是公务员所享有的辞职权利。领导干部辞职（辞去现职）包括因公辞职、自愿辞职、引咎辞职和责令辞职，其中引咎辞职和责令辞职是对领导干部的问责方式。书中对各种辞职形式的定义、本质、理论依据、原因、问题及对策等进行了详细分析，对因公辞职和责令辞职问题的分析也令人耳目一新，值得进一步关注和研究。

第二，对中国古代官吏辞职和国外公务员辞职进行了详细分析。作者首次全面梳理了中国古代官吏辞职及其管理。我国官吏辞职现象几千年来一直存在，辞职的思想渊源也比较丰富。从春秋战国时期孔子的"齐人归女乐，季桓子受之，三日不朝，孔子行"，孟子的"三就三去"，到魏晋时期陶渊明的"不为五斗米折腰"，再到唐代魏征的"英彦如林，无容痼疾之人"，清代龚自珍辞官从教等。辞职的类型有"天谴"说引起的高官辞职，违反官纪官德导致的辞职，"丁忧"引起的辞职等。辞职的原因大致有几类：对被忽视不满而辞职；希望给后生腾出空位而辞职；希望专心从事写作和研究而辞职等。古代官吏的辞职现象一定程度上推动了多元思想的发展和交流，推动了教育事业和经济的发展。另外，作者也全面总结了国外公务员辞职及其管理的经验，系统梳理了国外公务员辞职及其管理的法规措施，从中发现各国公务员辞职管理的共性和规律，比如辞去公职是一种权利、辞职是主动做出的、高官辞职的标准取决于公众等。同时也探讨了美国弹劾制度和日本退职管理与辞职之间的关系，这些共性和特点值得我国在完善公务员辞职管理中予以借鉴和参考。

第三，对公务员辞职管理进行了系统分析并提出建设性对策。一是依据公务员制度的发展历程将公务员辞职现象分为四个阶段，对当代公务员辞职现象进行分析，总结其规律。二是详细总结了当代公务员辞职管理的发展过程及其经验，并深入分析存在的问题。三是提出中国公务员辞职管理的总体思路。（1）健全公务员辞职的制度保障机制，如健全公务员辞职的法规体系。（2）完善公务员辞职的压力机制，如弹劾制度、离职审计制度等。（3）对因公辞职和自愿辞职（现职）的管理进行了探索。目前的研究中缺少对因公辞职和自愿辞去现职的学术研究，不利于辞职制度的全面完善。作者提出了因公辞职与干部任期制之间可能存在的冲突及调整对策，如制定因公辞职的限制条件和加强对领导干部离职的审计工作等。对自愿辞去现职的领导干部要正确引导，合理安排工作，审慎安排人大、政协机关，以免影响两个机关的功能发挥。

本书的研究既有对中国古代治国理政的一系列优秀传统的继承，也有对国际视野的比较与借鉴，是对当前中国实现民族伟大复兴和国家治理等重大理论问题的回应。作者在2013年博士毕业后，于2014年4月赴美国佛罗里达大学人力资源中心访学一年，研究美国公务员辞职管理。同年获得了国家社科基金一般项目"公务员去职行为实证研究"（项目编号：14BZZ055）。作者在这一领域所进行的一系列拓展研究值得肯定和鼓励，期望他取得更多有价值的研究成果。

朱立言
中国人民大学公共管理学院
2019年6月

摘　要

公务员辞职是公务员管理的重要内容，是公务员制度建设的重要方面，关系到公务员的权利保障和政府管理的效能建设。中国公务员辞职制度包括辞去公职和辞去现职两个方面，它是在借鉴国外管理经验和中国传统管理经验的基础上，根据我国国情所形成的有中国特色的公务员制度的一个有机组成部分。研究中国公务员辞职及其管理有极强的现实意义和理论价值。从现实意义看，研究中国公务员辞职及管理是进一步完善公务员制度的需要，实现干部人事制度改革目标的要求和深入推进政府机构改革，实现国家长治久安的现实需求。从理论价值看，有利于探索中国公务员辞职的理论体系，推动公共人力资源管理理论的发展和丰富党政领导干部问责制和责任政府理论。

本研究采用文献分析、个案分析和比较分析三种方法，着重分析公务员辞职的基本概念和理论基础、中国官吏辞职的历史沿革、当代中国公务员辞职概况、辞职管理及其问题、国外公务员辞职管理及借鉴，最后提出完善我国公务员辞职管理的对策体系。

笔者通过研究有几点发现：①国内外对公务员辞职制度的学术研究不多，这既是一个契机，同时也给本研究带来极大挑战；②中国公务员辞职制度与我国政党领导制度密切相关，因此被打上了很深的中国烙印，比起西方的公务员辞职制度更加复杂；③中国在各历史时期都存在官吏的辞职现象，并积累了一些有益的管理经验；④当代公务员辞职及其管理的变化趋势与国家改革开放和经济建设的趋势高度一致。

本研究获得了以下几个研究结论。

（1）中国公务员辞职制度具有中国特色，包括公务员辞去公职和党政领导干部辞去现职两个部分。公务员辞去公职是公务员的一项权利，辞职后的主要流向是企业，实现了人才资源的优化组合和配置，促进了国家经济的发展。但是公务员辞去公职必须遵循《中华人民共和国公务员法》所规定的限制条件。党政领导干部辞去现职包括因公辞职、自愿辞职、引咎辞职和责令辞职。其中引咎辞职和责令辞职同时也是对党政领导干部进行问责的方式。现行的公务员辞职制度体系基本能实现对公务员辞职的规范管理。

（2）公务员辞职及其管理中存在一些亟待解决的问题。首先是法规不健全及执法不严问题。其次是辞职后的官商勾结，扰乱了公平竞争的秩序；同时导致人才流失，出现辞职的"逆向选择"现象。最后，党政领导干部辞职及其管理的主要问题是引咎辞职的标准有待进一步完善，复出问题亟须规范；责令辞职与辞职的"主动性"存在冲突；因公辞职和自愿辞去现职没有引起学界重视。

（3）公务员辞职管理需要系统设计。目前公务员辞职管理的法规体系主要是"一法二规"，即《中华人民共和国公务员法》、《党政领导干部辞职暂行规定》和《公务员辞去公职规定（试行）》。它们是公务员辞职管理必须遵循的基本法规依据。中国公务员辞职管理的对策体系包括四个方面。一是公务员辞职管理应遵循的三个原则，即公共利益优先、保护个人权利和法治；二是总体思路，主要包括完善公务员辞职的保障机制和压力机制；三是公务员辞去公职管理的对策；四是党政领导干部辞职管理的对策。公务员辞职管理系统要与政治、经济、公务员管理等大系统发生互动。

本书可能的创新有如下几点。第一，尝试探索完整意义上的中国公务员辞职制度体系。第二，对我国上千年来的辞职管理经验和国外公务员辞职管理经验进行归纳和梳理。第三，提出几个建设性思考。一是治理"逆向选择"的途径；二是完善公务员辞职的动力机制，建立和实施公务员弹劾制度，强化公务员引咎辞职的压力机制；三是构建"公众全程参与的引咎辞职流程"，系统思考引咎辞职及其复出机制。

关键词：公务员　党政干部　辞去公职　辞去现职　人事制度

目 录

第一章 导论 … 1
一 研究背景及意义 … 1
二 研究综述 … 4
三 研究的方法和创新 … 34
四 研究逻辑框架 … 37

第二章 中国公务员辞职的概念与基本理论 … 40
一 相关概念的界定 … 40
二 基本理论 … 50
三 公务员辞职的法律依据 … 61

第三章 中国官吏辞职的历史考察 … 65
一 清代以前的官吏辞职 … 65
二 民国时期的文官辞职 … 84
三 新中国成立后的干部退职管理与辞职 … 88

第四章 中国当代公务员辞职分析 … 94
一 公务员辞职的发展历程 … 94
二 公务员辞职的类型 … 117
三 公务员辞职制度的功能 … 125

四　公务员辞职的原因分析 ························· 128

第五章　当代公务员辞职管理及其问题分析 ················· 143
　　一　公务员辞职管理及经验 ························· 144
　　二　公务员辞职管理中的问题分析 ····················· 154

第六章　国外公务员辞职管理 ························· 169
　　一　国外公务员辞职及其管理措施 ····················· 169
　　二　国外高官辞职及其管理措施 ······················ 193

第七章　中国公务员辞职的管理对策 ····················· 209
　　一　管理公务员辞职的基本原则 ······················ 211
　　二　管理公务员辞职的总体思路 ······················ 213
　　三　公务员辞去公职的管理对策 ······················ 222
　　四　公务员辞去领导职务的管理对策 ···················· 238

参考文献 ··································· 247

致　谢 ···································· 265

图表目录

图1-1 中国公务员辞职及其管理的研究逻辑框架 …………… 38
图2-1 从工作不满意到工作退出的总体模型 ………………… 60
图4-1 美国联邦公务员辞职率变化趋势 ……………………… 115
图4-2 英国公务员辞职率变化趋势（1992—1997年）……… 115
图4-3 因公辞职职务变动 ……………………………………… 120
图4-4 2002年公务员对薪酬福利因素的认同度 …………… 136
图4-5 2016年对286名已辞职公务员调查的结果 ………… 136
图5-1 公务员辞职悖论 ………………………………………… 159
图7-1 中国公务员辞职管理对策体系 ………………………… 210
图7-2 公务员辞职管理对策体系与相关系统之间的互动 …… 211
图7-3 美国联邦公务员退出趋势（2005—2013年）………… 233
图7-4 美国联邦公务员辞职年龄分布（2005—2013年）…… 234
图7-5 美国联邦公务员辞职职位分布（2005—2013年）…… 235
图7-6 公众全程参与的引咎辞职流程 ………………………… 241

表1-1 美国公务员辞（离）职研究主要文献 ………………… 8
表1-2 1978—1993年我国介绍公务员辞职的主要书籍 …… 20
表2-1 辞去上一次工作的原因 ………………………………… 49
表2-2 公务员辞职制度的理论基础 …………………………… 51
表3-1 中国古代官吏辞职现象 ………………………………… 66
表4-1 机关干部辞职经商部分案例统计（1978—1993年）… 97

表 4-2　部分公务员自愿辞官经商统计（1994—2005 年）………… 104
表 4-3　通化市部分"下海"领导干部统计（1995—2004 年）…… 107
表 4-4　公务员部分领导干部引咎辞职一览（2006—2012 年）… 110
表 4-5　党政领导干部辞职后的复出情况 ……………………… 110
表 4-6　中共十八大以来公务员辞职情况 ……………………… 112
表 4-7　干部提拔中的因公辞职概览 …………………………… 121
表 4-8　地方政府机构庞大原因重要性程度 …………………… 124
表 4-9　部分领导干部责令辞职统计 …………………………… 125
表 4-10　公务员辞职原因 ………………………………………… 129
表 4-11　四次国务院机构改革精简的公务员人数统计
　　　　（1982—1998 年）……………………………………… 130
表 4-12　2002 年公务员对薪酬与福利因素的认同度 ………… 135
表 5-1　我国公务员辞职管理的党规和法律 …………………… 145
表 5-2　我国制定的与引咎辞职相关的法律法规 ……………… 152
表 5-3　我国各地区与人才流动组织选择关系 ………………… 156
表 5-4　部分地方鼓励公务员辞职政策介绍 …………………… 157
表 5-5　辞职官员中的腐败现象 ………………………………… 161
表 6-1　全职、长期的联邦雇员的年度离职率（1984 年）…… 179
表 6-2　美国联邦公务员离职情况（2000—2013 年）………… 179
表 6-3　联邦政府常任高级文官的离职情况（1980—1987 年）… 180
表 6-4　国外部分高官辞职情况 ………………………………… 194
表 6-5　日本人事院认可的往民间企业的"下凡"人数 ……… 203
表 6-6　日本"族议员"任职经历 ……………………………… 205
表 7-1　美国联邦公务员进入和退出的情况（2000—2013 年）… 232
表 7-2　美国联邦公务员退出情况（2005—2013 年）………… 233
表 7-3　美国联邦公务员辞职服务年限分布（2005—2013 年）… 234
表 7-4　2002—2012 年美国雇员流动率调查 ………………… 236
表 7-5　澳大利亚公共部门对职员是否辞职的调查 …………… 237

第一章 导论

一 研究背景及意义

（一）研究背景

当今世界多数国家实行公务员制度，其中的公务员辞职是公务员管理的重要内容，是公务员制度建设的重要方面。它既体现公务员有主动辞职的权利，又保证各国政府机关的"出口"畅通。中国公务员辞职是中国公务员制度的重要内容之一。它是在借鉴国外经验和中国传统经验的基础上，根据中国国情所构建的中国特色公务员制度的一个有机组成部分。其内容体系包括公务员辞去公职（以下简称"辞去公职"）和党政领导干部辞去领导职务（以下简称"辞去现职"）。

相对于"入口"（录用）和"楼梯口"（管理）环节，公务员辞职作为公务员管理的重要内容，是畅通公务员队伍"出口"的方式之一。辞去公职畅通公务员"能进能出"的出口；辞去现职则疏通"能上能下"的管道。公务员辞职对保证公务员队伍的优化和提高政府工作效率具有十分积极的意义。本研究将分析公务员辞职的基本概念和理论基础、中国官吏辞职的历史考察、当代中国公务员辞职概况、辞职管理及其问题、国外公务员辞职管理及效果，最后提出完善我国公务员辞职管理的对策体系。

（二）研究意义

研究中国公务员辞职及管理有极强的现实意义和理论价值。从现实意义看，研究中国公务员辞职及管理是进一步完善公务员制度的需要，是实现干部人事制度改革目标的要求和深入推进政府机构改革、提高行政效率的现实需求。从理论价值看，有利于探索中国公务员辞职的理论体系，推动公共人力资源管理理论的发展，丰富党政领导干部问责制和责任政府理论。

1. 现实意义

（1）进一步完善公务员制度的需要。2018年修订的《中华人民共和国公务员法》初步搭建起中国公务员辞职制度的框架，包括辞去公职和辞去现职两个有机组成部分。作为配套法规的《公务员辞去公职规定（试行）》已于2009年起实施。但是近几年来，中国公务员辞职及其管理仍然面临许多困境，有待加强研究和解决。一是辞职现象逐步成为常态，但存在地域和部门差异，为政府的差异化管理带来挑战。公务员辞职率与经济发展水平因素呈正相关。比如，广东、江浙等东部经济发达地区的公务员辞职率相对较高，而西部公务员辞职现象相对较少，这就为政府如何健全和完善公务员辞职制度提出差异化管理的要求。二是辞去公职的公务员的从业问题有待进一步完善。比如担任领导职务的公务员辞职后到其原管辖的企业任职，可能存在辞职者利用原来建立的人脉资源和掌握的政策信息为自身谋取私利、损害公共利益的现象。目前的管理措施仅仅是对辞职者的从业年限进行限制，这明显是不够的。如何在公务员辞职后续管理中保障公共利益不受损失，维护市场公平竞争是进一步完善公务员辞职制度的现实要求。三是引咎辞职制度需要进一步规范和完善。比如，引咎辞职后的复出过程存在不公平、不透明问题，往往引发社会公众不满，如何从制度上规范引咎辞职的管理有待深入探讨。四是责令辞职作为辞职制度的一部分，有待进一步商榷和完善。例如，责令辞职的被动性是否和辞职者的自愿原则存在冲突？再比如，做出责令辞职时是否完全符合事实真相，有无"替罪羊"或者逃避处罚的现象存在？责令辞职的公平实施和有效管理如何在制度上予以保障也需要深入研究。五是自愿辞职需要进一步完善。比如"裸官"是否将自愿辞职作为金蝉脱壳、免予问责或逃避惩罚的一种途径？公务员辞职中出现的上述问题及其解决途径需要公务员制度的进一步完善。

（2）实现干部人事制度改革目标的要求。我国《2010—2020年深化干部人事制度改革规划纲要》提出为期10年的目标："通过坚持不懈的努力，逐步形成广纳群贤、人尽其才、能上能下、公平公正、充满活力的中国特色社会主义干部人事制度，培养造就一支适应推进中国特色社会主义伟大事业和党的建设新的伟大工程要求的高素质干部队伍。"并提出要"健全干部退出机制，实现干部能上能下、能进能出"。2012年党的十八大报告进一步指出，要健全引咎辞职、罢免等制度。2017年党的十九大报告指出，"坚持严管和厚爱结合、激励和约束并重，完善干部考核评价机制，建立激励机制和容错纠错机制，旗帜鲜明为那些敢于担当、踏实做事、不谋私利的干部撑腰鼓劲"。这一系列目标为我国逐步建立科学合理的干部人事制度指明了方向，也为公务员辞职制度的进一步完善指明了方向。但是，如何进一步健全公务员辞职制度，特别是公务员引咎辞职和责令辞职制度，对实现干部人事制度改革目标尤为重要。因此实现干部人事制度改革目标必须加强对公务员辞职及其管理的研究。

（3）深入推进政府机构改革和提升政府绩效与形象的现实需求。2018年3月13日，国务院机构改革方案提请十三届全国人大一次会议审议并通过。根据该方案，国务院正部级机构减少8个，副部级机构减少7个，除国务院办公厅外，国务院设置组成部门26个。至今国务院机构改革方案在国家层面基本落实到位，省级层面的机构改革即将开启，能否实现机构改革方案的目标，关键在于能否将其贯彻落实。辞去公职作为畅通公务员"出口"的方式之一，发挥着合理配置人才的作用。鼓励一部分懂经济、懂管理的人才走出机关，合理流动到其他行业，不仅节约公共财政开支，也为国家的经济建设提供更多的人力资源支持，为社会创造更多财富。作为问责方式的党政干部引咎辞职和责令辞职可有效督促各级领导干部认真贯彻落实机构改革方案和认真执行各项法规，对阻碍改革并出现责任事故的主要领导干部进行问责，要求其引咎辞职或责令其辞职，从而为理顺政府职能、提高行政效率和提升政府形象提供可靠的制度保障。

2. 理论价值

（1）充实中国公务员辞职的理论体系。从现有的研究看，国外企业对职员离职和流动的研究较为丰富，但对公务员辞职的学术研究相对缺乏。国内对公务员辞职的研究主要集中在公务员辞职"下海"经商和引咎辞职两个方面，部分引咎辞职的文章提及责令辞职。而因公辞职、自愿辞职的学术研究几乎处于空白区。中国公务员辞职理论体系的学术研究极少。因此系统研究公务员辞职及其管理对丰富和完善有中国特色的公务员辞职理论体系具有一定的学术价值。

（2）推动公共人力资源管理理论的发展。从目前国内外出版的系列公共人力资源管理的专著和教材中发现，对公务员辞职及其管理的深入研究的缺失，无疑是公共人力资源管理领域的缺憾。本书对中国公务员辞职及其管理的研究可以在一定程度上做一次尝试，从而丰富和完善公共人力资源管理理论。

（3）丰富我国党政领导干部问责制和责任政府理论。当今西方各国都对公共权力进行一定限制和制衡。官员被迫辞职是实行高官问责制和责任政府的结果。但是目前的研究缺乏对中国古代官吏辞职和世界各国管理经验的总结，本书对中国古代官吏辞职进行历史考察，对国外公务员和高官辞职管理进行梳理，可以进一步丰富我国党政领导干部问责制和责任政府理论。

二　研究综述

目前在国内外尚未发现以"公务员辞职及其管理"为题的专著或博士论文，有代表性的学术论文也相对较少。因此，为了研究的需要，笔者把与公务员辞职相关的国内外专著、经典教材和论文也列为文献的综述范围。比如国外的高官辞职研究、针对所有职员的离职研究；国内的公务员辞职"下海"、公务员引咎辞职等。

（一）国外公务员辞职的研究综述

中国公务员不实行"事务官"和"政务官"分离，因此国外的"事务官"和"政务官"辞职都属于我国公务员辞职的范围，其相关研究文献也在综述范围之内。许多国家在其公务员的相关法规中都规定了公务员辞职的法律依据及限制措施（详见第六章）。然而对公务员辞职的专门性学术研究较少。辞职的英文"resignation"一词往往是法律用语或高官辞职用语，而广义上的职员辞职中的"辞职"往往对应"turnover"一词，多数学者把它翻译为"离职"。因此本书对国外的文献研究综述从两个方面进行,即高官辞职和职员离职。

1. 高官辞职研究

这里的高官范围包括总统、首相、总理和通过政治任命的政务官。国外关于高官辞职的研究多分散在政治学、行政学、法学和社会学等的相关著述中。高官辞职的研究观点集中在通过制度设计和民意迫使高官辞职。

西方思想家提出对公共权力进行限制,实行三权分立和制衡,同时从宪法和制度上设计了对政府高官和首脑的监督方式,比如提出不信任案、对高官的弹劾制度等,通过制度设计迫使一些不称职、有道德瑕疵和不当行为的高官辞职。《美国宪法评注》的作者约瑟夫·斯托里认为弹劾是一种纯粹的政治性程序,仅仅用来剥夺违法官员的政治地位,[1] 即要求他辞职,或者罢免其职务。Mosher 以"水门事件"导致包括尼克松总统在内的多名高官辞职为例分析了当时美国公共权力被滥用的各种情况,并提出强化政府和官员的道德伦理标准,加强监督和管理,以构建美国的责任政府。[2] Robert N. Roberts 和 Marion T. Doss Jr. 在 *From Watergate to Whitewater, the Public Interity War* 一书中介绍了美国一些高官因丑闻或不廉洁而辞职的案例,比如卡特政府的管理和预算办公室主任伯特·兰斯因"不知情信托"事件辞职,众议院议长赖特因经济问题遭到众议院道德委员会调查而辞职等。[3] Kam C. Wong 通过审计风暴的案例研究中国的反腐败问题,认为在审计风暴中,没有官员因此而辞职。文章最后得出对抗腐败最好的办法有三条:一是制度化的审计风暴;二是合法化的法律执行系统;三是实施透明化管理,自觉接受人民监督。[4] 这三条同样适用于引咎辞职和责令辞职的官员问责体系。国外官员辞职的研究结论和

---

[1] 〔美〕约瑟夫·斯托里:《美国宪法评注》,毛国权译,上海三联书店,2006,第257页。

[2] Frederick C. Mosher et al., *Watergate. Implications for Responsible Government* (Washington, D. C.: National Academy of Public Admimistration, 1974), 转引自〔美〕杰伊·M. 沙夫里茨、艾伯特·C. 海德、桑德拉·J. 帕克斯编《公共行政学经典》(第五版),中国人民大学出版社,2010,第349~355页。

[3] Robert N. Roberts, and Marion T. Doss Jr., *From Watergate to Whitewater, the Public Interity War* (Westport: Greenwood Publishing Group, Inc., 1997), 转引自周琪、袁征《美国的政治腐败与反腐败——对美国反腐败机制的研究》,中国社会科学出版社,2009,第81、149页。

[4] Kam C. Wong, "How Chinese E-public Feel and Think about Corruption: A Case Study of Audit Storm (Shenji fengbao)," *International Journal of Law, Crime and Justice* 37 (2009): 197-215.

成果为我国党政领导干部辞职和公务员辞职的完善提供借鉴。

2. 职员离职（turnover）研究

在国外强调"事务官"保持政治中立，超然于政党选举轮流执政的背景下，公务员的稳定成为重要因素，虽然公务员相关法规允许个人拥有辞职的权利，但并不鼓励公务员辞职。对包括公务员在内的职员离职（turnover）研究内容丰富，并形成了专门的"离职学术圈"。研究的基本共识是职员的主动离职等同于"辞职"（resignation）。本书对国外各类职员离职的研究成果进行综述，从中寻找完善中国公务员辞职管理的有益经验。

（1）主动离职等于辞职。Swanstrom、Stevens、Sparger、Giacopassi、Phelan 和 Hoffman 等对离职率（turnover rate）进行了比较丰富的研究。[①]Moriarty 和 Field 的研究总体上同意职员主动离职等同于辞职，包括官员；并认为职员的辞职会导致组织人力资源招聘、培训等成本增加，新入职人员低效率和降低组织士气等问题。[②] 他们还在 1990 年通过对退伍警察管理者的研究提出一致性理论（Consistency theory），即新入职者对新的工作会有很高的期望，这种期望和实际经历不一致的结果导致其自愿辞职。相反，当工作期望和工作现实高度一致时，离职率会下降。[③] 也有学者通过实证研究提出了反对意见，认为一致性理论与工作满意度之间的相关性不强。[④]

（2）关于雇员离职影响有赞成和反对两种观点。[⑤] 赞成的观点认为，

[①] J. Hoffman, "The Plague of Small Agencies: Turnover," *Law and Order* 41 (1993): 25 - 28; M. Phelan, "Number of Officers Leaving a Department for Any Reason Other Than Retirement," *Law and Order* 39 (1991): 40 - 2; J. R. Sparger, and D. J. Giacopassi, "Copping out: Why Police Leave the Force," In R. R. Bennett, ed., *Police at work: Policy Issues and Analysis* (Beverly Hills, CA: Sage Publications, 1983); D. W. Stevens, "Protecting the Investment in Entry Level Training," *Police Chief* 49 (1982): 42 - 43; N. D. Swanstrom, "Resolving the Free 'Exiter' Problem," *Police Chief* 49 (1982): 44 - 45.

[②] A. R. Moriarty, and M. W. Field, *Police Officer Selection. Springfield* (IL: Charles C. Thomas, 1994).

[③] A. R. Moriarty, and M. W. Field, "Proactive Intervention: A New Approach to Police EAP Programs," *Public Personnel Management* 19 (1990): 155 - 161.

[④] Louis M. Harris, and J. Norman Baldwin., "Voluntary Turnover of Field Operations Officers: A Test of Confluency Theory," *Journal of Criminal Justice* 27 (1999): 483 - 493.

[⑤]〔英〕德里克·托林顿、劳尔·霍尔、史蒂芬·泰勒：《人力资源管理》（第六版），邵剑兵等译，经济管理出版社，2008，第140页。

保持一定水平的雇员离职率是可以的。第一，组织需要不时地输入新鲜血液，避免变得陈腐和滞后。第二，一定程度的离职率有利于管理人员对劳动力成本进行更有效的控制，否则就会出现问题。第三，有观点认为，一些雇员离职是"功能性的"，而非"功能紊乱的"，因为它会使绩效差的人离开，而替代者是效率更高的雇员。

反对雇员辞职的人也提出了几点有说服力的观点。第一，替代辞职者所需花费的成本太高（招聘、培训、熟悉工作的过程等），给组织造成损失。第二，离职的雇员意味着组织的双重损失：组织投入的时间和金钱的浪费、竞争对手的得益。第三，高离职率是组织管理水平差的标志，使组织未来雇用优秀雇员变得越来越困难。

3. 公务员辞（离）职研究

通过文献查阅发现，美国公务员辞（离）职的研究文献相对比较全面。我们对20世纪80年代以来的19篇关于公务员辞（离）职的文献进行梳理，对其研究变量、运用的数据来源、分析单元及研究结论进行对比，为中国公务员辞职研究提供参考（详见表1-1）。

其他国家的公务员辞（离）职研究起步较晚，但近年来不断增多。韩国 Kiwook Kwon 等学者的定量研究认为，自愿离职（voluntary turnover）和组织绩效之间的关系可以通过离职所发生的组织环境得到调节。然而，鲜有检测这种调节效应的实证性研究。该论文以韩国161家公司为样本，调查组织的自愿离职和组织绩效之间是如何通过三组控制变量得以调节的。这三组变量是：①组织对员工参与实践的使用程度；②组织在员工培训和开发中的投入程度；③有潜力的工人的获得。研究结果证实，员工参与实践明显放大了自愿离职和组织绩效之间的负面关系（即员工参与程度越高，组织绩效越高，自愿离职率越低），但不支持组织在员工培训和开发中的投入程度的调节功能，也就是说，组织在人力资源的培训和开发中增加投入并不会明显提高或降低自愿离职率。[①]

[①] Kiwook Kwon et al., "The Moderating Effects of Organizational Context on the Relationship between Voluntary Turnover and Organizational Performance: Evidence from Korea," *Human Resource Management* 51 (2012): 47-70.

表 1-1 美国公务员辞（离）职研究主要文献

作　者	自变量	因变量	数据与分析单元	研究结论
美国国会预算办公室（1986）	联邦辞职率	薪酬体系	联邦政府雇员离职（1960—1984）；联邦	报告包括三个部分。第一部分是介绍联邦公务员辞职和离职的原因及后果，主要包括联邦和非联邦雇员离职率比较。第二部分是私有部门与私有部门离职率的解释，以及与州政府离职率比较，包括作为标杆的辞职率、离职的代价以及人事管理[①]
Lewis（1991）	一般职公务员—控制变量：性别、年龄、服务年限、受教育年限	联邦辞职率	人事数据库（1973—1989, United States）；个体	沃尔克委员会断言，由于为政务服务的相对工资和声望下降，美国联邦政府正在失去高素质的员工。这一说法是否正确？为了回答这个问题，格雷戈里·刘易斯查阅了 1973 年至 1989 年数千份联邦雇员人事档案。从表面上看，这一时期的联邦白领就业似乎"非常稳定"，主要是受婴儿潮人口统计数据的影响。然而，刘易斯发现"可能预示着未来的公务员会出现问题"。在拥有的联邦雇员中，离职倾向有所上升，或者在受过大学教育的雇员中，离职倾向有所上升。随着婴儿潮一代在十年后开始接近退休年龄，公务员会指出的"平静危机"留下了"发展政策应对的喘息空间"[②]

8

续表

作　者	自变量	因变量	数据与分析单元	研究结论
Selden 和 Moynihan (2000)	失业率、工会、内部机会机构、薪酬、家庭友好关系政策（单位的孩子关爱政策）、培训－控制变量：地理区域及规模（年收入中等的州）	离职率	1998 年政府绩效项目，1999 年全国人事行政协会、州志、劳工部、美国统计局等数据；州（State）	这篇文章开发和测试美国州政府雇员主动离职模型。最明显的发现是有较好的儿童照顾场所的州政府雇员离职的可能性较小；允许较多的内部流动机会的州政府的雇员保留较为成功。此外，工会回应性较好且工资较高的州雇员离职率较低[3]
Kim (2005)	职位特征（职业倦怠、角色清晰度、角色冲突）、工作环境、人力资源管理（参与管理、培训与开发、发展机会等福利与薪酬满意度）－控制变量：可获取的职位替代方案（perceived job alternatives）、性别、年龄、职业教育年限	辞职意向 (Turnover intentions) (IT部门雇员)	联邦 IT 部门雇员调查（内华达州和华盛顿州政府，2003，美国）；个体	电子政府的扩张正在增加有效管理公共部门信息技术 (IT) 劳动力的复杂性和挑战性。调查问卷发送给两个州政府核心 IT 部门的员工，分析工作特点、工作环境和人力资源管理实践如何影响他们的离职意图。结果表明，职业倦怠、参与管理和发展机会是影响政府 IT 部门员工离职意愿的显著变量，而薪酬满意度并不是一个统计上的显著因素。最后为提高政府机构 IT 部门员工留用率提供了建议[4]

续表

作　者	自变量	因变量	数据与分析单元	研究结论
Michael Beyerlein (2005)	工作嵌入：组织适合性、组织牺牲和组织链接	自愿离职		自愿离职历来是组织的一个问题。传统的周转模式在学术界和工业界都继续以多种方式使用。最近开发了一种更新的离职模型，即"工作嵌入性"，旨在比现有的模型更好地预测自愿离职。工作嵌入性包括组织适合性，组织牺牲性和组织链接。这项研究进行心理测量分析，对工作嵌入性维度进行因素分析，揭示了一个由5个因素组成的综合模型。然后采用验证性因素分析法分析该研究建立的5因素结构，评估1、3和5因素模型结构。验证因素分析后续研究中使用的是工作嵌入模型与传统离职模型的预测能力[⑤]
Bertelli (2007)	功能偏好（Functional preferences）（工作参与和内部激励）、和谐的工作场所、工作团队输出的质量、绩效不高问题、薪酬的质量、直接上司的水平、目标与评价管理回顾、上司对变化的接受程度、尊重领导制度、合理的工作负荷、工作生活平衡度、基于绩效的晋升、高绩效的即时奖金、绩效反应评价、高绩效收益变化的激励性奖励、问责结果、影响效益变化的信息；控制变量：性别、族裔（minority）	离职意向	美国联邦人力资本调查（FHCS, 2002）；个体	该研究采用新的统计策略，探讨政府服务人员离职意愿的决定因素。为了正确衡量离职意愿功能偏好的主要决定因素，作者使用美国联邦人力资本调查（FHCS）的数据设计了一个有序项目响应模型。选择这个样本是为了便于进行一个基于重要项目监管者（IRS）对比管是进行了一个基于绩效的薪酬改革：美国国税局（IRS）对美国财政部的一个子单位——没有进行此项改革。离职意向模型结果显示有没有和谐的工作场所是离职的重要决定性，但责任感的增加与下属的离职率呈更高相关性。与没有此类激励措施的OCC同行相比，IRS主管更可能考虑离职[⑥]

10

续表

作者	自变量	因变量	数据与分析单元	研究结论
Bright (2008)	公共服务动机（PSM）、个人与组织的匹配度（P–O fit）－控制变量：年龄、族裔状况、性别、教育、公共部门经验的年限	离职意向与工作满意度	美国印第安纳、青塔基和俄勒冈等州的公共雇员调查；个体	公共行政学界的许多人假设公共服务动机（PSM）对公共雇员的态度和行为有直接可以提的积极影响。然而，在梳理挑战这一假设的PSM文献中存在不一致之处。这项研究试图找出个人与组织（P–O）匹配是否可以提供这些不一致的原因。具体地说，该研究探讨了员工满意度、工作满意度和离职意愿之间的关系是否受到P–O匹配因素的调节。文章以公共机构的205名员工为样本，发现当考虑到P–O匹配时，PSM与公务员的工作满意度和离职意向之间没有显著相关性[1]
Lee 和 Whitford (2008)	组织满意度、建言、忠诚度与薪酬－控制变量：福利、培训、绩效晋升；身体条件、种族和性别	离职意向	美国联邦人力资本调查（FHCS, 2002）；个体	该文在公共劳动力组织自愿退出的情景下评估Hirschman的退出、建言和忠诚理论。具体来说，论文测试忠诚度和建言对个人陈述离开的看法限制了组织层次离职的各个层次的退出。统计结果发现对薪酬和建言的影响。然而，对影响薪酬对高管层员工不满意离职原因的一个重要原因，这种调基于薪酬的激励也是有是最大的。当加强调基于薪酬的激励时，作者还展示了"激励拥挤"的证据[8]

11

续表

作 者	自变量	因变量	数据与分析单元	研究结论
Moynihan 和 Landuyt (2008)	一个体特征：首要挣钱方式、家庭规模、年龄、得克萨斯州的年限、机构经历、教育、性别、种族；一职位特征：工作满意度、负荷、上司；一人力资源管理实践：工资、薪酬公平视角、福利、绩效晋升、家庭友好工作实践、多元化劳动力实践、雇员开发；一工作环境：组织忠诚度、建言和授权	离职意向	美国得克萨斯州政府雇员调查（2004）；个体	该文以得克萨斯州的一大样本雇员为研究对象，对其离职意愿模型进行了实证研究。第一，研究结果支持生命周期稳定性假设，这表明年龄、经验和地理支持偏好降低了离职意愿。这一影响控制因素太大可能陈述离职的意图。人者和大家庭成员家庭/经济因素有关。第二，与之前的研究相反，女性明显不可能陈述离职的意图。这一发现反映了劳动力参与模式的变化，以及公共部门为女性员工提供的特殊优势。第三，结果区分了三个维度的相对贡献：组织忠诚度、组织授权、组织忠诚度和授权降低了离职意愿，但建言不是一个重要因素。最后，该文对不同的人事政策进行了详细的测试，为多元化政策提供了有效支持[①]
Moynihan 和 Pandey (2008)	组织内部社会网络（同事的一致责任感、同事间的支持）、组织外部社会网络、个人与组织价值观的匹配度 一控制变量：工作满意度、年龄、职位年限、非盈利状况（nonprofit status）	离职意向（短期和长期）	美国东北部12个组织的调查（2005）；个体	该文研究了社会网络和价值一致对公共利益和非营利员工离职意愿的影响。作者认为网络塑造了员工的态度和行为。为了说明这一理论，这些网络使用了内部社会网络。假设一个强大的组织内部社会网络，其特征是良好的组织关系，并对其他的组织外部社会网络会增加员工离开的机会。研究结果为员工的组织外部社会网络的作用开启了强有力的支持，但研究结果还表明，在价值一致性方面，经历了强烈的而一个强P-O适应的员工更有可能提供长期承诺[⑩]

12

第一章 导论

续表

作 者	自变量	因变量	数据与分析单元	研究结论
Choi (2009)	种族差异、性别差异、年龄差异、管理差异、平等的雇员抱怨机会、工作满意度—控制变量：规模、任期、性别、族裔、监管状况	离职意向	联邦人事数据库和美国联邦人力资本调查（FHCS, 2004）；个体	研究发现，工作满意度在多元化管理和人口背景对员工离职意愿的影响中起到部分中介作用。情景因素的调节效应有些含混不清。尽管有效的多样性管理能显著降低异质群体的工作满意度，但对多样性管理意愿的影响并不显著。然而，对多样性的无效管理降低了不同种族机构的离职意愿，这与作者的期望相反。结果表明，应控制更多的变量，以实现一个准确的模式来分析多样性情景因素对离职的影响[1]
Jung (2010)	目标模糊性、薪酬满意度、内部人事关系、绩效晋升、政策差异、工作负荷满意度、福利满意度—控制变量：组织规模、少数族裔的比率、女性的比率	美国辞职率与辞职意向率	美国联邦人力资本调查（FHCS, 2006）；机构	该研究通过使用组织实际离职率，特别是美国联邦政府的离职分析从个人层面扩展到组织层面。一些学者认为，公共人员在公共行政部门反映了实际的离职情况。然而，很少实证据支持这一论点。该研究显示组织实际离职率和加权离职意向率之间不显著或显著弱（相关性，否定了这一论。此外，总体也显示出与组织实际离职率和离职意向的归结果不同结果。组织实际离职率和离职意向两个回归结果也显示出与文献中关于个人层面重要预测因素的不同结果。模糊性、薪酬满意度、对离职预测因素可能产生不同结果。研究结果表明，对离职单位可能产生不同结果。研究结果表明，对离职研究需要考虑使用相关和实际的归结果，并区分离职意图和实际离职行为[2]

13

续表

作 者	自变量	因变量	数据与分析单元	研究结论
Lewis (2010)	多样性——控制变量：年龄、教育、经验、职业等	离职率	联邦国内机构全职白领1%的人事记录样本；机构	作者用联邦国内机构全职白领1%的人事记录样本，记录了过去三个世纪全职白领、经验和工作年龄增长情况，不断变化的职业组合——文职工作资格的提高使得减少了3/4，行政类别增加了一倍——促成了个年龄和经验用工增加。教育和经验水平都有所提高。当前的离职率将上升，作者证实了随着时间的推移，模式更加重要。受教育程度和多样性有多大，以及职业结构的变化如何影响这一点。[13]
James Gerard Caillier (2011)	工作满意度，员工绩效，公共服务动机，参与决策，任务贡献，公平的奖励制度	离职意愿	州政府雇员数据；个体	论文开发了一个模型来检验离职意愿，并随后对州政府雇员的离职意愿进行了测试。该模型表明，高工作满意度和高绩效的离职意愿较低。与预期相反，公共服务动机、公平的奖励制度与员工离职意愿呈正相关。另外，参与决策、任务贡献和公平的奖励制度与员工离职意愿无关。[14]
Lee 和 Jimenez (2011)	基于绩效的奖励体系和绩效支持监督体系——控制变量：工作关系变量（工作满意度、培训、工作职位、雇用的年限、工资、工会成员）；社会人口统计变量（性别，年龄；种族）	辞职意向	绩效调查手册（美国，2005）；个体	从承诺恢复公民对政府信心的改革战略，到产生意想不到的负面后果，绩效管理确实是公共行政领域一个有争议的话题。该研究探讨了工作绩效管理实践如何塑造组织行为，特别是员工离职意向。结果发现基于绩效离开其机构的奖励体系与监督支持有关。研究中讨论了这些发现的意义。[15]

14

续表

作　者	自变量	因变量	数据与分析单元	研究结论
Lee 和 Hong（2011）	儿童保育补贴、家庭保育带薪休假、远程办公和替代工作时间表、培训满意度；一控制变量：薪酬满意度、环境条件满意度	离职率	联邦人力资源数据（美国联邦政府人事管理署，2005，2007）、美国联邦人力资本调查（FHCS，2004，2006）；机构	当代社会交换理论预测，一个机构对特定的家庭友好政策的平均满意度与该机构的离职率呈负相关。这个分析不同于一般的预期，整体绩效与不同工作时间表有积极的影响。只有儿童保育补贴对减少离职代工作时间表对机构有积极和重大影响。具有讽刺意味的是，一个机构的远程工作安排的平均满意度被证实对绩效存在重要但消极的影响[①]
Cho 和 Lewis（2012）	工资、联邦工作经历、年龄、教育、性别和种族	离职意向与离职行为	绩效原则调查（中央人事数据库，2005）；个体	分析显示，随着年龄的概率降低于高薪子的雇员离职的概率降低于高薪子的雇员离职的概率降低于教育的概率，与性别和种族变量的模型存在很大不同。对离职运用谨慎倾向而言，我们应该谨慎运用离职倾向来推断离职行为。然而，2005名基础的报酬和公平对于留住新员工来说，以绩效为基础的报酬和公平评价是至关重要的，但是仅对重要的内部动因只能延缓高熟练员工退休[①]
Bertelli 和 Lewis（2013）	特殊机构人力资本（agency-specific human capital）、外部选择机会、干政策的相关影响（relative influence over policy）—控制变量：受访者的理想点、受雇用年限、受访者的年龄、退休的资格、独立委员会	离职意向	2007—2008年政府服务的未来调查；个体（联邦行政机构）	该文的模型提供了员工人力资本、外部选择机会、政策影响和离职意愿之间关系的重要洞察。一般而言，外部选择机会对受访者不太可能表达离职意愿，而那些具有较高特殊性机会人力资本的表示有意愿离职。这个模式对外部选择机会的受访者有充足的可能表达离职的一个显著外的是，具有最高级别特殊人力资本的行政者是有可能离职的。这意味着，特殊人力资本的高管人员是有能力的。离开联邦机构的高管对那些影响的机构的高管也不太可能[①]

15

续表

作　者	自变量	因变量	数据与分析单元	研究结论
Whitford 和 Lee (2015)	退出（退休、联邦政府的内部流动、联邦政府外部离职）－控制变量：性别、种族、年龄、薪酬、忠诚度、建言、组织满意度等	离职意向	美国联邦劳动力数据	使用 Hirschman 的退出、建言和忠诚理论来评估联邦雇员的离职意图。利用来自联邦劳动力的大规模调查证据，作者能够评估忠诚度、建言和其他联邦因素（包括工资评估）对受访者退休、前往其他联邦机构或前任其他部门的可能性的影响。统计分析证实了对建言和忠诚度的看法限制了退出。然而，建言、忠诚度和薪酬的影响因退出选项而异[9]

注：① The Congress of the United States Congressional Budget Office, "Employee Turnover in the Federal Government," February 1986.
② Gregory B. Lewis, "Turnover and the Quiet Crisis in the Federal Civil Service," *Public Administration Review* 51 (1991): 145 – 155.
③ Sally C. Selden, and Donald P. Moynihan, "A Model of Voluntary Turnover in State Government," *Review of Public Personnel Administration* 20 (2000): 63 – 74.
④ Soonhee Kim, "Factors Affecting State Government Information Technology Employee Turnover Intentions," *American Review of Public Administration* 35 (2005): 137 – 156.
⑤ Michael Beyerlein, "Job Embeddedness Versus Traditional Models of Voluntary Turnover: A Test of Voluntary Turnover Prediction," *Unt Theses & Dissertations* 12 (2005): 137 – 156.
⑥ M. Anthony Bertelli, "Determinants of Bureaucratic Turnover Intention: Evidence from the Department of the Treasury," *Journal of Public Administration Research and Theory* 17 (2007): 235 – 258.
⑦ Leonard Bright, "Does Public Service Motivation Really Make a Difference on the Job Satisfaction and Turnover Intentions of Public Employees?" *American Review of Public Administration* 38 (2008): 149 – 166.
⑧ Soo-Young Lee, and Andrew B. Whitford, "Exit, Voice, Loyalty, and Pay: Evidence from the Public Workforce," *Journal of Public Administration Research and Theory* 18 (2008): 647 – 671.
⑨ Donald P. Moynihan, and Noel Landuyt, "Explaining Turnover Intention in State Government: Examining the Roles of Gender, Life Cycle, and Loyalty," *Review of Public Personnel Administration* 28 (2008): 120 – 143.

续表

⑩ Donald P. Moynihan, and Sanjay K. Pandey, "The Ties that Bind: Social Networks, Person Organization Value Fit and Turnover Intention," *Journal of Public Administration Research and Theory* 18 (2008): 205 – 27.
⑪ Sung – Joo Choi, "Diversity in the US Federal Government: Diversity Management and Employee Turnover in Federal Agencies," *Journal of Public Administration Research and Theory* 19 (2009): 603 – 630.
⑫ Chansu Jung, "Predicting Organizational Actual Turnover Rates in the U. S. Federal Government," *International Public Management Journal* 13 (2010): 297 – 317.
⑬ Gregory B. Lewis, "Turnover, Hiring, and the Changing Face of the Federal Service," *Social Science Electronic Publishing* 7 (2010).
⑭ James Gerard Caillier, "I Want to Quit: A Closer Look at Factors That Contribute to the Turnover Intentions of State Government Employees," *State & Local Government Review* 43 (2011): 110 – 122.
⑮ Geon Lee, and Benedict S. Jimenez, "Does Performance Management Affect Job Turnover Intention in the Federal Government?" *The American Review of Public Administration* 41 (2011): 168 – 184.
⑯ Soo – Young Lee, and Jeong Hwa Hong, "Does Family – friendly Policy Matter? Testing Its Impact on Turnover and Performance," *Public Administration Review* 71 (2011): 870 – 879.
⑰ Yoon Jik Cho, and Gregory B. Lewis, "Turnover Intention and Turnover Behavior: Implications for Retaining Federal Employees," *Review of Public Personnel Administration* 32 (2012): 4 – 23.
⑱ M. Anthony Bertelli, and David E. Lewis, "Policy Influence, Agency – Specific Expertise, and Exit in the Federal Service," *Journal of Public Administration Research and Theory* 23 (2013): 223 – 245.
⑲ Andrew B. Whitford, and Soo – Young Lee, "Exit, Voice, and Loyalty with Multiple Exit Options: Evidence from the US Federal Workforce," *Journal of Public Administration Research and Theory* 25 (2015): 373 – 398.

一项基于网络的在线调查收集了200名全职澳大利亚雇员的数据。采用结构方程模型对数据进行分析。研究结果显示，员工感知的负责任领导显著影响员工的组织承诺和离职意图。此外，发现员工离职意图在责任型领导与组织承诺的关系中起部分中介作用。[1]

Geys等研究了挪威地方政府高级公务员的绩效如何影响其薪酬和离职率。因此，我们在1991—2014年建立了一个独特的新数据集。研究结果表明，表现较好的高级公务员获得更高的薪酬，被替换的可能性较小。尽管如此，这些激励机制仍然没有按照机构理论的规定发挥作用。[2]

Thomas Van Waeyenberg等为了最大限度地提高效率，公共组织在采用员工绩效管理（EPM）系统方面获得了进展。尽管研究支持管理员工的绩效方面有了良好的结果，但仍不清楚其原因和条件。此外，EPM系统甚至可能产生额外的压力，从而增加人员流动的意图，并破坏公共组织追求效率最大化的努力。作者认为，当EPM系统始终如一地执行（即内部一致性），并且当它们将公务员的个人目标与组织的战略目标（即纵向一致性）联系起来时，公务员将不太可能离开组织。层次线性回归分析表明，内部一致性与提高对EPM系统的满意度和对组织的情感承诺有关。垂直对齐（Vertical alignment）与较低的离职意图有关。这种关系是由EPM系统满意度和对组织的情感承诺作为中介引起的。这些有助于我们理解EPM系统的发现可以带来有利的结果。[3]

（二）国内公务员辞职的研究综述

国内关于公务员辞职的专门性著述研究目前尚未查到。关于公务员

---

[1] Amlan Haque, Mario Fernando, and Peter Caputi, "The Relationship Between Responsible Leadership and Organisational Commitment and the Mediating Effect of Employee Turnover Intentions: An Empirical Study with Australian Employees," *Journal of Business Ethics* 156 (2019): 759–774.

[2] B. Geys, T. R. Heggedal, and Rune J. Sørensen, "Are Bureaucrats Paid like CEOs? Performance Compensation and Turnover of Top Civil Servants," *Journal of Public Economics* 152 (2017).

[3] Thomas Van Waeyenberg, Adelien Decramer, Sebastian Desmidt, and Mieke Audenaert, "The Relationship Between Employee Performance Management and Civil Servants' Turnover Intentions: A Test of the Mediating Roles of System Satisfaction and Affective Commitment," *Public Management Review* 19 (2017): 747–764.

辞职的介绍分散在国内学者所作的公务员专著、译著或主编的教材和期刊论文中，以 1993 年为界，可分为两个阶段。第一阶段是 20 世纪 80 年代至 1993 年即公务员制度的酝酿阶段，这阶段主要是介绍国外公务员辞职体系和构建中国公务员辞职的内容。第二阶段是 1993 年以来公务员制度的建立和完善阶段，公务员辞职制度的内容不断得到丰富和完善，从公务员辞去公职，到包括因公辞职、自愿辞职、引咎辞职和责令辞职四个内容的党政领导干部辞职，逐步形成了完整的内容体系。

1. 20 世纪 80 年代到 1993 年为公务员制度的酝酿阶段：介绍国外公务员辞职法规及体系和初步构建中国公务员辞职内容

酝酿阶段介绍和研究公务员的各类书籍约有 300 本。其中有 31 本著作或教材明确提到公务员辞职的内容（详见表 1 - 2）。[①] 在这一时期，研究者有专家、学者、实践部门的研究机构和官员等，研究的形式有翻译国外公务员著作、撰写公务员相关专著、公务员教材以及公务员辞典等工具书。但是这一阶段的研究论文较少。这一阶段的研究内容主要有介绍国外的公务员辞职法规及体系，以及初步构建中国公务员辞职内容。

（1）中国人才辞职权和官员引咎辞职的提出

1984 年，张伟发表了《青年人才流动与辞职权》，认为当时的人才流动是经济发展的需要，人才享有辞职权无疑和招聘制一样，为人才获得更多的选择机会创造了条件。文章呼吁国家借鉴各国人才辞职的经验，建立适合中国国情的有法律保障的辞职权利。1985 年刊发的《辞职权：人才流动的前提》一文认为，当时我国的人才流动中缺少一个必要的前提——辞职权。

1989 年徐跃进发表题为《中国政治生活的缺憾：引咎辞职制》的论文，这是改革开放后较早研究"引咎辞职制度"的一篇学术论文。论文分析了我国当时建立引咎辞职制度的难点，并认为中国已经具备了一些有利条件，呼吁尽早建立引咎辞职制度。

---

① 徐颂陶、原所安主编《国家公务员实用手册》，中国人事出版社，1993，第 361～455 页。

表1-2 1978—1993年我国介绍公务员辞职的主要书籍

年代	序号	书名	主编或著者	出版社/出版时间
20世纪80年代	1	《国家公务员制度知识手册》	湖北省委政研室、组织部和人事厅编著	武汉出版社，1983
	2	《资本主义国家公务员制度概要》	曹志主编	北京大学出版社，1985
	3	《苏联东欧国家人事制度概要》	曹志主编	北京大学出版社，1985
	4	《外国政府管理体制评介》	谭健主编	上海人民出版社，1987
	5	《国家公务员手册》	谭健主编	社会科学文献出版社，1988
	6	《国家公务员制度概论》	张鸣、朱侗荣等编著	江苏科技出版社，1988
	7	《国家公务员制度讲座》	刘俊林、姜士林等编著	中国广播电视出版社，1988
	8	《通向公务员制度之路》	陈宝儒、于晓光等主编	辽宁人民出版社，1988
	9	《国家公务员知识问答》	孙景泰主编	哈尔滨工业大学出版社，1988
	10	《国家公务员制度二百题》	赵锦良主编	中国广播电视出版社，1989
	11	《国家公务员法律知识手册》	宋仁主编	学苑出版社，1989
	12	《人事行政法概论》	胡建淼、张焕光著	劳动人事出版社，1989
	13	《中国公务员制度构思》	中国高级公务员培训中心编	1989
	14	《公务员入门》	肖进著	辽宁人民出版社，1989
	15	《深圳经济特区国家公务员制度概要》	张仲林、梁仲桓主编	海天出版社，1989
	16	《西方国家公务员制度》	刘钰主编	上海人民出版社，1989
	17	《西方公务员制度》	谭健编著	北京大学出版社，1989
	18	《国家公务员制度概述》	梁炳林、李元质等主编	广东人民出版社，1989
	19	《公务员制度教育读本》	张传庆主编	辽宁大学出版社，1988
	20	《国家公务员概论》	仝志敏主编	中国人民大学出版社，1989

续表

年代	序号	书名	主编或著者	出版社/出版时间
20世纪90年代	21	《各国公职人员退休退职制度》	曹志主编	中国劳动出版社，1990
	22	《中国公务员制度概要》	石文林、周清润等主编	中国人民大学出版社，1990
	23	《国家公务员制度教程》	徐颂陶主编	中国人事出版社，1990
	24	《国家公务员制度概论》	王兆信、杨茂云编著	学苑出版社，1990
	25	《香港公务员制度概述》	聂振光著	中国人事出版社，1990
	26	《现代人事管理学教程》	唐代望、叶志新等主编	中国人事出版社，1990
	27	《国家公务员制度知识讲座》	杨志忠主编	陕西人民出版社，1990
	28	《比较公务员制度》	郭用宪、黄卫平主编	广东高等教育出版社，1991
	29	《人事行政学》	陆国泰主编	高等教育出版社，1991
	30	《中国人事工作实用手册》	徐颂陶主编	中国财政经济出版社，1992
	31	《国家公务员实用手册》	徐颂陶、原所安主编	中国人事出版社，1993

资料来源：徐颂陶、原所安主编《国家公务员实用手册》，中国人事出版社，1993，第361～455页。

（2）对各国公务员辞职体系的介绍

本阶段的研究特点之一就是对各国公务员辞职管理的法律法规进行全面梳理和介绍。在涉及公务员辞职专题的著述中，由曹志主编的《资本主义国家公务员制度概要》[1]和《苏联东欧国家人事制度概要》[2]两本书最有代表性，其具有以下四个特点。第一是研究的时间较早；第二是研究团队在当时是国内比较强大的[3]；第三是较为全面地介绍了主要资本主义国家和苏联、东欧国家的辞职及其管理法律法规，后来的学者对各国公务员辞职制度的介绍多以此为参考，不断丰富；第四是把"辞职辞退"联系在一起进行介绍，这是1993年的《国家公务员暂行条例》和目

---

[1] 曹志主编《资本主义国家公务员制度概要》，北京大学出版社，1985。
[2] 曹志主编《苏联东欧国家人事制度概要》，北京大学出版社，1985。
[3] 研究成员有刘俊林、苏玉堂、姜明安、皮纯协等著名学者。

前实施的《中华人民共和国公务员法》（以下简称《公务员法》）均把"辞职辞退"合并为一章介绍的渊源。

这一时期的研究者普遍认同以下几点。首先，各国公务员辞职是公务员的一项权利，名称虽不尽相同①，但都实际存在，并得到一定程度的保障。其次，各国保障程度不一样。一些国家（如联邦德国）的公务员能够较为充分地行使这项权利，一些国家（如瑞士）规定批准辞职只以不损害国家利益为前提，一些国家（如法国）对辞职限制比较严，甚至对于集体辞职者要给予法律制裁，还有一些国家（如苏联、东欧各国）对职工辞职的权利一般给予充分的保护。再次，公务员辞职后，其公务员身份也随之丧失。这一点几乎所有国家的公务员法都有明确规定。最后，公务员辞职后享受一定权利，同时必须履行一定义务。主要体现在保守国家秘密、对从业有所限制等方面。

（3）早期中国公务员辞职制度的构想

在仝志敏主编的《国家公务员概论》②与徐颂陶等学者主编的《国家公务员制度教程》和《国家公务员实用手册》中提出建立公务员"辞职辞退制度"的构想，其中包括辞职的概念和意义、公务员辞职的条件、公务员辞职的程序及公务员辞职的法律后果等。③这一时期，由于很多学者同时也是人事部门的官员，甚至这些书就是由党的组织部门或人事部门组织编写的，因此他们的观点在一定程度上代表官方。

2. 1993年以来为公务员制度的建立和完善阶段：公务员辞职制度的内容不断得到丰富和完善

1993年以《国家公务员暂行条例》的颁布实施为标志，关于公务员辞职的研究逐步增多。1993年以后出版的公务员类教材均包含公务员辞职的章节，往往以"辞职辞退"为一章。然而尚未发现以"公务员辞职"为题的著作。在公开发表的论文方面，以"公务员辞职"为主题的综合性研究并不多，包含报刊在内仅有67篇，其中部分为公务员"辞职辞退"的报道。对公务员辞职的相关类型的专项研究主要有两个方面：第

---

① 多数国家称为辞职，埃及公务员的辞职包含自动离职。
② 仝志敏主编《国家公务员概论》，中国人民大学出版社，1989，第196~200页。
③ 徐颂陶、原所安主编《国家公务员实用手册》，中国人事出版社，1993，第303~316页。

一是关于"公务员辞职'下海'"类研究,期刊网上检索到以"辞职'下海'"为主题的各类论文共有195篇;第二是领导干部"引咎辞职"类研究,以"引咎辞职"为主题的论文共有1322篇。以下对几类观点进行梳理。

(1) 完善中国公务员辞职制度的内容

1993年《国家公务员暂行条例》颁布以来对公务员辞职内容进行综合介绍和分析的主要代表和观点有以下几个。高舫在其《党政干部淘汰机制研究》中涉及引咎辞职、自愿辞职、党政干部"带薪'下海'"几个专题研究,一定程度上弥补了专题研究的不足,但这本书是从淘汰机制的角度出发进行研究的,对辞职问题的研究不够全面。[①] 舒放、王克良把公务员辞职制度和党政领导干部辞职制度看成两项并列的制度,并讨论了国外公务员辞职的概况和新中国辞职制度的历史沿革。[②] 刘俊生认为辞去领导职务属于职务变动,包括因公辞职、自愿辞职、引咎辞职和责令辞职四种;而辞去公职与辞退一样属于退出公职。[③] 这些研究并非公务员辞职的专门研究,限于篇幅,均不能对其展开详细论述和深入探讨。吴琼恩、董克用等在《公共人力资源管理》中介绍了公务员辞职的主要内容及其管理。他们认为公务员辞职建立在公务员自愿的基础上,是公务员自由择业权利的体现,是公务员根据本人意愿,经任免机关或主管部门批准,辞去所担任的领导职务,或解除与所在单位的职务关系的行为。辞职作为人力资源的出口之一,其功能体现在两个方面:一是辞职制度的建立有利于人才的合理流动和公共部门工作效率的提高;二是公务员就业权利得到有效保障。该书还介绍了公务员辞职的条件及待遇。[④] 卢丹在其博士学位论文《中国公务员退出机制研究》中讨论了公务员辞职的类型及其表现。[⑤]

在期刊论文方面的代表性观点主要有以下几个方面。1994年发表的4

---

① 高国舫:《党政干部淘汰机制研究》,中共中央党校出版社,2005。
② 舒放、王克良主编《公务员制度教程》(第三版),中国人民大学出版社,2008。
③ 刘俊生编著《公共人事制度》,中国人民大学出版社,2009。
④ 吴琼恩等:《公共人力资源管理》,北京大学出版社,2006,第212~214页。
⑤ 卢丹:《中国公务员退出机制研究》,博士学位论文,中国人民大学,2011。

篇文章讨论的主题是公务员辞职后的离职审计问题，其中王宝林分析了公务员离职审计的必要性、范围、程序等。[①] 唐静认为辞职、辞退制度打破了我国过去干部队伍中"能上不能下""能进不能出"的旧格局，有利于人才利用、机构精简和行政效率的提高。[②] 李雪卿认为我国公务员辞职辞退制度存在一些问题，比如以辞职代替辞退、以辞退代替开除、以提前退休代替辞退等避重就轻问题，并提出应该严格执行辞职辞退的条件。[③] 李金认为国家公务员辞职辞退制度有利于公共部门人力资源的合理配置。但是其面临制度本身不完善和外部环境的双重挑战，因此应从制度创新和创造外部环境着手，完善公务员辞职辞退制度。[④] 骆立骞对广东省公务员辞职、辞退、开除状况调查，从广东不同地区公务员辞职的人数看，辞职率的高低与经济发展程度正相关，即经济越发达的地区公务员辞职的比例越高，反之亦然。[⑤] 龙太江、博岚岚从公务员辞职后的利益冲突出发，认为公务员辞职中存在利益冲突，如"洗钱""权力兑付"等，并提出要从完善公务员辞职审计制度、辞职后的就业限制监管、限制辞职公务员对政府内部信息的利用及加大违规处罚等方面解决好公务员辞职后的利益冲突问题。[⑥] 高光宇从公务员管理者的角度高屋建瓴地总结了公务员辞职辞退制度在中国的发展历程，并指出公务员辞职与公务员辞退的区别是明显的，《公务员辞去公职规定（试行）》与《公务员辞退规定（试行）》分开的目的是与2004年的《党政领导干部辞职暂行规定》接轨，形成完整的公务员辞职体系。[⑦]

---

① 王宝林：《建立国家公务员离职审计制度初探》，《中国审计信息与方法》1994年第3期。
② 唐静：《论中国公务员的辞职、辞退制度》，《四川行政学院学报》2001年第3期，第18~19页。
③ 李雪卿：《我国国家公务员辞职辞退制度存在的问题及对策分析》，《云南行政学院学报》2004年第2期，第76~78页。
④ 李金：《新世纪推行公务员辞职辞退制度的挑战与创新》，《科技进步与对策》2004年第5期，第113~114页。
⑤ 骆立骞：《广东省公务员辞职、辞退、开除状况调查》，《探求》2006年第5期，第36~39页。
⑥ 龙太江、博岚岚：《公务员辞职后的利益冲突问题》，《探索与争鸣》2007年第6期，第38~41页。
⑦ 高光宇：《完善辞职辞退制度　建立公务员正常退出机制》，《中国人才》2009年第17期，第9~11页。

（2）公务员辞去公职的原因

通过相关文献梳理发现，有很多学者从不同的角度尝试总结过公务员辞去公职的原因。

定性的观点分析有以下几个方面。

黄仁宗从高官辞职的角度将公务员辞职的原因分为根本动因和具体动因。① 根本动因是辞官"下海"源于官员在市场和政府之间的竞争博弈中，通过对公私部门相对收益的权衡而做出的一种自由选择。具体动因为以下几点：①市场经济的确立及其带来的人们价值观念的变迁；②所有制歧视逐步消解，以公有制为主体、多种所有制经济共同发展成为我国的基本经济制度之一，民营企业发展迅速；③政府干部人事制度改革不到位，不能为官员提供足够的收益预期。

宋斌、鲍静、谢昕等通过分析发现，公务员辞职的个人原因是源于"八得不到"：一是公务员的创造性得不到发挥；二是公务员的自我实现得不到满足；三是公务员的待遇得不到享受；四是公务员得不到晋升机会；五是公务员的尊重得不到重视；六是公务员的人际关系得不到融洽；七是公务员的工作和生活困难得不到解决；八是公务员的才能得不到施展。②

刘俊生认为，辞职的原因有公务员本人的志趣不在公共管理、用非所学且难以调整和适应、能力所限导致不能获得晋升、性格问题、人际关系问题、曾有过失行为、身体状况等。③

崔鹏在《人民日报》发表文章，认为升职过程中存在种种"潜规则"，让人们摸不着头脑，不敢相信单凭能力就能升职，反而不得不借助请客、送礼、拉关系、套近乎等行为去迎合领导，焦虑之感由此而生。④是离开还是坚守，在升职中无望的公务员处于焦虑和摇摆中。这种焦虑感最终成为少数公务员辞职离开的原因。

---

① 黄仁宗：《"辞官下海"的制度分析》，《安徽决策咨询》2001年第10期，第18~20页。
② 宋斌、鲍静、谢昕：《政府部门人力资源开发》，清华大学出版社，2005，第169~171页。
③ 刘俊生：《中国人事制度概要》，清华大学出版社，2009，第139页。
④ 崔鹏：《党报称潜规则破坏社会公平 民众因无权无势焦虑》，《人民日报》2011年8月11日，第18版。

张富强把公务员辞职的原因归为社会、政府和个人三个维度。① ①社会维度：公务员的价值选择呈现多元化的发展趋势；对人才流动的限制性规定逐步减少。②政府维度：机构改革、政府问责、反腐败、行政公开等使得一部分政府管理人才感到难以承受改革所带来的压力而自愿选择流出。③个人维度：利益驱动；个人晋升遇到"天花板"；任职风险加大；权力资本为领导干部带来更多的流出机会。

笔者对公务员去职的因素进行分析，将其划分为政治和经济环境、公务员辞职制度、激励机制失灵和个人因素等4个维度11个因素。② 笔者等研究中国公务员辞职管理的问题，主要有以下几个方面。一是辞去公职管理中的三个问题：辞职中逆向选择现象和人才流失；辞职后的职业选择单一；辞职中的潜在腐败问题。二是辞去现职管理中的三个问题：因公辞职和职务任期制可能存在的冲突问题；被问责辞职官员的复出机制安排问题；责令辞职与"辞职"权利的冲突问题。三是辞职管理法规有待完善。③

定量的研究观点有以下几个方面。

武博曾对中国人才的流动做过一次调查，有效问卷总量为1652份，其中公务员的被调查人数为112人；调查的职业为包括公务员在内的8种职业，调查结论归纳如下。④ ①从流动的频次看，公务员的平均流动次数为2.1次，是被调查的8种职业中最低的，说明公务员职业相对稳定。相比较而言，企业人才平均流动次数位居第一，达到3.3次。②从流动的态度看，公务员和律师流动态度值最低，为2.0，在各类职业中处于最低位，但仍然是赞成流动的。③从人才总体流向的组织选择看，外企是首

---

① 张富强：《基于三个维度的政府管理人才流出行为及原因剖析》，《价值工程》2012年第27期，第285~286页。
② Li Yongkang, *Analysis of Reasons for Chinese Civil Servants Resigning from Office* (International Integration for Regional Public Management of ICPM2014, Bali, Indonesia, Atlantics Press, August 2014), pp. 265-274.
③ Li Yongkang, Xie Hejun, and Duan Yuping, *Research on Issues Concerning Chinese Civil Servant Resignation Administration* (Proceedings of the 2016 International Conference on Public Management, Kunming, Atlantics Press, July 2016), pp. 203-208.
④ 武博：《当代中国人才流动》，人民出版社，2005，第150~311页。

选，接近41%的比例，选择机关的仅约为13%。④从职业流向的组织选择看，公务员流向的首位选择仍然是机关，达到42.8%。⑤公务员对于流动时首要考虑的各因素前四位排序依次是薪酬因素与事业发展并列、能力发挥、工作环境。后四位排序依次是晋升机会、合适岗位、用人机制、组织前景。⑥影响公务员人才资源流动的各因素比重：工作环境位居影响人才资源流动的各因素之首，占67.86%；第二位是薪酬因素，占64.29%；第三位是事业发展，占46.43%；第四位是晋升机会，占42.86%；第五位是生活质量，占28.57%。⑦在各种职业中，工程师、医生、会计师等技术型人才流动后的职业满意度较高，公务员流动后的职业满意度排在被调查的8种职业中的倒数第三位。⑧公务员流动后的岗位满意度：公务员表示不完全满意的有44人，占39.29%；不满意的有20人，占17.86%；满意的有20人，占17.86%；以后会满意的有28人，占25.00%。平均满意度值为1.43。⑨公务员职业能力发挥情况：表示不能发挥能力的有4人，占3.57%；表示基本不能发挥能力的有12人，占10.7%；表示部分发挥能力的有72人，占64.29%；表示充分发挥能力的有20人，占17.86%；其余4人为缺失值。这份调查结论显示了公务员辞职的宏观背景。

李晓玉、高冬东和高峰对党政干部工作倦怠和离职意向进行问卷调查，结果发现党政干部工作倦怠与离职意向存在显著正相关，工作倦怠可以直接或间接影响离职意向。情绪衰落与离职意向呈显著正相关，玩世不恭、成就感低落、工作倦怠与离职意向呈极显著正相关，这说明倦怠是影响离职意向的重要因素，倦怠水平越高，离职意向越强。① 这一点与国内外大多数研究结果是一致的。②

---

① 李晓玉、高冬东、高峰：《党政干部工作倦怠、离职意向、自我效能感、工作绩效关系研究》，《中国健康心理学杂志》2007年第7期，第659~661页。
② 毕重增、黄希庭：《中学教师成就动机、离职意向与倦怠的关系》，《心理科学》2005年第1期，第28~31页；W. B. Schaufeli, and A. B. Bakker, "Job Demands, Job Resources, and Their Relationship With Burnout and Engagement: A Multisample Study," *Journal of Organizational Behavior* 25 (2004): 293; T. J. Fogarty, J. Singh, G. K. Rhoads, and R. K. Moore, "Antecedents and Consequences of Burnout in Accounting: Beyond the Role Stressmodel," *Behavioral Research in Accounting* 12 (2000): 31–62.

马爽、王晨曦、胡婧和张西超以北京地税基层公务员为研究对象，就工作压力、工作满意度和离职意向三者间的作用关系进行了探讨，指出：工作压力增加、基层公务员的工作满意度降低，都会促使他们产生离职意向。①

王文俊以女性公务员为研究对象，就组织承诺和离职倾向二者间的关系与作用进行研究，指出：组织的感情承诺和规范承诺与公务员离职倾向呈负相关关系。②

李永康、艾军、李博以云南省公务员的 405 份样本为例，研究关系对公务员离职意愿的影响，发现中国式关系对公务员离职意愿的直接影响为 0.386，呈正向显著影响；通过满意度的中介影响为 0.140，呈正向显著影响，但小于直接影响，可以得出中国式关系越强的单位，公务员离职意愿越强。③

以上定性和定量研究均从不同角度谈及公务员辞职的原因，为第四章分析公务员辞职的原因提供参考和借鉴。

（3）公务员辞职"下海"

对公务员辞职"下海"现象的研究总体上认为，公务员辞职"下海"现象促进了人才的合理流动，既为政府减轻财政负担，把专业不对口或者个性兴趣等不适合在政府工作的公务员推向经济建设大潮，调动他们创造财富、实业报国的积极性。同时又重新配置和充分利用人力资源，为市场和企业输送人才，间接支持了经济发展。但是也存在一些问题，比如公务员辞职"下海"可能会扰乱市场竞争秩序和滋生腐败现象，地方政府鼓励和补偿公务员辞职的合法性和合理性何在，等等。

第一，公务员辞职，特别是领导干部辞职经商存在腐败之忧，会扰

---

① 马爽、王晨曦、胡婧、张西超：《地税基层公务员工作压力与工作满意度、离职意向的关系：心理资本的调节作用》，《中国临床心理学杂志》2015 年第 2 期，第 326～329 页。
② 王文俊：《女性公务员工作满意度、组织承诺与离职倾向的关系研究》，《领导科学》2016 年第 23 期，第 44～47 页。
③ Li Yongkang, Ai Jun, and Li Bo, *An Empirical Analysis of the Impact of Psychological and Emotional States on Job Performance and Turnover Intention of Civil Servants* (International Collaboration for Innovation Public Governance of ICPM 2018, Kunming, Atlantics Press, September 2018), pp. 179 – 184.

乱市场竞争的公正秩序。黄仁宗认为,要深刻探讨辞官"下海"的真正原因,把这一看似简单的社会现象同我国正在进行的政府机构改革、干部人事制度改革乃至整个宏观市场化取向的中国体制改革联系起来进行考察,以便做出理性的对策。① 叶必丰认为,辞官"下海"存在腐败担忧,尤其是"潜在腐败",因此有必要规范辞官"下海"行为,防范腐败现象的发生,树立政府的廉洁奉公形象,主张对离职党政干部到企业任职做更完善的制度建设和更有效的监控。② 孔靓认为,公务员一旦辞职后进入营利组织或从事营利活动,原来的行政关系网、官场人情链、职务影响力、政府内部信息等也会随之发生转移,公权会转化为私权,因此应该加强对公务员"下海"行为的规范,对公务员"下海"隐藏的问题和表露出来的制度漏洞应该予以关注和重视。他建议完善对"下海"公务员"离任审计制度法律化、建立隔离缓冲和淡化机制、建立处罚执行制度和刑事追诉制度"等具有操作性的法律条款。③ 周庆行与吴新中认为针对公务员"下海"应该"从行政伦理的角度探求我国政府官员的下海动因,加强政府官员的行政道德建设,对于抑制我国政坛精英的流失、防止隐性腐败的发生也是切实可行的"。④

第二,地方政府对官员辞职"下海"的经济补偿政策遭到激烈的批评。这类观点多来自网络、记者或部分学者。舒锋认为,政府"补贴"数万元至数十万元,鼓励公务员辞职经商,在我国不少地区较为常见。各地政府选择用金钱的方式,而非竞争方式达到减员的目的,是对国家要求不得搞公务员"带薪下海"禁令的变通之举。这类决策完全取决于权力者的意志,是政府单方面实施的对权力的赎买,公众没有话语权,因此这种决策注定得不到社会的认可,没有合法性。⑤ 市民认为,精简机构是好事,但用简单的发钱来让公务员辞职办企业的话,对低收入人群极不公平。有学者也批评这是对公共资源的滥用,会严重损害市场经济

---

① 黄仁宗:《"辞官下海"的制度分析》,《安徽决策咨询》2001年第10期,第18~20页。
② 叶必丰:《"辞官下海"与廉政监控》,《政治与法律》2004年第4期。
③ 孔靓:《官员"下海"与我国公务员退出机制的完善》,《党政干部论坛》2004年第12期。
④ 周庆行、吴新中:《新一轮"官员下海"析》,《党政论坛》2005年第2期。
⑤ 舒锋:《公务员辞职给补偿是赎买权力》,《检察日报》2008年6月11日,第6版。

的公平性。① 有专家提出，政府提出的补偿公务员辞职的政策必须通过听证会、网上讨论或多方征求纳税人意见，必须向人民代表机关报告，经人大或人大常委会批准。②

第三，"下海"官员认为"腐败之忧"大多属不实。对"下海"官员的跟踪报道和研究表明，多数"下海"官员并不存在所谓"洗钱"和"期权腐败"等问题，"下海"官员的腐败问题仅是个别现象。浙江省地税局原总会计师徐刚认为，"下海"官员大致可以分为三类：一是年龄快到了，寻找另一个码头；二是在这边犯错误了，没有什么机会了，寻找另一个机会；三是年轻、有能力、有学识的官员辞职，主动放弃眼前的一切，按照自己的想法换一种活法。公众认为"下海"官员会搞权钱交易、期权腐败，这其实是不符合逻辑的。

(4) 引咎辞职和责令辞职

对党政领导干部辞去职务的研究主要以引咎辞职和责令辞职的研究为代表。对因公辞职、自愿辞职（现职）的研究极少。通过 CNKI 期刊论文可以检索到自 1979 年以来共收录了 1322 篇论文。大多数研究集中在 2000 年以后，特别是 2004—2006 年的这 3 年间。而关于引咎辞职的专著尚未发现。其中具有代表性的观点有以下几个方面。

第一，引咎辞职制度构建论。

屈家权在 2001 年就开始讨论引咎辞职的框架：引咎辞职的概念及方式；引咎辞职的条件及时机；规定引咎辞职程序及待遇；正确处理引咎辞职与免职、辞退和处分等相关制度的关系。③

第二，反对引咎辞职入法论。

持这种观点的多为法学界专家。高秦伟认为，引咎辞职在国外屡见不鲜，是一种惯例，"无明文的规定"，提出辞职是迫于外部压力。从国外的实践经验来看，引咎辞职制度是民意的体现，其中显现的价值取向

---

① 王江：《昆明奖励公务员下海制度被叫停：舆论影响决策》，新浪网，2008 年 10 月 17 日，http://news.sina.com.cn/c/2008-10-17/155316474695.shtml，最后访问日期：2019 年 7 月 29 日。
② 姜明安：《政府官员"下海"的是非评说》，《法制资讯》2008 年第 Z1 期，第 4~5 页。
③ 屈家权：《尽快建立领导干部引咎辞职制度》，《领导科学》2001 年第 13 期，第 6~7 页。

是公共官员要代表公民的利益，否则公民就要求其下台。因此，引咎辞职不宜在法律法规中明文出现。[1]

北京大学的法学专家苏力认为，2001年最高人民法院颁发的《地方各级人民法院及专门人民法院院长、副院长引咎辞职规定（试行）》是一部涉嫌违宪的法规，它将有可能损害中国法院系统近年来所进行的司法独立性和法官独立审案的改革目标。[2]

有些学者对引咎辞职中的一些做法存在违宪问题直言不讳。王北京认为，在多位政府官员引咎辞职中人大都缺位，仅被要求事后按法定程序罢免其职务。这是对人民代表大会作为国家和地方最高权力机关地位的挑战，也是违宪行为。畅通官员引咎辞职的路，各级人大责无旁贷。[3]

贺日开撰文认为，《公务员法》引咎辞职制度存在以下三个问题。其一，标准和主体不明，难以执行。其二，制度运行，变形变质，会导致"劣币驱逐良币"的后果。其三，消极影响，不容忽视：与法律责任和惩戒混淆在一起，成了应承担法律责任者的保护伞。因此引咎辞职赖以生成的条件在我国不具备，且其作用有限，故建议在修改《公务员法》时，删除引咎辞职条款，使其回归道义责任之本位。[4]

王世涛认为，引咎辞职作为政治民主化、法治化的必然结果，在我国有助于对权力的监督。然而，引咎辞职通过立法进行调整是一种制度错位，它应属于道德范畴。目前，在引咎辞职的法律实践中存在有悖宪法原则和制度的问题，引咎辞职能够有效运行，依赖于良好的宪法和法律环境。[5]

第三，引咎辞职完善论。

多数学者的研究持这一观点。毛寿龙在《引咎辞职、问责制与治道

---

[1] 高秦伟：《"引咎辞职"与公务员"退出机制"的完善》，《重庆行政》2001年第6期。
[2] 苏力：《中国司法改革逻辑的研究——评最高法院的〈引咎辞职规定〉》，《战略与管理》2002年第1期。
[3] 王北京：《谁有权接受并同意政府官员的引咎辞职?》，人民网，http://www.people.com.cn/GB/guandian/1036/2490908.html，最后访问日期：2019年7月29日。
[4] 贺日开：《〈公务员法〉引咎辞职制度之忧思》，《法律科学（西北政法学院学报）》2007年第6期，第60~66页。
[5] 王世涛：《中国的引咎辞职法律化评析》，载《中国法学会行政法学研究会2010年会论文集》，2010年7月19日。

变革》一文中认为,引咎辞职是一种责任承担方式,但不是一种惩罚,所以引咎辞职能否有效运作,与政治家和行政官员辞职后的生存空间和复出机会密切相关。文章提出"要在制度上解决引咎辞职后官员的生存空间以及东山再起可能性的问题"。①

高国舫认为要进一步完善引咎辞职制度,必须着力解决好四个问题:引咎辞职的操作性问题;引咎辞职者的权利保障问题;引咎辞职的力度问题;引咎辞职的合法性问题。②

蒋云根认为,在缺乏外在压力的情况下,失职官员往往很难当机立断做出辞职的自觉选择。要使"有咎必辞、有责必究、有过必罚"形成惯例,需要从制度上进一步完善失职官员引咎辞职的动力机制。③

王能昌等学者认为,当前我国在实施引咎辞职过程中注重制度化建设,而忽视其中的道德因素。④ 王能昌之后发表系列文章对公务员辞职中的道德因素进行研究。

高中华、吴春波在《从引咎辞职制度看政府激励约束机制》中提出从"提高引咎辞职制度的民主性、客观性;增加引咎辞职责任的明确性、公开性;实现引咎辞职制度的双向性、循环性"三个方面来实现我国政府管理中激励与约束机制的平衡。⑤

刘睿娟认为,在当前省部级高官引咎辞职中,普遍存在诸如理念偏颇、"上辞下免"、"明辞暗复"等不容忽视的问题。为了进一步完善引咎辞职制度,规范行政问责制度,构建有效责任政府的制度规范,需要分析这些问题形成的原因,并明确引咎辞职的条件、相关责任人的责任以及后续任用等问题。⑥

明来香认为引咎辞职的原因有发生重大责任事故、无所作为、违反道德规范和言论失当等。论文分析了引咎辞职官员的职业困境、造成职业困

---

① 毛寿龙:《引咎辞职、问责制与治道变革》,《浙江学刊》2005年第1期,第47页。
② 高国舫:《"引咎辞职":现状、问题与对策》,《中州学刊》2005年第5期,第5~9页。
③ 蒋云根:《从制度上完善官员引咎辞职的动力机制》,《天津行政学院学报》2005年第1期。
④ 王能昌、岳贤猛:《"引咎辞职"的道德解析》,《求实》2007年第11期。
⑤ 高中华、吴春波:《从引咎辞职制度看政府激励约束机制》,《中国人才》2010年第3期。
⑥ 刘睿娟:《引咎辞职制度对构建责任型政府的有效性研究——以省部级高官引咎辞职为研究视角》,《运城学院学报》2011年第3期。

境的原因,并提出了引咎辞职官员的职业发展路径,即完善官员培训和再就业制度;借鉴西方国家经验,拓宽引咎辞职官员的职业发展通道等。[①]

肖登辉、张文杰提出,在党内法规、国家法律两个规则系统中,引咎辞职问责机制尚未得到全面认识与应有重视,程序制度方面的建构更是受到忽视,导致实践中辞职程序混乱、违规复出现象严重。[②]

孙文霞认为,引咎辞职存在一系列问题,如责任主体难界定、行政权力使用效率低、领导干部滥用权力、引咎辞职适用范围过窄等。并提出健全领导干部岗位权力—责任对等机制,完善领导干部绩效考核—激励机制,明确引咎辞职执行标准,并建立严格的官员复出机制等对策。[③]

(三) 对国内外研究的评析

从上面的文献综述可以看出,现有研究虽然为本书的系统研究做了一些铺垫和基础工作,但是研究成果分散,多从局部现象进行,缺少系统深入的著述研究。

1. 对公务员辞职的局部现象的部分研究陷入误区

首先是以偏概全。研究公务员辞职"下海"的学者多片面认为公务员辞职就是辞去公职,公务员辞职后的去向就是经商,其他去向可以忽略不计,而且领导干部"下海"经商似乎就一定存在问题等。研究领导干部辞职的学者多集中在对引咎辞职的研究,部分文章顺带提及责令辞职,似乎把引咎辞职等同于领导干部辞职,对因公辞职、自愿辞职几乎没有重视。没有把对公务员辞职的局部问题的探讨置于整个中国公务员辞职制度中进行,导致"盲人摸象"现象的产生。

其次是忽视中国公务员辞职制度的特点。由于国外的事务官辞职属于公务员管理范畴,政务官的辞职属于民主政治的产物,因此国内有学者认为公务员辞职和党政领导干部辞职是两种并立的制度。这种误解不

[①] 明来香:《引咎辞职官员的职业发展通道分析》,《理论学习》2012年第5期,第28~31页。
[②] 肖登辉、张文杰:《党政领导干部引咎辞职程序制度规范化的路径探析》,《学术探索》2017年第1期,第27页。
[③] 孙文霞:《领导干部引咎辞职在实施中存在的问题及对策》,《领导科学》2018年第3期,第53页。

利于完善中国特色的公务员辞职制度。

最后是认为员工离职与公务员辞职没有关联。国外对广义员工的离职（包含主动离职）的研究成果很丰富，但没有实现研究方法和成果的嫁接和借鉴。

2. 对公务员辞职制度缺乏深入研究

上述误区仅代表部分研究，国内还有一批学者始终坚持把公务员辞职的研究逐步引上正路，即探索有中国特色的公务员辞职制度。从老一代学者曹志等对西方和苏联、东欧的公务员辞职制度的完整介绍，到仝志敏、徐颂陶等对中国公务员辞职制度的设想，再到朱立言、董克用、刘俊生等专家对中国公务员辞职制度的研究成果，均尝试较为完整地呈现中国公务员辞职的全貌和特征。但因为他们的研究主题不是中国公务员辞职，仅是在公务员制度、公务员部门人力资源、公共人事制度和公务员退出机制中涉及中国公务员辞职制度的介绍，研究的深度和广度均不够。

因此从对研究文献的述评发现，我国当前迫切需要依据《公务员法》对公务员辞职的制度界定，系统深入地研究中国公务员辞职制度及其对各种问题的管理对策体系。只有系统研究完整意义上的中国公务员辞职，方能澄清当前研究中的误解，走出误区，使公务员辞职回归制度本位，并进一步完善新形势下各种新问题的管理对策，从而促进人才"能进能出""能上能下"，合理流动，提升政府绩效和形象。

三 研究的方法和创新

（一）研究方法

1. 文献分析法

文献分析法是做科学研究的基本方法，通过文献梳理掌握前人在相关领域的成果，以达到站在前人肩膀上，推动科学研究前行之目的。本书主要通过中国人民大学图书馆，国家图书馆，中国、美国、澳大利亚等的政府和人事部门网站，Google 和百度等多种查阅与检索平台对各种文献检索，收集研究所需资料和文献。包括以下几类：①与选题相关的经典著作和前沿著作；②中国古代官吏辞职及其管理方面的资料；③国外公务员辞职的学术和法规资料；④有关当代中国公务员辞职的法规、论文、报道等。并对资料进行分类整理，为本书的顺利写作提供了丰富的文献参考资料。

2. 个案分析法

本书的个案资料有两个来源。第一个是笔者通过调研收集到的资料和访谈采写的个案。在论文研究阶段，笔者到北京、贵州、云南、陕西等地对部分公务员进行了访谈和交流；其他地方的情况则是通过电话或者邮件访谈获得一手资料。第二个是通过书籍、报刊及网络收集了大量资料，将其改写成为本书所用的个案，收集近 40 年来的相关调研数据，根据公务员辞职主题进行整理，为本书所用。通过鲜活的个案再现某些问题场景，通过定量的数据分析归纳问题的规律和发现问题的本质。

3. 比较分析法

比较分析法是社会科学中进行宏观分析的重要方法之一。当代中国公务员辞职与国外及中国古代的情况都存在很大差异，通过比较，发现公务员辞职管理的异同，为我国公务员辞职管理提供有益经验。本书从纵向和横向两个方面进行比较。第一是对我国古代（1911 年以前）、近代（1911—1949 年）、现代（1949—1978 年）的官吏、文官或干部的辞职现象及其零星的管理进行梳理，从历史的角度与我国当代（1978 年以来）公务员辞职及其管理进行比较，发现过去的公务员辞职与管理和当今公务员辞职及其管理的关系，并从中借鉴有益的经验，克服传统因素对当今公务员辞职管理的阻碍。第二是对世界主要国家的公务员（包括政务官和事务官）辞职及其管理进行梳理，与我国当前的公务员辞职及其管理进行比较，学习和借鉴国外的先进管理经验。

（二）研究创新

1. 追踪公务员制度建设的前沿问题：中国公务员辞职

从目前检索到的文献看，尚未发现以公务员辞职为主题的博士论文或专著。本书尝试探索完整意义上的中国公务员辞职制度，发现该制度中的许多内容具有显著的中国特色。中国公务员辞职制度包括公务员辞去公职和领导干部辞去现职两大部分。公务员辞去公职是公务员所享有的辞职权利。其辞职后的主要流向是去企业；部分选择到高校、研究机构及公益组织从业等。公务员享有辞去公职的权利，解除了对公务员自由流动的限制，把计划经济条件下政府的富余人员有序地转移到社会的其他行业，尤其是民营企业，实现人才资源的优化组合和配置，促进经济的发展。但是公务员辞去公职必须遵循《公务员法》所规定的限制条件。本书也提出要进一步引导公务员辞职后能更多地选择教育和公益等行业，促进辞职公务员择业的多元化。领导干部辞去现职包括因公辞职、自愿辞职、引咎辞职和责令辞职。本书从公务员辞职制度的角度分析它的基本界定、功能、内容、辞职的原因等，把一个完整的公务员辞职制度初步勾画出来。同时本书并没有停留在对公务员辞职本身的介绍上，而是进一步分析公务员辞职管理的现状、问题，并提出对策。

2. 尝试归纳总结中国古代官吏辞职和国外公务员辞职的经验

本书从比较的角度，首次全面梳理了中国古代官吏辞职及其管理和国外公务员辞职及其管理。本书发现我国官吏辞职现象几千年来一直存在，辞职的原因大致有几类：对被忽视不满而辞职、希望给后生腾出空位而辞职、希望专心从事写作和研究而辞职等。官吏的辞职在一定程度上推动了除正统思想外的多元思想的发展和交流；推动了教育事业的发展；推动了经济的发展。这些表现与当前的公务员辞职有很多的相似之处。本书认为当前的中国公务员辞职制度继承了中国传统文化的优秀成分，中国元素是根，外来元素是叶。同时本书梳理了国外公务员辞职及其管理的法规措施，从中发现各国公务员辞职存在某些共性，比如：辞职是一种权利；辞职是主动做出的；高官辞职的标准取决于公众。同时也发现美国弹劾制度和日本退职管理与辞职之间的关系，这些共性和特点值得我国在完善公务员辞职管理中予以借鉴和参考。

3. 本书的主要观点

（1）公务员辞职的"逆向选择"现象。

在我国的机构改革中，辞退了知识结构、能力和品质有问题的公务员；同时导致部分优秀的公务员辞职离开，出现了公共部门精简的"逆向选择"现象。治理对策是通过七大途径，加强进人、用人和培训等方面的科学性与合理性，为人才提供施展才华的空间。

（2）公众全程参与的引咎辞职流程。

当前的引咎辞职中，公众和媒体都起到了很大的推动作用，然而在复出的环节，公众往往缺位，引来社会公众对引咎辞职制度的猜疑。所以本书尝试构建一个公众全程参与党政领导干部引咎辞职的流程，进一步完善和规范引咎辞职制度。

（3）提出中国公务员辞职管理的总体思路。

一是健全公务员辞职的制度保障机制，如健全公务员辞职的法规体系。二是完善公务员辞职的压力机制，如弹劾制度、离职审计制度等。三是改进公务员辞职的支持机制，比如机关事业单位工作人员养老保险制度改革的进一步细化和完善等。

（4）对因公辞职和自愿辞职（现职）的探索。

目前的研究中缺少对因公辞职和自愿辞去现职的学术研究，不利于辞职制度的全面完善。本书提出了因公辞职与干部任期制之间的冲突与调整对策，如制定因公辞职的限制条件和加强对领导干部离职的审计工作等。对自愿辞去现职的领导干部要正确引导，合理安排工作，审慎安排人大、政协机关的工作，以免影响两个机关的功能发挥。同时关注"裸官"辞职现象。

四　研究逻辑框架

（一）研究逻辑

本书的研究目的是如何科学管理中国公务员辞职。辞职对公务员来说是一种权利；对公共部门来说，是畅通出口、促进人才循环、优化配置的制度设计。中国公务员辞职制度必然包含一般公务员辞去公职和领导干部辞去现职，其中领导干部的外延相当于西方的政务官加上高级公务员。因此在制度的设计中，要解决好管理对象和管理主体的分工问题。同时本书重在研究公务员辞职趋势和问题分析，并提出相应的管理对策。

因此，本书的研究逻辑框架如图1-1所示，主要有两大线索。一是辞去公职和辞去现职的内容；二是辞职管理的研究逻辑演进。辞去公职和辞去现职的第一个层面的内容主要讨论概念、理论基础、法律依据、历史考察和国外借鉴。第二个层面的内容主要讨论现状、管理问题和管理对策。

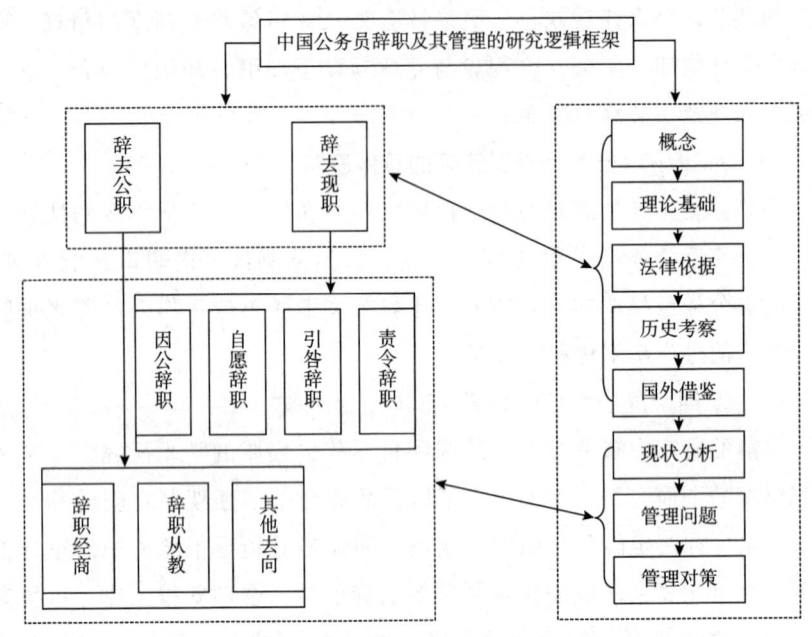

图1-1 中国公务员辞职及其管理的研究逻辑框架

（二）研究框架

本书包括七个部分，即导论、中国公务员辞职的概念和基本理论、中国官吏辞职的历史考察、中国当代公务员辞职分析、当代公务员辞职管理及其问题分析、国外公务员辞职管理和中国公务员辞职的管理对策。

第一章　导论。本章主要介绍公务员辞职的研究缘起和意义、国内外研究述评、研究的方法与创新以及逻辑框架四个方面内容。

第二章　中国公务员辞职的概念与基本理论。本章首先界定与公务员辞职相关的几个概念：公务员、公务员辞职、辞去公职、辞去现职、因公辞职、自愿辞职、引咎辞职和责令辞职等，并区分辞退、退职、免职、离职等与辞职相近的概念的异同。其次，分析中国公务员辞职的基本理论和法律依据。

第三章　中国官吏辞职的历史考察。本章将分清代以前、民国时期、新中国成立至改革开放初期三个阶段对中国官吏（文官、干部）辞职进行考察，并分析其对当前公务员管理的借鉴意义。

　　第四章　中国当代公务员辞职分析。本章首先依据中国公务员制度的演进把公务员辞职的历程分为四个阶段进行介绍。其次，尝试归纳公务员辞职的类型和功能，并深入分析公务员辞职的原因。

　　第五章　当代公务员辞职管理及其问题分析。本章首先介绍了我国对公务员辞职管理的法规、管理现状和经验。其次对公务员辞职管理中存在的问题进行归纳和分析，并尝试归纳其规律，以便形成长效的制度化管理。

　　第六章　国外公务员辞职管理。本章对西方公务员辞职和高官辞职现象及其管理举措一并进行分析，为我国完善公务员辞职管理提供借鉴。

　　第七章　中国公务员辞职的管理对策。本章尝试把管理的对策用系统分析方法呈现出来，"中国公务员辞职管理体系"包括四个子系统：一是公务员辞职管理应遵循的三个原则，即公共利益优先、保护个人权利和法治；二是总体思路，主要包括完善制度保障机制、强化压力机制和健全支持机制；三是公务员辞去公职的管理对策；四是党政领导干部辞职管理的对策。公务员辞职管理系统要与政治、经济、公务员管理等大系统发生互动。

第二章　中国公务员辞职的概念与基本理论

本章运用文献法和比较法分析中国公务员辞职及其相关概念，探索中国公务员辞职的基本理论，提出公务员辞职的法律依据。中国公务员辞职的核心概念有中国公务员、党政干部、公务员辞职、辞去公职、辞去现职、因公辞职、自愿辞职、引咎辞职和责令辞职等；需要辨析的几组概念是：公务员辞职与辞退、公务员辞职与退职、公务员辞职与免职、公务员辞职与开除、公务员辞职与自动离职、公务员辞职与公共部门人力精简以及公务员辞职与企业员工辞职的异同等。本章认为中国公务员辞职制度既是一个政治问题，也是一个管理问题，其基本理论有科层制理论、法治与宪政理论、服务型政府理论和员工离职与保留理论等，并剖析四个理论支撑中国公务员辞职的依据与原理。本章还分析了公务员辞职的法律依据，主要从党规和法规两个方面展开。本章的研究结论服务于全书，为后面的研究提供概念和基本理论支持。

一　相关概念的界定

（一）中国公务员

中国公务员辞职这一核心概念由两部分组成，即公务员和辞职。因此，研究公务员辞职要搞清楚的第一个概念是中国公务员。在辞职的视野中，中国公务员由公务员和党政领导干部两个部分组成。

1. 中国公务员名称的产生和演变：干部、工作人员、公务员

我国当前所适用的公务员的定义是指"依法履行公职、纳入国家行

政编制、由国家财政负担工资福利的工作人员"。① 这一定义的公务员范围包括下列机关中除工勤人员以外的工作人员："（一）中国共产党各级机关；（二）各级人民代表大会及常务委员会机关；（三）各级行政机关；（四）中国人民政治协商会议各级委员会机关；（五）各级审判机关；（六）各级检察机关；（七）各民主党派和工商联的各级机关。"② 而在1993年国务院颁布的《公务员暂行条例》中公务员被定义为"国家行政机关中除工勤人员以外的工作人员"，这一范围显然较窄，因此在2005年的《中华人民共和国公务员法》中，为了适应中国国情，公务员的外延有了极大的拓展。

由于历史渊源，在我国，"公务员"一词的使用多出现于国家的法律法规和当前流行的公务员考试中，而在一系列党规、党内文件和党政管理的实践中，更多出现的与"公务员"含义相近的称谓是"干部"。因此要了解我国"公务员"的产生背景，就必须进一步分析"干部"这一称谓。

研究中国问题的荷兰学者彭轲（Frank Pieke）说："中国的干部（cadre）一词，外国人难以理解，中国人有时也犯迷糊。"③ 在现代汉语中，"干部"一词包含两层含义：①国家机关、军队、人民团体中的公职人员（士兵、勤杂人员除外）；②担任一定的领导工作或管理工作的人员。④ 第一层干部含义是指国家公职人员，第二层是指领导者和管理者，二者有交叉，但外延有所不同。公务员部门的领导者和管理者一定属于国家公职人员，属于干部（cadre）；而民营企业和私企的领导者与管理者一般被称为老板（boss）或上司。国家公职人员中有部分领导者和管理者，但大部分是一般工作人员，也叫一般干部。革命战争年代，中国共

---

① 《中华人民共和国公务员法》（修订版），2018年12月29日中华人民共和国第十三届全国人民代表大会常务委员会第七次会议审议通过，2019年6月1日起实施，以下简称《公务员法》（2018修订）。

② 《公务员范围规定》，详见中共中央组织部干部一局、国家公务员局编《公务员法配套政策法规文件汇编》，中国人事出版社、党建读物出版社，2008，第34页。

③ Frank N. Pieke, *The Good Communist—Elite Training and State Building in Today's China* (Cambridge University Press, 2009), p. 28.

④ 中国社会科学院语言研究所词典编辑室编《现代汉语词典》第三版（增订本），商务印书馆，2002。

产党把在党、军队以及革命根据地的苏维埃政府中担任一定公职,并从事军事、政治、经济、文化、教育等工作的人员,统称为干部。1949年新中国成立后,干部的称谓继续沿用,并且其外延进一步扩大,不仅包括原有的党政军机关及国家机关公职人员,而且包括人民团体和群众团体机关工作人员、企事业单位(计划经济体制下只有国有企业和集体所有制企业)管理人员、各类专业技术人员以及宗教界的一些有领导级别的任职者。据统计,1949年的干部人数为90.8万,1977年为1658万,2006年为5975.8万。① 从1979年开始,党和政府就开始了干部人事制度的改革,但是如何改、方向在哪里还不明确,只能"摸着石头过河"。对于称谓问题,先是称"干部",1984年11月,中央组织部和劳动人事部组织有关单位的工作人员及一部分专家、学者着手起草《国家工作人员法》,因此干部的称谓似乎要被"国家工作人员"取代;1985年在中共中央书记处组织的讨论中将《国家工作人员法》更名为《国家行政机关工作人员条例》;1986年12月16日,根据中央政治体制改革研讨小组的统一部署,成立了干部人事制度改革专题研讨小组;1987年3月26日,干部人事制度改革专题研讨小组提出,工作人员的概念过于宽泛,不能突出行使国家行政权力、执行国家公务的职业特点,建议将《国家行政机关工作人员条例》改为《国家公务员暂行条例》;1987年5月20日,中央政治体制改革研讨小组听取干部人事制度改革专题研讨小组汇报认为,在我国建立国家公务员制度的考虑基本可行。"国家公务员"这个概念比"干部""工作人员"都要清楚,能较好地表达政府系统中依法行使国家行政权力、执行国家公务的人员的特点。自此,"公务员"的称谓在法律法规上正式取代"干部"和"工作人员",中国公务员制度为中国公共人事制度改革指明了方向。②

2. 公务员与党政领导干部

"干部"一词在党的条例和规定中继续沿用,主要指党政领导干部。

---

① 徐颂陶、王鼎、陈二伟:《中国干部人事制度改革30年取得4大成就有4经验》,中央政府门户网站,http://www.gov.cn/gzdt/2008-01/10/content_855114.htm,最后访问时间:2019年7月30日。

② 徐颂陶、孙建立主编《中国人事制度改革三十年》,中国人事出版社,2008,第271~282页。

第二章　中国公务员辞职的概念与基本理论

这源于"党管干部"的原则。"党管干部"是我国干部人事制度的一项基本原则，它形成于革命战争年代，始终贯穿党领导中国革命和建设的历史。我国当前公务员制度和干部人事制度并存，前者是从政府管理的角度而言的，后者则从"党管干部"角度出发。干部人事制度的范围往往大于公务员制度（等同于党政机关干部人事制度）的范围，还包括事业单位人事制度和国有企业人事制度。[①] 然而，在党制定的条例和国家制定的公务员法规中尽量使党政干部和公务员的外延趋同。比如2014年中共中央印发的《党政领导干部选拔任用工作条例》（以下简称《干部任用条例》）第四条界定了党政领导干部的范围，与《公务员法》所界定的公务员范围基本一致，只是党政领导干部是领导职务类公务员，相当于西方国家的政务官加上高级公务员。《干部任用条例》第四条还继续补充如何解决与党政机关相似，国有企业、群团组织和部分事业单位的领导干部的管理途径：参公管理（参照《公务员法》管理）。因此本书后面的研究中所提及的"党政领导干部"一词，其外延等同于担任领导职务的公务员。

（二）公务员辞职

1. 公务员辞职的定义

国内学界对公务员辞职从多角度做过界定。曹志认为，"资本主义国家的公务员辞职，一般是指公务员根据本人的意愿脱离开原单位的职务。它是公务员的一项权利，与休职、停职不同"。[②] "苏联、东欧国家《劳动法》关于终止或停止劳动合同的情况中，规定了职工本人提出声明、双方约定、双方达成协议，作为废除或停止劳动关系的原因，这种劳动合同的废除就是辞职。"[③] 资本主义国家和苏联、东欧国家对公务员辞职的界定存在差异，前者认为公务员辞职是一项权利，而对后者来说，则是劳动合同的废除。这是中国早期的学者向国外学习公务员制度的初步成果。

[①] 中共中央组织部研究室（政策法规局）编《干部人事制度改革》，中国方正出版社，2004，见目录。
[②] 曹志主编《资本主义国家公务员制度概要》，北京大学出版社，1985，第253页。
[③] 曹志主编《苏联东欧国家人事制度概要》，北京大学出版社，1985，第178页。

仝志敏认为，中国公务员辞职，"系指根据公务员本人的申请，经有关领导批准而辞去所担任的职务。大体可分为两种情况：一是辞去所担任的领导职务，脱离自己所处的职务关系；二是辞去公职，不再担任国家行政机关的职务，放弃国家公务员的身份"。[①] 这个定义基本明确了中国公务员辞职的两种形式，即辞去公职和辞去领导职务，开始探索中国特色的公务员辞职的内涵。徐颂陶、原所安认为，"公务员辞职是指公务员根据本人意愿，依照法律规定，辞去现任职务，解除或部分解除其与国家行政机关权利义务关系即职务关系的一种行为"。[②] 这个定义强调公务员辞职的法治的一面，并认为辞职是解除与国家行政机关的"职务关系"，但是职务关系是否包含公务员身份关系有待商榷。刘俊生提出，公务员辞职有两类，辞去公职是退出，而辞去领导职务属于职务变动。[③] 其把公务员的辞去公职归纳为职业的退出，终止身份关系；而辞去领导职务是一种职务上的变动。但是"自愿辞职"中的领导干部可能"一辞到底"，既辞掉领导职务（职务变动），又辞去公职（退出）。

中共中央组织部："（公务员）辞职制度，是指公务员根据本人意愿，依照法律法规规定，经过任免机关的批准，解除其与机关的特定职务关系或者公务员身份关系的制度。"[④] 这个定义强调官方对辞职的阐释，并明确了辞职的两种形式：辞去现职，即解除其与机关的特定职务关系；辞去公职，即解除其与机关的公务员身份关系。

从不同阶段的学者对公务员辞职的界定可以看出，我国近40年经历了从学习国外经验逐步转向构建适合中国的公务员辞职制度的发展历程。

本书依据《党政领导干部辞职暂行规定》（中组部制定，2004）、《公务员法》（全国人大，2018）、《公务员辞去公职规定（试行）》（中组部、人社部联合发，2009）等规定，并在参考前人定义的基础上认为，公务员辞职是指公务员依法自愿提出申请，经任免机关批准，辞去其在

[①] 仝志敏主编《国家公务员概论》，中国人民大学出版社，1989，第196页。
[②] 徐颂陶、原所安主编《国家公务员实用手册》，中国人事出版社，1993，第303页。
[③] 刘俊生：《公共人事制度》，中国人民大学出版社，2009，第88、105页。
[④] 中共中央组织部研究室（政策法规局）编《干部人事制度改革》，中国方正出版社，2004，第128页。

机关的特定职务或者公务员身份的行为或者过程。其中辞去公职是公务员的一项权利（包括自愿辞职中的辞去公职），而引咎辞职和责令辞职是领导干部的一种责任担当。

2. 公务员辞职的分类

学界大致赞同分两类，即辞去公职和辞去现职。

徐颂陶认为，公务员辞职分为两类：一类是"辞去现职"，即担任领导职务的公务员辞去所担任的领导职务，但继续保留国家公务员身份，即部分解除公务员的职务关系；另一类是"辞去公职"，即公务员依照法律规定辞去公务员职务，放弃公务员身份与资格，全部解除与国家行政机关的职务关系。[①]

刘俊生认为，公务员辞职包含辞去公职（退出公职）和辞去领导职务（职务变动），二者的概念完全不同。辞去领导职务的主体是党政机关领导干部，辞去领导职务后仍保留公务员身份，仍要接受合适的公职安排。辞职（辞去公职）的主体是全体公务员，其结果是脱离公职系统，丧失公务员身份。[②]

依据辞职对象来分，公务员辞职包括公务员辞去公职和领导干部辞去现任职务两大类。第一类是公务员辞去公职，是指公务员领导干部或普通公务员依照法律法规规定，根据自己的意愿申请终止与任免机关的任用关系。公务员辞去公职后，不再具有公务员身份。可以分为普通公务员辞去公职和领导干部自愿辞去公职（属于"自愿辞职"的一种情况）两种情况。第二类是公务员领导干部辞去现任职务，也称党政领导干部辞职，包含四种情况，即因公辞职、自愿辞职、引咎辞职和责令辞职。①因公辞职是指担任领导职务的公务员因工作需要，依法律和程序向其选举或者任免机关提出辞去现任职务的行为。因公辞职主要适用于选任制公务员，是公务员调动和交流应履行的一种正常的法律程序，体现了公务员对选举其担任领导职务机关负责。②自愿辞职是指公务员因个人或者其他原因，自行提出辞去现任领导职务。[③] 这里的个人或者其他原

[①] 徐颂陶、原所安主编《国家公务员实用手册》，中国人事出版社，1993，第303页。
[②] 刘俊生：《中国人事制度概要》，清华大学出版社，2009，第139页。
[③] 自愿辞职的辞去公职部分归入第一类。

因，是指公务员自身的健康状况、工作或者专业志趣、人际关系状况、工作能力等原因。③引咎辞职是指公务员中的领导成员因工作严重失误、失职造成重大损失或者恶劣影响，或者对重大事故负有重要领导责任，不宜再担任现职，由本人主动提出辞去现任领导职务。引咎辞职只是辞去现任的领导职务，仍然保留公务员身份。④责令辞职是指领导干部应当引咎辞职或者因其他原因不再适合担任现任领导职务，本人不提出辞职，由任免机关责令其辞去领导职务。引咎辞职和责令辞职同时属于对党政领导干部进行问责的两种方式。

依据辞职的性质来分，可以分为权利型辞职、问责型辞职和因公辞职三类。

权利型辞职指的是公务员辞去公职，包括领导干部类公务员自愿辞去现职后的辞去公职行为。问责型辞职是指领导干部引咎辞职和问责辞职。因公辞职是职务变动，与前两类性质不一样。

3. 公务员辞职与几组相关概念的辨析

(1) 公务员辞职与辞退

公务员辞退是指公务员管理部门依据法律规定的条件，通过一定法律程序，在法定的管理权限内做出的解除公务员全部职务关系的行政行为，其直接结果是解除公务员与国家行政机关的工作关系。①

两者的相同之处是：第一，都是公务员退出的方式；第二，都可能失去公务员身份；第三，都必须依法进行。

两者的不同之处是：第一，辞职是公务员的一项权利，辞退是管理部门的一项权利；第二，辞职者是主动辞去现职或公职，被辞退者是因法定原因被公务员管理部门清退；第三，辞职者往往是公务员部门想留下的人，辞退者往往是公务员部门不想聘用的人。

这两个概念从公务员制度引进之初的主流介绍和研究中就被放在一起："辞职辞退"，已废止的《国家公务员暂行条例》和现行《公务员法》中均以"辞职辞退"作为一章出现。二者本来区别明显，却在现实操作中造成麻烦（详见本研究第五章的问题分析）。

---

① 参见徐颂陶、原所安主编《国家公务员实用手册》，中国人事出版社，1993，第303页。

（2）公务员辞职与退职

退职是新中国成立后，还未建立正常的退休和辞职制度之前的一种国家干部退出方式。它一般是指公务员年老或丧失工作能力但又不够退休离休条件，而离开工作岗位退出公职的一种行为，是一种安置不具备退休条件却难以胜任其岗位的工作人员的办法。公务员辞职与退职的区别是：一是前者多数是自愿的选择，后者多数是不得已的选择；二是待遇不同。辞去公职后的公务员已经终止其身份，不再享有公务员的待遇；而退职后的公务员享有退休人员的各种待遇。退职在公务员制度建立后基本退出了历史舞台。

（3）公务员辞职与免职

免职是具有管理权限的各种任免机关依法免除公务员所担任的职务的人事行政行为。免职与任职相对，属于职务关系的变更。担任领导职务的公务员辞职往往伴随领导任免机关的免职行为的产生，任免机关在同意领导类公务员辞职的同时，要免去其现任的职务。二者的明显区别是：①辞职是公务员的权利，免职是任免机关的权力。②免职与引咎辞职和责令辞职一样，同属于对党政领导干部进行问责的方式，尽管引咎辞职和责令辞职后同样要履行免职的程序，但是直接被免职的问责，程度更胜于后两种问责方式。

（4）公务员辞职与开除公职

开除公职是公务员管理机关对公务员的一种严重的行政处分，它适用于那些违法失职不适合继续在国家行政机关工作的人员。二者的区别是：公务员辞职不是一种处分，开除则是一种严重的惩戒性党纪和行政处分，包括开除公职或开除党籍。对中共党员领导干部而言，受到开除公职处分的，不一定开除党籍；而受到开除党籍处分的，一定会伴随开除公职，而且会进一步移交司法机关追究法律责任。非中共党员领导干部不存在党纪处分。

（5）公务员辞职与自动离职

自动离职是指公务员擅自离开工作岗位超过一定期限的行为。自动离职在多数国家的公务员管理中是一种违法行为。但埃及的公务员自动离职等同于辞职的方式之一。在我国现行的法律法规中，公务员自动离职被称为擅自离职，达到一定期限，将会受到处分，直至被开除。在我国，辞职是一种合法行为，受到法律的保护；自动离职是一种违法行为，不受法律保护，甚至要受到法律的惩罚。

（6）公务员辞职与公共部门人力精简

学者 Cascio 认为，个别人员的解雇及正常的人员退休与辞职等所谓自然流失，皆不应纳入人力精简的范畴，只有从上而下有计划地裁撤职位或工作才可视作人力精简。[①] 因此可以说，公共部门人力精简是数量较大的有计划裁减，实施的主体是公共部门，目的是裁撤冗员；而公务员辞职则是公务员个人的选择，是人员的不定期流动。

（三）公务员辞职与企业员工辞职

1. 相同之处

（1）公务员辞去公职与企业的员工辞职在表现形式上基本相同

两者都表现为离开当前的工作单位，终止与单位的人事合同，到新的单位就职。只是企业员工辞职多被称为"跳槽""离职"，公务员辞职往往被称为"下海"[②] 罢了。

（2）辞职的原因大致相同

英国著名企业管理家罗杰企业管家罗杰·福尔克在《漫谈企业管理》一书中指出：某公司失败的原因之一，是晋升缓慢，因而无法把聪明能干的人留下；没有一个干劲十足、具有创造精神的人愿意在这里长期工作下去。他还指出：有本事的人一般是不到那些把人看得无足轻重的公司去工作的；在这种公司里工作的人当中，最有才干的人总是最早辞职。[③]

赵锋、李牧把员工辞职的原因归纳为十个方面：[④] 有一份更适合自己的工作等着你，也称"跳槽"；准备个人创业；以退为进，以辞职为由想要单位提高自己的职务或者加薪；对于现在单位的现状不满意，希望换

[①] F. Wayne Cascio, "Downsizing: What Do You Know? What Have We Learned?" *Academy of Management Executive* 7（1993）. 转引自吴琼恩等《公共人力资源管理》，北京大学出版社，2006，第350页。

[②] 近30年来，绝大多数公务员辞职后去企业任职，被媒体和社会称为"下海"。

[③] 转引自卫清《公务员制度备览》，书目文献出版社，1994，公务员辞职辞退专章。

[④] 赵锋、李牧编《跳槽》，清华大学出版社，2011，第134~136页。

个环境；因为需要学习、进修而辞职；因为工作地点的原因而辞职，比如离家太远、与爱人相隔两地；因为个人的爱好或特长得不到发挥而辞职；因为一些小事件让自己不满意而辞职，比如与上级吵架、与同事发生矛盾等；单位流露出对你不满意的迹象，希望你主动辞职；个人因为在单位犯了错误，觉得无颜面待下去而辞职。

弗恩海姆（Adrian Furnham）和约翰·泰勒（John Taylor）通过调查，把"员工辞去上一次工作的原因"归纳为外部原因、机构的原因和个人原因等三大类15条（见表2-1），并认为辞职或离职现象是不可避免的，其原因是多方面的，离职政策管理不善极有可能带来辞职或离职员工的负面行为，如果离职管理政策人性化，将会减少负面工作行为，在雇员中促进忠诚和责任心。[①]

表2-1 辞去上一次工作的原因

类别	序号	原因
外部原因	1	我在网上或是报纸上看到了一个非常吸引人的广告
	2	有猎头公司找我
机构的原因	1	在原单位，我没得到足够的重视
	2	在原单位，我得不到发展
	3	前上级（老板）不喜欢我，对我不公平
	4	当我该升职的时候，没有升职
	5	新单位的道德标准和价值观更能使我接受
	6	原单位得到晋升的人都是老板或高级管理人员的朋友
	7	我总是受到欺辱
个人原因	1	新工作报酬更多
	2	我被解雇或裁员了
	3	旧工作不具备挑战性、乏味、烦人
	4	因为个人原因（家庭、教育、社会风气）不得不换工作
	5	我不喜欢那个办公大楼（周围环境）
	6	我觉得压力太大，太压抑

资料来源：〔英〕艾德里安·弗恩海姆（Adrian Furnham）、约翰·泰勒（John Taylor）著《负面工作行为分析与应对》，李东、雷雯译，中国劳动社会保障出版社，2006，第52页。

[①] 〔英〕艾德里安·弗恩海姆、约翰·泰勒：《负面工作行为分析与应对》，李东、雷雯译，中国劳动社会保障出版社，2006。

以上这些辞职原因是基于所有类型的员工所做的归纳，大部分与公务员辞职的原因相一致。

2. 不同之处

（1）辞职的管理法规不一样

公务员辞职的管理法规是《公务员法》、《公务员辞去公职规定（试行）》和《党政领导干部辞职暂行规定》；而企业员工辞职由《中华人民共和国劳动法》和《中华人民共和国合同法》的相关条款进行规范。

（2）辞职的限制条件不一样

由于公务员是国家公共权力的执行者，代表国家和政府，因此其辞职如果威胁到国家利益和公共利益，其行为将会受到限制。公司职员的辞职行为可能也会受到公司内部规定的限制，但其规定不得与《中华人民共和国劳动法》相冲突。

（3）辞职（辞去公职）的法律后果也不一样

各国公务员的职业都受到公务员法的保护，"无过失不受免职处分"，我国的公务员职业同样受到《公务员法》的保护。辞职行为经同意生效后，公务员将失去公务员的身份，成为普通的待业者。相比较而言，企业员工辞职后，仅暂时失去工作，成为待业者。

二　基本理论

公务员辞职制度包括辞去公职和辞去现职两大类，其基本理论有共同理论，也有不同理论。总的来看，第一，公务员制度是公务员辞职制度的基础，没有公务员制度，就没有真正意义的辞职制度。因此作为公务员制度理论基础的科层制必然成为公务员辞职制度的组织基础。同时，法治和宪政理论是公务员辞职的制度保障。第二，公务员辞去公职属于权利型辞职，是人力资源的流动和再配置，目的是实现人力资源效率最大化和提高公共服务质量。但是，公务员是政治系统中的组成元素，公务员辞去公职会涉及国家机密的泄露和国家的安全等事宜，辞职行为及辞职后的去向都必然会受到一定限制。第三，公务员领导成员辞去现职属于履职程序，也含有对选举或任命机关负责之意，其理论渊源是服务型政府理论（见表2-2）。

表 2-2 公务员辞职制度的理论基础

辞职类型	制度或理论	作　用
公务员辞职	科层制理论	组织基础
	法治与宪政理论	制度保障
辞去公职	员工离职与保留理论	管理基础
辞去现职	服务型政府理论	责任渊源

（一）科层制理论：公务员辞职的组织基础

科层制理论是现代公务员制度的组织基础，也必然是公务员辞职的理论基础。科层制组织形式的雏形早已存在，然而科层制组织理论则是在20世纪初由德国著名学者马克斯·韦伯完整提出的，其原意是指"通过职务或者职位，而不是通过个人或者世袭地位来管理"组织。[1]

韦伯认为合法统治有三种纯粹的类型，即合法型统治、传统型统治和魅力型统治。[2] 他最为推崇的是合法型统治，认为"合法型统治的最纯粹类型，是那种借助官僚体制的行政管理班子进行的统治"，"在最纯粹的类型中，行政管理班子的整体由单个的官员组成"，官员们具有十大特征。[3] 其中有两个特征是"辞职权利"产生的理论基础：①个人是自由的，仅仅在事务上服从官职的义务；②根据契约授命，即原则上是建立在自由选择的基础之上的。韦伯在其著作中也明确提出过关于辞职的表述。他在论述"统治"的合法性时认为，"由形式上自由的契约产生的权益"也是一种统治关系，但是"自愿的"，"官员职位也是通过契约被接受的，也是可以辞职的"。[4] 他认为"契约任命即自由选择，是现代的官僚体制的本质"。[5]

此外，韦伯认为科层制组织有以下六个特征。[6]

---

[1] 方振邦：《管理思想百年脉络——影响世界管理进程的百名大师》，中国人民大学出版社，2007，第35页。

[2] 〔德〕马克斯·韦伯：《经济与社会》（上卷），林荣远译，商务印书馆，2006，第241页。

[3] 〔德〕马克斯·韦伯：《经济与社会》（上卷），林荣远译，商务印书馆，2006，第246页。

[4] 〔德〕马克斯·韦伯：《经济与社会》（上卷），林荣远译，商务印书馆，2006，第239页。

[5] Max Weber, *The Theory of Social and Economic Organization* (New York: The Free Press of Glencoe, 1947), p. 363.

[6] Jay M. Shafritz, Albert C. Hyde, Sandra J. Parkes, *Classics of Public Administration* (Fifth edition, Wadsworth, 2004), pp. 52-53.

（1）有确定的原则（the principle of fixed）和官方的权限范围（official jurisdictional areas），通常是由法律、行政法规类的规则来提供秩序。

（2）政府机关等级制度（office hierarchy）和权力分层（levels of graded authority）原则意味着上级和下级之间有一个稳固的等级体系，其中高层级官员可以监督低层级官员。

（3）现代政府机关的管理是基于书面文件（written documents/the file），这可以保留原始记录或详细记录。

（4）政府机关的管理，至少所有专门的机关管理（或准确的现代管理）通常以彻底的专业培训为前提。

（5）当政府机关变得相当先进时，政府的行为（official activity）对官员提出了几乎完美的工作能力要求，而不顾其部门必要时间（obligatory time）可能受到严格限制的事实。

（6）政府机关的管理要遵循一些或多或少稳定的（stable）、详尽的（exhaustive）、能学会的普通法则。

这六个科层制组织特征在保证组织效率的同时，也因为其非人格化设计导致不适应的组织员工辞职离开。

韦伯科层制理论中对辞职的论述受到了国内外学者的关注，并进一步扩展了公务员辞职的理论基础。

安东尼·唐斯在其《官僚制内幕》一书中认为，在官僚化决策理论中，存在五类官员：权力攀登者、保守者、狂热者、倡导者和政治家。他认为权力攀登者类型的官员会产生跳槽行为，这里的"跳槽"是指辞职去新的组织的行为，跳槽的官员主要以某些特定的受到社会和市场欢迎的技能型官员为主。跳槽的原因为：一是"从一个组织跳槽到另一个组织，从而获取更大的权力、收入和声望"，尤其是在公私部门"混淆"的社会；二是在其他因素不变的情况下，通过跳槽到另一个组织以求得自身更多的发展机会，同时赢得现在组织对其更宽松的环境。[①]

跳槽对组织的影响分为有利与不利两个方面。

---

① 〔美〕安东尼·唐斯：《官僚制内幕》，郭小聪等译，中国人民大学出版社，2006，第101、102页。

有利影响：促进人才自由流动，优化人力资源配置。对组织而言，可以为吸引稀缺人才而改善组织环境，完善管理措施。

不利影响：组织兴衰的晴雨表。不断发展的组织有更多的人愿意跳进，而走下坡路的组织会有更多的人跳出。

盖伊·彼得斯这样理解非人格化规则与组织的关系：为了使制度顺利运行，官僚依赖人们对非人格化和普遍规则的接受。如果一个组织的规则需要每个成员的讨论——不论是雇员还是委托人——官僚组织就会缺乏效率，并且流于肤浅。官僚规则的应用需要一致性和普遍性。这些特点是法律和公平、正义等现代观念的要求。当然，其他的正义概念要求对每个人给予回应，但在官僚体制当中这是不实际的。[1] 公共组织中雇员可能会因为过于苛刻的要求而寻求脱离等级控制的自由。[2] 也就是说可能会因为不适应，从而辞职离开这种工作环境。

美国学者施密特（Steffen W. Schmidt）、谢利（Mack C. Shelley）、巴迪斯（Barbara A. Bardes）在《美国政府与政治》一书中把科层制理论归纳为以下几种模式。[3]

（1）韦伯模式（Weberian Model）。该模式由德国社会学家马克斯·韦伯提出。[4] 他认为，由于现代生活日益复杂的本质和公民对政府的要求的稳步增长，科层制度的形成是不可避免的。在韦伯看来，大多数科层制，无论是公共领域还是私人领域，在组织上是等级制的，并受制于正规的程序，科层制中的权力是自上而下流动的。官僚机构中个人的晋升取决于考绩而非政治关系。实际上，在韦伯那里，现代官僚机构应是非政治性的组织，因此成了政治与行政分立的公务员制度的组织基础。

---

[1] 〔美〕B. 盖伊·彼得斯：《官僚政治》（第五版），聂露、李姿姿译，中国人民大学出版社，2006，第40页。

[2] O. P. Divedi, James Gow, *From Bureaucracy to Public Management: The Administration Culture of Cadana* (Peterborough, ONT: Broadview Press, 1999). 转引自 B. 盖伊·彼得斯《官僚政治》（第五版），聂露、李姿姿译，中国人民大学出版社，2006，第40页。

[3] 参见〔美〕施密特、谢利、巴迪斯《美国政府与政治》，梅然译，北京大学出版社，2005，第296~297页。

[4] Max Weber, *Theory of Social and Economic Organization*, Talcott Parsons, ed. (London: Oxford University Press, 1974).

(2) 索取模式（Acquisitive Model）。这种模式的支持者认为，高级官僚们总是力图扩大或至少避免缩减自身预算的规模。虽然政府官僚机构是非营利性组织，但官僚们也要使自身预算和人员的规模最大化，因为这些东西是公共领域中最明显的权力饰物。

(3) 垄断模式（Monopplistic Model）。类似于经济学上的垄断性公司，垄断性官僚机构本质上没有竞争者，并据此而行事。由于垄断性官僚机构不会因为习惯性的低效率而受到惩罚，它们没有多少理由来采取节约成本的措施，或使自身资源得到更具效率的利用。这导致官僚运作的程序化和低效率，而对于有抱负和能力、急于干一番大事业的人来说，无异于扼杀，因此无法适应这种文化的公务员会选择辞职，重新进行自我生涯规划和职业选择。

(4) 垃圾桶模式（Garbage Model）。这种模式的支持者描绘的是杂乱无章和失去航向的组织。它认为官僚机构极少按照某个目的或前后连贯的方式运作，而是漫无目的地胡乱搜寻具体问题的答案。问题不是通过顺利实施筹划得当的政策解决的，而是通过不断试错得出的。改革开放的总设计师邓小平的名言"摸着石头过河"也能部分解释这种试错的过程。对于年轻的公务员而言，自己的职业生涯的发展也是一个不断试错的过程，不去尝试，就不知道公务员这种职业是否真正适合自己。当发现不适合自己，只得辞职进行重新选择。因此相当一部分公务员辞职并非为了薪酬，因为重新选择新的工作，收入有可能更低。但是这又是一个新的试错过程。

朱立言教授在《行政领导学》中认为，韦伯的科层制组织包含三项要素，即职责、权力和资格。其在论及"行政官僚个人是自由的，仅仅在事务上有服从官职的义务"时说道："在进入公共部门之前，行政官僚是国家的公民，享有宪法规定的权利和义务；在进入公共部门之后，他们不仅要承担原来的权利和义务，而且必须服从某些新的特殊的权利和义务。从行政法的角度来看，前者的角色是公民，而后者的角色则是公务员。行政官僚要服从公务员的管理，同时服从一般法律的约束。但根据契约受命，行政官僚与政府的关系原则上是建立在自由选择的基础之上，他们可以签订契约而进入政府，也可以通过解除契约而辞职离开政府。"① 公务员在选择辞职时，同时失去其拥有的公共"职责、权力和资格"。

尽管韦伯的科层制理论在现实中存在诸多弊端，受到了各种批评，但它在现代政府管理和公务员制度中的组织基础仍然不能被取代。因此，由韦伯提出，众多学者不断发展完善的科层制理论必然成为公务员辞职的组织理论基础。

（二）法治理论：公务员辞职的制度保障

据考证，"法治"一词是由古希腊人毕达哥拉斯最早提出的。亚里士多德在其《政治学》中写道："法治应包括两重意义：已成立的法律获得普遍的服从，而大家所服从的法律又应该是制定得良好的法律。"② 这说明作为治理公务员辞职的法规应该具备良法的特点，才会得到公务员的遵从。古罗马人对法治提出了不同的见解，即国家是一个法团，认为"国家之所以是至高无上的，是因为它垄断着立法权，是法的制定者，这种法既约束着个人，也约束着国家"。③ 我国公务员辞职制度中的党政领导干部辞职的党规和法规的目的正是约束我国党政机关中的主要领导干部，目的是强化责任和服务意识。因此"法团"思想一定程度上为我国党政领导干部辞职实行法治提供了合理的理论源泉。到了近代，英国的约翰·洛克提出："法律的目的不是废除或限制自由，而是保护和扩大自由"，这是一个充满辩证思维的思想，体现在我国的公务员辞职法规中，就是"公务员享有'申请辞职'的权利"是要保护和扩大公务员的自由；而附加限制条件和对党政领导干部进行问责性辞职则是要保护公众的自由和利益。法国思想家孟德斯鸠提出了"法律下的自由和权力"观，卢梭提出了法治的四个基本要素：自由、平等，公意，合法政府和法律至上。美国思想家托马斯·潘恩、托马斯·杰斐逊和亚历山大·汉密尔顿等提出了通过"法律至上"的法治思想来实现分权和制衡。西方国家的

---

① 朱立言：《行政领导学》（修订版），中国人民大学出版社，2010，第 51~53 页；朱立言、雷强：《公共行政领导角色》，《天津行政学院学报》2002 年第 2 期。
② 〔古希腊〕亚里士多德：《政治学》（第二版），商务印书馆，1981。
③ 转引自朱立言、谢明《公共管理概论》，中国人民大学出版社，2007，第 156 页。

实践充分证明了，政府实行"法治"意义重大。①

美国学者莱斯利·里普森参照各国政府在过去和当时已被证明为有效的政治实践归纳总结出四条法治的原则。②

（1）各级政府在行使职权时必须遵守宪法，按照宪法规定的程序进行。

（2）任何一州的法律或法律中的任何内容都不得违背联邦宪法，否则视为非法。

（3）一个公民即使遭到控告，在未经公开和公平的审判之前，不得认定其有罪。

（4）法官在审判过程中应保持独立判案，不得屈从于任何外在的压力。

1959年在新德里会议上，来自53个国家的法学家宣布：法治是一个能动的、富有创造性的概念，应当被用来维护和促进一个自由社会的个人政治和民事权利。③

以上法治的思想和原则都来源于实践，对我国构建公务员辞职的法治理念有重要的启示，对用法治手段保护公务员辞职中的权益和保护公共利益有重要的理论指导意义。《中华人民共和国宪法》（2018修正）第五条规定："中华人民共和国实行依法治国，建设社会主义法治国家"，这是我国公务员辞职实行法治的基础。

（三）服务型政府理论：责任型辞职的基础

服务型政府理论继承了马克思主义理论传统，反映了马克思主义公仆思想和人民利益至上的理念。④ 党的十八大报告提出了建设服务型政府的目标，即"职能科学、结构优化、廉洁高效、人民满意"。⑤ 党的十九

---

① 朱立言、谢明：《公共管理概论》，中国人民大学出版社，2007，第156~158页。
② 〔美〕莱斯利·里普森：《政治学的重大问题：政治学导论》（第十版），刘晓等译，华夏出版社，2001，第198页。
③ 张彩凤：《英国法治研究》，中国人民公安大学出版社，2001，第155页。
④ 刘熙瑞、刘金程：《中国特色社会主义行政管理体制的内涵》，转引自王澜明主编《中国特色社会主义行政管理体制研究》，新世界出版社，2010，第60页。
⑤ 《坚定不移走中国特色社会主义道路 夺取中国特色社会主义新胜利》，中国共产党第十八次全国代表大会政治报告，2012年11月8日。

大报告进一步提出"建设人民满意的服务型政府"①的要求。主权在民是服务型政府的前提,责任政府是其内在要求。

1. 服务型政府的前提是人民享有主权

人民享有主权,即主权在民或人民主权论,该理论萌芽于古希腊时期,源于自由主义思想,由法国著名思想家卢梭进行系统的阐述和论证。卢梭认为"主权在本质上是由公意所构成的,而意志又是绝不可以代表的,因此人民的议员就不是,也不可能是人民的代表,他们只不过是人民的办事员罢了"。② 人民与公务员之间"完全是一种委托,是一种任用,在那里,他们仅仅是主权者的官吏,是以主权者的名义行使着主权者所托付给他们的权力,而且只要主权者高兴,他们就可以限制、改变和收回这种权力"。③ 人民通过选举权和监督权来行使主权,而公务员作为受委托者、办事员,必须为主权者服务,否则他们就失去了存在的价值。如果人民不满意官吏的服务,官吏必须改进或提出辞职,否则人民可以弹劾或者罢免他们。

2. 服务型政府是负责任的政府

责任是重要的,对于公共服务来说,责任的确处于核心地位。责任可以在"一个从机构政治首脑、总统、国会到普通大众不中断的明确的层级指挥链"中找到。虽然这样的一个过程因为大民主制中权威和责任的不断增加而变得更加困难,但答案在本质上依然是相同的:关键问题必须由政治上向人民负责的中央权威来加以解决。④

客观责任和主观责任。在弗雷德里克·C. 莫舍(Friedrich C. Mosher)和赫尔曼·芬纳(Herman Finer)之间发生过一场以责任问题为中心的经典辩论,提出了客观责任和主观责任存在区别。客观责任是指对其他人或者群体的责任;主观责任则是指因感到责任而以特定的方式行事。莫舍认为,"专业人员在政府中影响力的增长使我们感到更加安全,因为深

---

① 《决胜全面建成小康社会 夺取新时代中国特色社会主义伟大胜利》,中国共产党第十九次全国代表大会政治报告,2017年10月18日。
② 〔法〕卢梭:《社会契约论》,何兆武译,商务印书馆,2003,第120页。
③ 〔法〕卢梭:《社会契约论》,何兆武译,商务印书馆,2003,第73页。
④ 〔美〕罗伯特·B. 登哈特:《公共组织理论》(第三版),扶松茂、丁力译,中国人民大学出版社,2003,第137页。

受民主责任精神影响并且受过良好训练的专业人员将会关注公众的需求"。① 而芬纳认为："将事务放在官僚个人或专业人员的手中与否并不能确保民众的意志得到回应……只有通过民选官员对官僚的监督和控制，才能对选民的需求做出回应。"弗雷德里克·C. 莫舍（Frederick C. Mosher）也质疑，"在许多专业人员中，有一种越来越与公众相偏离的趋势，并且越来越全神贯注于技术而非人文关怀，越来越自利而非公共精神"。②

罗伯特·B. 登哈特（Robert B. Denhardt）认为，公共组织理论家发展出两种不同的途径去探究公共机构的回应性的问题。一种是试图通过社会化训练或专业标准来影响官僚的专业特性，从而确保回应性。第二种是对官僚的善意信任不足，建议从官僚的阶级代表性到失职人员的免职等方面入手，建立更为正式的机制。③

约翰·罗尔（John Rohr）在其著作《官僚伦理》中提出："官僚对于支持他所称的'制度价值'负有伦理上的义务。"④

因此，只有负责任的政府才会真正为人民服务。责任既是公务员行使权力的依据，同时也是他们辞职的逻辑起点：责任心不到位给公共利益造成损失；违背了公务员伦理道德，受到社会的谴责等；与责任政府的要求相违背，领导干部必须为此辞职谢罪，首先承担伦理和道义上的责任，并准备接受进一步的惩罚。

（四）员工离职与保留理论：公务员辞去公职的管理基础

在人力资源管理的众多环节中，职员的离职（turnover）及其保留受到了一定关注。德里克·托林顿等分析了主动辞职原因与成本计算及留

---

① 转引自〔美〕罗伯特·B. 登哈特《公共组织理论》（第三版），扶松茂、丁力译，中国人民大学出版社，2003，第141页。
② 参见〔美〕罗伯特·B. 登哈特《公共组织理论》（第三版），扶松茂、丁力译，中国人民大学出版社，2003，第138页。
③ 〔美〕罗伯特·B. 登哈特：《公共组织理论》（第三版），扶松茂、丁力译，中国人民大学出版社，2003，第136页。
④ 转引自〔美〕罗伯特·B. 登哈特《公共组织理论》（第三版），扶松茂、丁力译，中国人民大学出版社，2003，第139页。

住职员的策略。① 赵曙明、马希斯和杰克逊分析了留住员工的重要性及雇员维持的管理过程。②

雷蒙德·A. 诺伊、约翰·R. 霍伦贝克、巴里·格哈特和帕特里克·M. 赖特认为，员工的离职有非自愿离职（involuntary turnover）和自愿离职（voluntary turnover）两种情况。非自愿离职是由组织提出的离职，经常发生在那些愿意留在公司的员工身上，相当于辞退。自愿离职是由员工提出的，这些员工往往是组织愿意保留的那些人，相当于辞职。③ 他们还提出了员工从工作不满意到工作退出的总体模型（详见图2-1）。其中工作退出的表现有三种情况：一是行为改变，比如埋怨、向上级告密等；二是身体上工作退出，首先表现为辞职离开组织，如果在暂时没有好的就业机会时，会表现为缺勤、迟到、早退等；三是心理上工作退出，表现为低水平的工作投入（job involvement）和低水平的组织承诺（organizational commitment）。组织承诺是指员工认同组织并愿意为组织的利益而努力工作的程度。组织承诺低的员工所做的常常是等待辞职的机会。④ 从工作不满意到工作退出的模型具有普适性，同样适合公务员的辞职行为分析。

另外，人力资源管理与劳动经济学存在天然的联系，在人事管理学形成学科的第一个15年（1915—1930年），学术界普遍把它当作实用经济学看待。而且，在那个时期，在人事学科中最有影响的学术研究文章的作者都是劳动力经济学家，人事管理方面的大量的学术研究文章也是发表于主流经济学期刊上，比如《美国经济评论》、《政治经济学期刊》

---

① 〔英〕德里克·托林顿、劳尔·霍尔、史蒂芬·泰勒：《人力资源管理》（第六版），邵剑兵等译，经济管理出版社，2008，第137~151页。
② 赵曙明、〔美〕马希斯、〔美〕杰克逊：《人力资源管理》（第九版），电子工业出版社，2003，第78~88页。其中提出了雇员维持的管理过程。a. 度量和评估，包括雇员流失的度量分析、雇员调查、离职面谈。b. 雇员维持的措施，包括招募和甄选、定岗和培训、职业发展和计划、雇员关系。c. 效果评价及改进，经常收集雇员流失数据、跟踪措施的实施结果、调整改进措施。
③ 〔美〕雷蒙德·A. 诺伊、约翰·R. 霍伦贝克、巴里·格哈特、帕特里克·M. 赖特：《人力资源管理：赢得竞争优势》（第五版），刘昕译，中国人民大学出版社，2005，第465页。
④ 参见〔美〕雷蒙德·A. 诺伊、约翰·R. 霍伦贝克、巴里·格哈特、帕特里克·M. 赖特《人力资源管理：赢得竞争优势》（第五版），刘昕译，中国人民大学出版社，2005，第474~476页。

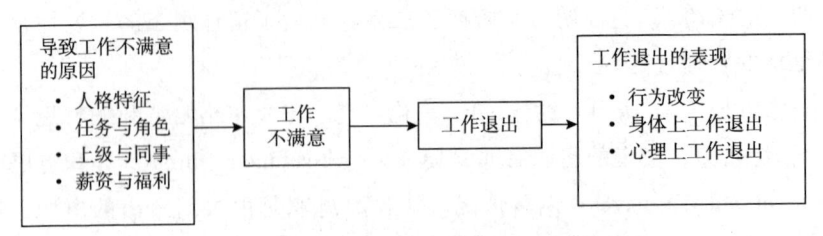

```
┌─────────────┐
│ 导致工作不满意 │
│ 的原因       │                                    ┌─────────────┐
│ • 人格特征   │    ┌──────┐        ┌──────┐        │ 工作退出的表现 │
│ • 任务与角色 │ →  │ 工作  │  →    │ 工作  │   →   │ • 行为改变   │
│ • 上级与同事 │    │ 不满意│        │ 退出  │        │ • 身体上工作退出│
│ • 薪资与福利 │    └──────┘        └──────┘        │ • 心理上工作退出│
└─────────────┘                                    └─────────────┘
```

图 2-1 从工作不满意到工作退出的总体模型

以及《经济学季刊》。① 从经济学的角度看，辞职率过高会给企业组织或公共组织带来直接损失。有学者认为，经济学界早在 20 世纪初就开始关注雇员离职研究了，主要考察工资、劳动力市场机构、失业率等宏观因素对雇员离职的影响。该领域的研究发展至今已成为组织行为学的一个重要领域，并形成了专门的"离职学术圈"。主要研究包括离职模型构建；雇员离职的决定性因素及雇员做出离职决策的过程等。清华大学学者张勉和张德认为，雇员离职通常被分为主动离职和被动离职两种类型。其中主动离职一般指辞职。他们认为 21 世纪初美国对辞职进行研究的权威学者有三组：艾奥瓦大学社会学系的 James L. Price 及其同事；华盛顿大学商学院的 Tomas W. Lee 和 Terence R. Mitchell；佐治亚大学商学院的 Rodger W. Griffeth 和亚利桑那大学商学院的 Peter W. Hon 等。他们研究的新进展包括三个方面：①多路径"展开"模型，对传统离职模型的挑战；②非工作影响因素的重要性，比如家庭、社区与工作的平衡；③权变（contingency）思想的重要性。新进展在辞职模型中主要体现在两个方面：一是要重视考察模型是否存在交互作用；二是需要具体说明辞职模型的使用范围。②

关于职员离职及其保留的丰富研究为公务员辞职提供了重要启示：在保障人员自由退出和选择的前提下，为如何留住优秀能干的公务员，以减少政府机关的损失，保证公务员队伍的稳定提供了理论支持和借鉴。

---

① Bruce E. Kaufman, "Personnel/Human Resource Management: Its Roots as Applied Economics," *History of Political Economy* 32 (2000): 229 – 256.

② 张勉、张德：《国外雇员主动离职模型研究新进展》，《外国经济与管理》2003 年第 9 期，第 24～28 页。

第二章　中国公务员辞职的概念与基本理论

三　公务员辞职的法律依据

上文已经分析过，法治是现代政府管理的基础，也是公务员管理的基础。公务员辞职的权利能否实现，取决于是否有健全的、可操作的法律制度。

（一）公务员辞职权的法理依据

我国公务员辞职的法律依据首先源于《中华人民共和国宪法》（2018修正）（以下简称《宪法》）第四十二条的规定："公民有劳动的权利和义务"，同时第十五条规定"国家实行社会主义市场经济"。在市场经济体制下，劳动者和用人单位之间均有双向选择的权利。

根据《宪法》的规定，结合公务员作为政府的管理者和公共服务的提供者与公共利益的维护者，全国人大进一步修订了《公务员法》，以保障公务员的权益和规范公务员的行为。该法第十四条规定：公务员享有"申请辞职"的权利。其法理依据可以从西方思想家的理论中找到。[1] 首先，"天赋人权"是认识公务员辞职权利的一个重要概念。英国政治思想家洛克以"自然状态"的假定作为其分析权力的前提。他认为"自然状态""是一种完备无缺的自由状态，人类在自然法的范围内，按照他们认为合适的办法，决定他们的行动和处理他们的财产和人身，而不需要得到任何人的许可或听命于任何人的意志"。[2] 依据自然法，人人拥有自由、平等、生命和财产等天赋人权，而且"天赋而不可取消的个人权利，用以限制社会的职权，并把这些权利树为防止对私人自由和财产进行干预的屏障"。[3] 洛克对权利学说的贡献在于个人的权利不应该受到权力的限制，而如何解决权力对权利的危害则是由法国政治思想家孟德斯鸠完成

---

[1] 刘俊生：《公务员权利规范及保障制度》，博士学位论文，中国人民大学，2004，第16~18页。

[2] 〔英〕洛克：《政府论》（下篇），瞿菊农、叶启芳译，商务印书馆，1964，第5页。

[3] 〔美〕萨拜因等：《政治学说史》（下册），盛葵阳、崔妙因译，商务印书馆，1986，第593页。

的。孟德斯鸠提出了三权分立学说:"把英国的自由归结为立法、行政和司法三权分立,以及三权的彼此制衡,并把这一学说作为自由立宪的信条。"① 法国政治思想家卢梭同洛克一样承认来源于自然法的个人权利是不可让渡的,但基于个体寻求安全的角度考虑,他创立了社会契约论。天赋权利学说虽然提出了权利的概念,但它是一种消极的权利论,它视个人权利为终极价值存在,没有从理性上进行分析,使得该理论的经验成分多于科学成分。19世纪,英国政治思想家格林(Thomas Hill Glyn)对权利范畴做了更为理性的思考,他从个人与社会的道德关系以及权利与权力关系阐述了权利概念,认为权利是出于自我意识本性对自己的行动自由的主张,并且应该获得社会的普遍承认,也就是说,权利是一个开明社会应该和能够给予每个成员按照理性积极实现自己个性和内在力量的基本条件,它不是来源于国家权力,而是来源于人的个性和社会的道德性,但国家对个人权利应该发挥积极的作用,以便排除权利实现的各种障碍。② 可见,格林的权利学说扬弃了天赋权利观念,是一种积极的权利学说。

其次,法律权利的研究是基础。③ 法律权利是西方近代法学家研究的范畴,他们把权利视为通过法而确立的正当要求,故"利益"是法律路径的重要概念。德国法学家耶林认为,虽然权利与意志、伦理等因素有联系,但权利就是受到法律保护的一种利益,他"通过使人们注意权利背后的利益,从而改变了整个权利理论"。④ 美国法学家庞德(Roscoe Pound)认为:法律保障的利益即权利;救济是一种权利;职权是权利;设定义务的能力是权利;某些法律上不加限制的情况即权利;纯伦理意义上的正义即权利。⑤ 美国另一位法学家霍菲尔德认为"某人有权利"意

---

① 〔美〕萨拜因等:《政治学说史》(下册),盛葵阳、崔妙因译,商务印书馆,1986,第626页。
② 〔英〕欧内斯特·巴克:《英国政治思想》,黄维新、胡待岗译,商务印书馆,1987,第1~31页。
③ 刘俊生:《公务员权利规范及保障制度》,博士学位论文,中国人民大学,2004,第15页。
④ 〔美〕罗斯科·庞德:《通过法律的社会控制/法律的任务》,沈宗灵、董世忠译,商务印书馆,1984,第46页。
⑤ 〔美〕罗斯科·庞德:《通过法律的社会控制/法律的任务》,沈宗灵、董世忠译,商务印书馆,1984,第46~48页。

味着：任何人都有义务不干涉或协助有权者做某事，即权利主张（claim）；有权者对任何人都有不做某事的义务，即特权（privilege）；一个人改变法的安排或法律关系的能力，即能力（ability）或权力（power）；权利者的地位免受改变，即豁免权（immunity）。[①]

公务员权利是指国家通过法律规定，对公务员可以做出某种行为的许可与保障，它具有法律权利的一般特征：自主性、规范性和保障性。[②]

公务员辞职的权利具备政治意义和法律意义上的特征。首先，它必须从政治制度中人事制度安排上得到承认，并做制度安排；其次，必须从法律上予以承认和保障。我国当前的公务员制度中安排了公务员辞职，并在《公务员法》中做出规定，并有专门的《公务员辞去公职规定（试行）》做出细节规定和保障该制度的顺利实施。

（二）党规和法律依据

依据中国共产党执政及党管干部的原则，公务员辞职的规定有两个方面的来源：一是党中央及中组部制定的条例及规章；二是全国人大及人社部制定的相关法规。两方面的法规都对公务员管理有着法律效力，而且党制定并颁发的条例及规章往往是进一步立法的基础，也就是说，先有党规，再有立法，这是中国的现实，也符合政党领导国家的惯例。

1. 党规

（1）2014年的《党政领导干部选拔任用工作条例》

当前，对公务员辞职进行管理的最高党规是中共中央2014年颁发的《党政领导干部选拔任用工作条例》，该条例的第十一章"免职、辞职、降职"中包括"辞职"的内容。条例的第五十八条规定："实行党政领导干部辞职制度。辞职包括因公辞职、自愿辞职、引咎辞职和责令辞职。"并在接下来的几条中分别规定几种党政领导干部辞职方式的形式及限制。党政干部辞职中，既包括公务员行使主动辞职权利的因公辞职和自愿辞职，还包括引咎辞职和责令辞职两种被迫主动辞职的领导过失追究形式。

[①] 程燎原、王人博：《权利及其救济》，山东人民出版社，1998，第14页。
[②] 刘俊生：《公共人事制度》，河南人民出版社，2003，第203页。

并规定"辞职手续依照法律或者有关规定程序办理",实现党规与法规的衔接。

(2) 2004年的《党政领导干部辞职暂行规定》

该规定由中共中央组织部2004年颁发执行,共六章三十五条。该规定具体列出了各种辞职的条件、程序、过程、限制条款、辞职纠纷的处理、辞职后的从业限制等。依据党管干部原则,该规定成为中组部管理领导干部辞职的具体守则。

2. 法规

(1) 2018年的《公务员法》

《公务员法》(2018)系第十三届全国人民代表大会常务委员会第七次会议于2018年12月29日修订通过。法律规定公务员享有"申请辞职"的权利,并以法律制度的形式确认了2014年的《党政领导干部选拔任用工作条例》和2004年的《党政领导干部辞职暂行规定》的基本原则和基本内容。其使得干部管理的党规能在法律的框架下运行,实现依法管理。然而,《公务员法》管理的是整个公务员队伍,上述两个党规《党政领导干部选拔任用工作条例》和《党政领导干部辞职暂行规定》管理的对象主要为党政领导干部,而非领导干部系列公务员辞职则由《公务员法》进行管理。

(2) 2009年的《公务员辞去公职规定(试行)》

该规定由中共中央组织部、人力资源和社会保障部于2009年7月24日印发实施,是《公务员法》关于公务员辞去公职管理的具体法规。它与上述两个党规有一点交叉,即领导干部也有直接辞去公职的现象,属于领导干部自愿辞职的一种情况。但更多的内容是与党规的管理对象相对的普通公务员辞职,这类公务员没有领导职务可辞,因而其辞职指的是辞去公职,属于《公务员辞去公职规定(试行)》的管理范围。该规定共十九条,包括公务员辞去公职的条件、程序、限制条款、辞职后的从业限制等。

以上党规和法规构成了公务员辞职的基本法律依据,地方的相关规定只能是对以上法规的具体落实,而不得与它们相冲突。

第三章 中国官吏辞职的历史考察

中国古代人事管理制度是中国古代文明的重要组成部分,中国的科举制度曾经对西方公务员制度的形成产生很大影响。有国外学者认为,"没有任何其他国家先于中国而使用一种竞争性的考试制度"。① 因此可以说公务员制度形成最早的国家即英国的公务员竞争性考试也是向中国学习的。中国古代人事管理制度萌芽于先秦时期,形成于秦、汉,经过魏晋南北朝的畸形发展,成熟于隋、唐,后经宋、元的曲折发展,到清晚期时,随着西方文明的冲击而走向衰落。古代官吏管理体系内容翔实,涵盖了官吏的选任、考核、奖惩、检察、回避、培训、等级待遇、致仕等方面的具体制度。中国古代存在官吏辞职的现象(详见表3-1),与辞职相关的说法和思想源远流长,贯穿了整个中国历史发展的长河,梳理中国古代官吏的辞职现象有利于完善当代中国公务员辞职制度。然而在目前对中国人事制度的研究中,缺乏对官吏辞职的历史考察。本章运用文献法将公务员的历史考察分为清代以前、民国时期、新中国成立至改革开放初期三个阶段,通过梳理发现中国在各历史时期都存在官吏的辞职现象,并积累了一些有益的管理经验,为当代公务员辞职管理提供参考。

一 清代以前的官吏辞职

本节通过对史料和前人研究成果的梳理,分析中国古代官吏辞职的表达方式及特点、古代官吏辞职的原因、古代官吏辞职的管理及评价。

---

① Y. Z. Chan G., "China and English Civil Service Reform," *American Historical Review* 42 (1942): 208.

表 3 - 1　中国古代官吏辞职现象

序号	姓名	朝代	职务	辞官时间	辞官后的去向
1	范 蠡	春秋	越国上将军	公元前 468 年	经商
2	孔 子	春秋	鲁国大司寇，摄相事	鲁定公十三年	周游列国
3	孟 子	战国	位列三卿		周游列国
4	蚔 蛙	战国	灵丘县长		狱官
5	董仲舒	西汉	胶西王刘端国相	公元前 121 年	居家著书
6	于定国	西汉	丞相	汉元帝永光元年九月	引咎辞职而退休
7	史 高	西汉	大司马、车骑将军	汉元帝永光元年九月	引咎辞职而退休
8	薛广德	西汉	御史大夫	汉元帝永光元年九月	引咎辞职而退休
9	彭 宣	西汉	大司空	公元前 1 年	看不惯王莽专权辞职退休
10	诸葛亮	三国	蜀国丞相		降为"右将军"，"行丞相事"
11	陶渊明	晋	彭泽县令	405 年	归隐田园
12	魏 征	唐	侍中	636 年	退休
13	李 靖	唐	丞相		退休
14	王安石	北宋	丞相	1076 年	闲居江宁府
15	王 曾	北宋	宰相	1029 年	降职出守青州
16	崔与之	南宋	礼部尚书		归故里
17	李 贽	明	姚安知府		讲学
18	袁宏道	明	吴县知县	1597 年	游玩写作
19	魏 源	清	知州		潜心做学问
20	龚自珍	清	内阁中书	1840 年	从教
21	钱振伦	清	翰林院编修	1850 年	从教
22	钱振常	清	礼部主事	1882 年	任教
23	刘光第	清	刑部广西司主事	1884 年	地方书院教书

（一）古代官吏辞职的表达方式及特点

1. 古代官吏对辞职的委婉表达

中国古代奉行忠孝文化，官员必须效忠君王。有的朝代也没有严格的退职和退休制度，因此官员不能很直白地表达辞职要求，处理不好会带来牢狱之灾。因此古代官员发明许多词语来委婉表达辞职的要求。

（1）"乞骸骨"。关于"乞骸骨"，"乞"是"请求"之意，"骸骨"是指尸骸，意思是请求让自己的骸骨得以归葬故乡。这是古代官员最常见的主动表达辞职的委婉说法，但其原因各异。其一是表达辞去职务，告老还乡之意。古代大臣没有人身自由，生是皇帝的人，死是皇帝的鬼，如果要告老还乡就要向皇帝"乞骸骨"，辞去所任职务，以期能归葬故乡。《汉书·楚元王传》："是时名儒光禄大夫龚歆移书上疏深自罪责，愿乞骸骨罢。"也省作"乞骸"。其二是辞职以躲避自己不愿意效力的人。荀悦《汉纪·哀帝纪下》："大司空彭宣见莽专权，乞骸。"其三是因为不满上司的决策愤然辞职。苏轼在《范增论》中记载：楚王项羽采纳陈平的离间计，怀疑范增与汉暗中勾通，渐渐剥夺了他的权力。范增知情后大怒，说："天下事大定矣，君王自为之，愿赐骸骨，归卒伍。"如此境况下，范增希望楚王"赐骸骨"，表达辞官之意，实际上饱含冤屈和愤怒之情。与"乞骸骨"相同的说法还有"乞休"，"休"的意思是"休息、歇息"，也是自请辞去官职。

（2）"告归"或"告老"。《尚书·商书·咸有一德》云："伊尹既复政厥辟，将告归"，据宋代蔡沈称，"伊尹致仕而去，恐太甲德不纯一，及任用非人，故作此篇，亦训体也"；"告归"便是"伊尹已还政太甲，将告老而归私邑"①，按照蔡沈的考证，"告归"之意是致仕。又据学者考证认为，"'告归'是辞去辅政或者说是摄政的职事，回去管理自己的'私邑'封地，并非严格意义上的致仕"。② 因此这里的"告归"更侧重于辞职之意，辞去现任职务，转而担任自己封地的诸侯。

（3）"丁忧"。"丁忧"也称作"丁艰"，一般而言，丁父忧称为"丁外艰"，丁母忧称为"丁内艰"。从使用对象来看，从天子至庶民，遭遇丧事皆可称为"丁忧"，但是自从汉代起，有国恤和家丧之别，天子居丧称国恤，有专门制度，庶民之丧难入史籍。汉代以后所称的"丁忧"，通常指各级官吏遭丧亲之事。③ 清代以前，官吏的父母去世，官吏本人应立

---

① 蔡沈：《书经集解》，中国书店，1984。
② 沈星棣、沈凤舞：《中国古代官吏退休制度史》，江西教育出版社，1992，第7页。
③ 赵克生：《明代国家礼制与社会生活》，中华书局，2012，第115~128页。

67

即上报，并辞职离任，回家守制，称为丁忧。亦遵照礼法的规定，在三年之内不应担任公职，应居家守墓以申孝思。丁忧结束后复职，称为"起复"。如丧期未满，朝廷令其出任，称为"夺情"。①据《尔雅·释诂》记载："丁，当也。"即遭遇、遇到之意。《尚书·说命上》记载："忧，居丧也。"因此，古代的"丁忧"，就是遭逢居丧之意，届时儿女们会忧伤、居丧，会遵循当时的民俗和规定进行"守制"。"丁忧"之制源于汉代，当时由太常礼院掌其事，凡官员有父母丧，须报请辞官，服满后起复。西汉时开始规定在朝廷供职人员"丁忧"三年，至东汉时，丁忧制度得到推广。此后历代均有丁忧制度。"品官丁忧"是封建社会"忠孝"思想的体现，"若匿而不报，一经查出，将受到惩处"。②

(4) "称病"或"移病"。古代官员上书称病，多是辞官的托词。《汉书·萧望之传》记载："望之从少府出为左迁，恐有不合意，即移病。"

(5) 少数情景可以直接表达"辞职"。《汉书·谷永传》中记载："宜深辞职，自陈浅薄不足以固城门之守。"唐朝戴叔伦在其《酬袁太祝长卿小湖村山居书怀见寄》诗中写道："背江居隙地，辞职作遗人。"《警世通言·拗相公饮恨半山堂》："荆公从夫人之言，一连十来道表章，告病辞职。"这里的"辞职"与现代的辞官、辞去工作相近。

2. 古代官吏辞职的特点

(1) 乱世时期的辞职多于治世时期。中国古代的社会等级是"士农工商"，传统文化倡导"学而优则仕"，在历代国家统一、经济昌盛的时期，朝廷的管理有序，对官员任用与管理较为严格。官员要经过层层选拔，而且官员要担任实职需等待机会。没有担任职务的闲官一般是没有薪俸的，但是在社会上的地位仍然很高。因此，士人只要有任职的机会是不会轻易辞职的。

在中央政府较弱，国家处于群雄割据的乱世时期，辞职现象较为普遍。乱世时期，各种割据力量都竞相争取人才，以图增强实力，称霸诸侯，或重新实现国家统一。在中国的春秋战国时代、三国时代、五代十

---

① 纪宝成主编《中国古代治国通论》，中国人民大学出版社，2006，第315页。
② 卢丹：《中国公务员退出机制研究》，博士学位论文，中国人民大学，2011，第47页。

国时代这些朝代更替的战乱时代，都是人才的大流动、重新组合的重要时期。身处其中的官员会不断辞职，数易其主，以图自己的发展。春秋战国时期的孔子、孟子等都周游列国，伺机寻找认可自己思想的国君，在得不到信任时，多次辞职离开，有时甚至是不辞而别。三国时代的曹操、刘备、关羽等人都"跳槽"或辞职过多次，最后才成就自己的事业。

（2）辞职者多为有思想、有能力官员。从表3-1中可以看出，古代多数辞职的官员属于有想法、有能力的官员，他们的素质都比较高。孔子、孟子成为中国儒家思想的代表人物；董仲舒成为汉代儒家思想的集大成者；明代李贽的反封建思想及学说影响深远；清代魏源成为近代倡导学习西方思想先驱。

（3）辞职官员从业多样。古代官吏辞职后去向多样化。伊尹、魏征等辞官后还乡养老；范蠡辞官后开始经商；孔子、孟子辞官后潜心从教，周游列国；董仲舒、李靖等辞官后潜心做研究。

（二）古代官吏辞职的原因分析

古代官吏辞职的原因大致可以归纳为以下几种情况：一是因不受重视或重用而辞职；二是辞职退休，为青年才俊留出位置；三是深爱某种职业而辞职；四是受到打击或为躲避迫害而辞职；五是认为自己对下属犯下的过错负有领导责任而"引咎辞职"；六是因晋升空间受限，经济贫困而辞职。

1. 得不到重视或重用而辞职离去，另寻"伯乐"

春秋时代的儒家思想的缔造者孔子和孟子曾经对辞职做过论述，他们认为在不受重用或重视时，应该辞职离开，这种观点影响了后世的许多官员。

（1）国君怠慢政事，孔子辞职离开

《治语·微子》中说："齐人归女乐，季桓子受之，三日不朝，孔子行。"［齐国送了许多歌姬舞女给鲁国，季桓子接受了，三天不问政事，孔子（当时在他手下担任司寇之职）便辞职走了。］孔子为何辞职，尹氏对上文的注释是："受女乐而怠于政事如此，其简贤弃礼，不足与有为可知矣。夫子所以行也，所谓见机而作，不俟终日者与。"（接受女乐，怠慢政治达到如此程度,可知其简慢贤士,抛弃礼貌,不可能和他一起有所作为。因此孔子辞职而去,这正是孔子的所谓见机而作,等不到一整天)。① 这是孔子辞职思想的集中体现,他一生都在游学,希望能找到重用他的君王,一直未成功,司寇是他一生中任过的最高职务。

(2) 孟子的"去三"思想与实践

孟子的"去三"思想。其中"去三"是指应该辞职的三种情形。孟子是中国古代最早较完整地论述辞职思想的儒家代表人物,在《孟子·告子下》第十四章中,记载了孟子对就职还是辞职的精辟论述。陈子问孟子:"古之君子何如则仕?"孟子回答说:"所就三,所去三。迎之致敬以有礼,言将行其言也,则就之;礼貌未衰,言弗行也,则去之。其次,虽未行其言也,迎之致敬以有礼,则就之;礼貌衰,则去之。其下,朝不食,夕不食,饥饿不能出门户。君闻之曰:'吾大者不能行其道,又不能从其言也,使饥饿于我土地,吾耻之。'周之,亦可受也,免死而已矣。"② 孟子认为有三种情况该就职,而三种情况应该辞职离开。其中三种应该辞职离开的情况是:第一,国君还是以礼相待,但是不采纳其建议;第二,已经冷淡相待;第三,如果要做到舍生取义,而不是为了活命,则应辞职离去。

孟子还认为自己的职责得不到履行时应该辞职。在《孟子·公孙丑下》中,"孟子谓蚳蛙曰:'子之辞灵丘而请士师,似也,为其可进言也。今既数月矣,未可以进言与?'蚳蛙谏与王而不用,致为臣而去"。大意是说:"你辞去灵丘县长,却要做治狱官,似乎很有道理,因为可以向王进言。现在,你做了治狱官已经几个月了,还不能向王进言吗?蚳蛙向王进谏,王不听,因此辞职而去。"③

孟子在自己的意见得不到采纳时辞职离去,亲身实践其理论。在《孟子·告子下》中,记载着孟子辞职的一段事实。淳于髡曰:"先名实

---

① 李文永:《〈论语〉、〈孟子〉和行政学》,宣德五、沈仪琳等译,东方出版社,2000,第483页。
② [宋]朱熹撰,张茂译整理《孟子·告子下》,三泰出版社,2005,第208页。
③ 《孟子·公孙丑下》,转引自李文永《〈论语〉、〈孟子〉和行政学》,宣德五、沈仪琳等译,东方出版社,2000,第497~498页。

者，为人也；后名实者，自为也。夫子在三卿之中，名实未加于上下而去之，仁者固如此乎？"孟子曰："居下位，不以贤事不肖者，伯夷也；五就汤，五就桀者，伊尹也；不恶污君，不辞小官，柳下惠也。三子者不同，道其趋一也。一者何也？曰仁也。君子亦仁而已矣，何必同？"①其大意是，淳于髡问孟子："重视名誉功业的为着济世救民，轻视名誉功业的为着独善其身。夫子为齐国三卿之一，对于上辅君王下济臣民的名誉和功业都没有建立，就离职而去，仁人原来是这样的吗？"孟子回答："身为人臣，因为坚持道德非礼背君而逃的，有伯夷；五次在商汤和夏桀之间来回就职的，有伊尹；不讨厌受君之辱，不辞去小官而敬业者，有柳下惠。这三个人的行为不同，但其道理都是相同的，其道理就是仁义。"

（3）晋朝陶渊明"不为五斗米折腰"而辞职

陶渊明是晋朝文学家，在 29 岁至 41 岁之间，即晋孝武帝太元十八年（393 年）至晋安帝义熙元年（405 年），他先后有过五次做官与辞官的经历。第一次是辞去州祭酒。晋孝武帝太元十八年，陶渊明"起为州祭酒，不堪吏职，少日自解归"。根据《陶渊明传》作者萧统的说法是他受不了繁忙琐屑的官场事务和逢迎上司、讨好左右同僚等令人心烦的吏职而辞职。第二次是当桓玄的幕僚，后辞职。从他在《辛丑岁七月赴假还江陵夜行涂口》中的"自古叹行役，我今始知之"诗句推断，他还是不适应差役。第三次是出任镇军将军刘裕的参军，后辞职。可参见其诗《始作镇军参军经曲阿》中的表述："聊且凭化迁，终返班生庐。"第四次是出任建威将军刘敬宣的参军，后辞官。可见其诗《乙巳岁三月为建威参军使都经钱溪》。第五次是担任彭泽县令，后辞官归隐。陶渊明辞职的原因有受到汉晋之间盛行的"隐逸之风"的影响，但主要原因是感到得不到重视和尊重，不愿意再为五斗米折腰。②

---

① ［宋］朱熹撰，张茂译整理《孟子·告子下》，三秦出版社，2005，第 200～201 页。
② 邓政阳、袁宁：《陶渊明彭泽辞官"畏罪潜逃"辨——兼与耿宝强先生商榷》，《内江师范学院》2004 年第 1 期，第 78～80 页；刘明辉：《魏晋士人政治心态类型研究》，博士学位论文，南开大学，第 232 页；林虎英：《陶渊明仕隐之述评》，《语文学刊》2011 年第 3 期，第 60 页。

2. 辞职为年轻人才腾出职位

（1）唐初纳谏名臣魏征辞官。他"耻君不及尧舜，以谏争为己任"的品格是有口皆碑的。他晚年还主动辞职让贤，据史书《魏郑公谏录》卷五记载：贞观十年（636年），当时身居"侍中"要职的魏征向皇帝唐太宗上的一道辞职书表中陈述了自己辞职的思想。他说近日来，"天才阴晦，数步之外，全不见人。仓卒转动，即觉心识闷乱。方今天下无事，英彦如林，无容瘤疾之人，久在枢近，非但不可更加二品，仍乞解侍中之职"。从魏征的辞职书表中看，他辞职的原因有两条：一是年老多病，精力不济，对所任的"侍中"之职不能愉快胜任；二是"英彦如林，无容瘤疾之人"，从爱护和培养人才出发，觉得应主动让位于年富力强的新秀，让他们能崭露头角。可见，在辞官让位的问题上，魏征在没有正常的退休制度的前提下，只能采取主动辞职，以提携后生，及时腾出重要位置，顾及国家的长治久安。①

（2）唐初丞相李靖（571—649年）辞官。他自隋朝末年归附李渊、李世民父子之后，身经百战，屡建奇功。然而，由于长期征战患上足疾，李靖向唐太宗李世民请求辞去相职。李世民很受感动，特地下诏表扬李靖："朕观自古而今的权贵之家，知足者甚少。很少有人有自知之明。有的才能平庸，仍然强居高位；有的疾病缠身，也不告老还乡。然卿能顾全大局，朕当嘉奖。"李靖辞职之后享受退休待遇，之后又被起用挂帅出征，击毙吐谷浑王，并再次辞职，潜心研究古代军事理论，著《李卫公问对》一书，深受世人赞赏。② 李靖的辞职相当于现代的因身体原因自愿辞职，同时也间接为别人腾出了晋升空间。

（3）南宋崔与之辞官。崔与之（1158—1239年），南宋绍熙四年（1193年）进士、政治家。他在四川为帅五年，清廉自持，政绩斐然。朝廷召崔与之入京任礼部尚书，但他三次上疏请辞，毅然返粤。离蜀之际，各路官员特来相送。四川盛产美锦、奇玉，五年前崔与之到任之初，下属众官争相馈赠，全被崔与之推却了。现在送别，各路官员的赠礼更加

---

① 参见董进《魏征辞职的联想》，《领导科学》1987年第1期。
② 李春光：《中国人事史话》，中国人事出版社，2005，第177页。

可观，登时五彩缤纷，光艳夺目。但崔与之看都不看一眼，一一婉拒，分毫不取。后来宋理宗御笔诏令崔与之赴京，称崔与之"年高德劭，国之望也"。崔与之答复说："我已经七十有六，老病缠身，实在不能从命。"他的因病辞职同样间接畅通晋升通道，成就了一些年轻人。

3. 因对某种职业的钟爱而辞职

这种辞职现象在中国古代较多，这类辞职者后来做出较大成就的较多。

（1）汉朝董仲舒辞职做学问。董仲舒（前179—前104年），汉代思想家、政治家。汉武帝元光元年（前134年）任江都易王刘非国相10年。元朔四年（前125年），任胶西王刘端国相，4年后辞职回家。此后，居家著书，倡导"罢黜百家，独尊儒术"，提出"法天""正始""教化""更化"四策。朝廷每有大议，令使者及廷尉就其家而问之，仍受武帝尊重。[1]

（2）明代姚安知府李贽辞官讲学。李贽（1527—1602年），明代官员、思想家，嘉靖三十一年（1552年）举人，曾担任共城知县、国子监博士，万历中任姚安知府。后来辞官，寄寓黄安、麻城，专门从事著述和讲学。在麻城讲学时，从者数千人，中杂妇女，晚年往来南北两京等地，由于他揭露现实丑恶，批判封建礼教，遭到统治者迫害，最后自杀于狱中。李贽著有《焚书》《续焚书》《藏书》等。[2] 他在反对政治腐败和宋明理学的过程中，形成了自己的政治思想，主要有：主张个性解放，思想自由；提倡人类平等；反对封建礼教；反对理学空谈，提倡功利主义；"至道无为、至治无声、至教无言"。

（3）明代袁宏道为文学多次辞官。袁宏道（1568—1610年）明代文学家，荆州公安（今属湖北公安）人。曾三次辞官。第一次是辞去县令。万历二十年（1592年）袁宏道登进士第，万历二十三年（1595年）谒选为吴县知县，听政敏决，公庭鲜事。在任仅二年，就使"一县大治"，"吴民大悦"。他后来辞去县令，"为人贷得百金"，作为妻室生活费用。

---

[1] 任俊华等：《中国古代官员创新之道》，中共中央党校出版社，2012，第99页。
[2] 张海平：《李贽辞官的心路历程》，《楚雄师范学院学报》2005年第4期。

自己在苏杭一带游玩,写下了很多著名的游记,如《虎丘记》《初至西湖记》等。他生性酷爱自然山水,甚至不惜冒险登临。他曾说:"恋躯惜命,何用游山?""与其死于床,何若死于一片冷石也。"第二次是辞去礼部仪制司主事。万历二十六年(1598年),袁宏道收到在京城任职的哥哥袁宗道的信,让他进京。他只好收敛起游山玩水的兴致,来到北京,被授予顺天府(治所在北京)教授。"越二年,补礼部仪制司主事,数月即请告归。"第三次是辞去稽勋郎中。在礼部仪制司主事后,被"迁官至稽勋郎中,不久即谢病归里"。万历三十八年(1610年)卒,年四十有三。他去世以后,连购买棺材及眷属回故里的路费都是由朋友们捐助和卖尽他的书画几砚凑的。[①] 他在文学上很有造诣,与其兄袁宗道、弟袁中道并有才名,合称"公安三袁"。

(4) 清代为潜心治学而辞官。魏源(1794—1857年),名远达,字默深,又字墨生、汉士,号良图,汉族,湖南邵阳隆回人,清代启蒙思想家、政治家、文学家,近代中国"睁眼看世界"的先行者之一。道光二年(1822年)举人,二十五年(1845年)始成进士,官高邮知州,晚年弃官归隐,潜心佛学,法名承贯。魏源认为论学应以"经世致用"为宗旨,提出"变古愈尽,便民愈甚"的变法主张,倡导学习西方先进科学技术,总结出"师夷长技以制夷"的新思想。

(5) 清代龚自珍辞官从教。龚自珍(1792—1841年),清代思想家、文学家及改良主义的先驱者。27岁中举人,38岁中进士。曾任内阁中书,宗人府主事和礼部主事等官职。48岁时辞官南归,执教于江苏丹阳云阳书院,次年暴卒。他主张"更法""改图",革除弊政,抵制外国侵略,曾全力支持林则徐禁除鸦片;提出每个朝代演变的"三阶段",即"治世"、"衰世"和"乱世",揭露清朝统治者的腐朽,其著作编为《龚自珍全集》,留存文章300余篇,诗词近800首。[②]

4. 因受到排挤或为躲避迫害而辞职

(1) 范蠡辞职(实际上是自动离职)归隐躲避迫害。春秋楚国宛

[①] [清]张廷玉等著《明史》(卷二百八十八),中华书局,1974,第7397页。
[②] 任俊华等:《中国古代官员创新之道》,中共中央党校出版社,2012,第99页。

(今河南南阳）人，春秋末年著名的政治家、谋士和商人。《史记·越王勾践世家第十一》中记载：范蠡在帮助越王勾践成功之后，立刻离开了越国。他不辞而别的原因是越王疑心大，早晚会把比他强的人视为眼中钉，并铲除掉。他"自齐遗大夫种书曰：'蜚鸟尽，良弓藏；狡兔死，走狗烹。越王为人长颈鸟喙，可与共患难，不可与共乐。子何不去？'种见书，称病不朝。人或谗种且作乱，越王乃赐种剑曰：'子教寡人伐吴七术，寡人用其三而败吴，其四在子，子为我从先王试之。'种遂自杀"。① 文种被赐死的结果证明了范蠡的判断。这也成了中国众多朝代名臣如何在皇帝功成名就之后抽身隐退的范本。当然出于当时的处境，范蠡不可能像现在一样向机关辞职并移交工作之后才离开，如果这样做的话，他也免不了文种的下场。

（2）王安石受到排挤两度辞相。王安石（1021—1086年），抚州临川人（今临川区邓家巷人），北宋政治家、改革家、诗人、文学家，曾任北宋丞相。王安石在嘉祐三年（1058年）上宋仁宗赵祯的万言书中，要求对宋初以来的法度进行全盘改革，革除宋朝存在的积弊，扭转积贫积弱的局面。熙宁三年（1070年），王安石得到宋神宗的赏识，升任宰相，开始大力推行改革。王安石变法的目的在于富国强兵，然而变法触犯了保守派的利益，遭到保守派的反对。因此，王安石在熙宁七年（1074年）第一次罢相。特别是由于变法的设计者王安石与变法的最高主持者宋神宗在如何变法的问题上产生分歧，王安石复相后得不到更多支持。加上变法派内部分裂，其子王雱的病故，王安石于熙宁九年（1076年）第二次辞去宰相职务，从此闲居江宁府。宋哲宗元祐元年（1086年），保守派得势，此前的新法都被废除，变法失败。王安石辞相的原因是受到反对变法的保守派的挤兑，后期得不到最高领导的更多支持。这也是中国历史上清廉官员辞职的主要原因。

（3）明朝初年朱元璋的反腐治官政策矫枉过正，导致官员人心惶惶，士人不愿为官的局面。洪武初年（1368年），朱元璋先是礼贤下士，迎来

---

① ［西汉］司马迁：《史记·越王勾践世家第十一》，韩兆琦译注，中华书局，2010，第3250页。

送往，有礼有节，特发动了修元史、修礼书等工程来吸引人才参加。但是因为其在治理腐败官吏中，酷刑太重，冤案太多，导致士人害怕做官。这致使朱元璋更加走极端，他于洪武十八年（1385年）颁布《大诰》，其中规定"寰中士夫，不为君用，罪皆至抄劄"，并于次年又有"续编""三编"。辞官不合作成为犯天条的大罪。史载"凡三诰所列，凌迟、枭示、种诛者无虑千百，弃市以下万数"，这其中多数是因贪污腐败受到惩罚的官吏，但是也有不少被冤枉的官吏。其中有一名前朝官员叫高青邱，曾应朱元璋召，参加修元史，后来皇帝任命他担任户部侍郎，他辞官归乡，当时获得批准，到洪武七年（1374年），遭到了腰斩。① 仔细分析当时官吏想辞官，士人不愿当官的原因，与朱元璋本人颁布《大诰》，取代了之前颁布的在《唐律》基础上编成的《大明律》直接相关。如果说《大明律》还算法律的话，《大诰》则只是皇帝的行政命令，以朝令夕改的个人诏令取代相对稳定公正的法律，以言代法，酷刑严重，冤案太多，造成人心惶惶。在职官员"每天入朝，必与妻子诀别，到晚上平安回家，则相庆又活了一日"。有的官员因为请长假苟活下来，多年以后仍心有余悸。另有恶果是之前所选的秀才几乎在严刑峻法之下被清洗掉了，导致后来有的秀才宁可断指，也拒绝当官的"士不愿仕"的尴尬局面。②

5."引咎辞职"以安抚上下

"引咎"一词在我国最早记载于《北史·周武帝纪》中："公卿各引咎自责"，《辞海》把其中的引咎解释为由自己承担错误的责任。③《汉语大词典》这样解释："引咎，归过失于自己。"④ 可见，这两种解释均把"咎"理解为一种过失或责任。《三国志·吴志》中也说道："权引咎责躬。"孟子曾说过："有官守者，不得其职则去；有言责者，不得其言则去"，意即官员不能履行职责，谏官有言不谏，都应当辞职。

古代高官引咎辞职的原因主要有三种。第一是因用人或决策错误而

---

① 钱行：《朱元璋的〈大诰〉》，《读书》1995年第12期，第148页。
② 杨国宜：《从〈大诰〉看朱元璋的反腐败》，《安徽史学》1999年第2期，第11~15页。
③ 《辞海》，上海辞书出版社，1989。
④ 《汉语大词典》，汉语大词典出版社，1989。

引咎辞职；第二是因国家出现自然灾害，"天谴"而引咎辞职；第三种是违反当时的官纪官德而引咎辞职。

三国时期蜀国的丞相诸葛亮因为用人不当致使街亭失守，在挥泪斩马谡后，引咎自责请辞丞相之职。"（建兴）六年（公元228年）春，扬声由斜谷道取眉，使赵云、邓芝为疑军，据箕谷，魏大将军曹真举众拒之。亮身率诸军攻祁山，戎陈整齐，赏罚肃而号令长明，南安、天水、永安三郡叛魏应亮，关中响震。魏明帝西镇长安，命张郃拒亮，亮使马谡督诸军在前，与郃战于街亭。谡违亮节度，举动失宜，大为张郃所破。亮拔西县千余家，还于汉中，戮谡以谢众。"① 这就是失街亭斩马谡的故事。之后诸葛亮对将士们总结经验教训："这次出兵失败，固然是因为马谡违反军令。可是我用人不当，也应该负责。"于是，他上了一份奏章给后主刘禅，请求把他的官职降低三级，刘禅经过征求大臣的意见后，同意诸葛亮降为"右将军"，但"行丞相事"。公元229年，诸葛亮再次北伐，夺取武都、阴平，才恢复丞相职位。这是中国历史上较早的高官"引咎辞职"。

古代官员引咎辞职，尤其是高级官员如宰相引咎辞职，往往源于自然灾害。原因是，中国有"天人感应"之说，汉代董仲舒加以理论阐述，其中"灾异谴告"之说是其"天人感应"的重要组成部分。将国家政事与灾异完全联系起来，"国家将有失道之败，而天乃先出灾害以谴告之，不知自省，又出怪异以警惧之，尚不知变，而伤败乃至"。将灾异的发生视为帝王治理国家失职所造成的结果，一旦发生灾异，皇帝就有可能下罪己诏，对施政进行反省，以求得上天的原谅，故曰："古贤君每值天变，恒下罪己之诏，引咎自责。"

皇帝要下罪己之诏，躬身反省，执宰之臣也要引咎自责，甚至引咎辞职。因为"宰相者，上佐天子理阴阳，顺四时，下遂万物之宜"，即执宰大臣作为皇帝的左膀右臂，辅佐皇帝调理阴阳，确保风调雨顺，万物兴旺，要是"阴阳不和，责在宰相"，勇敢担责的最好体现就是引咎辞职，这在汉、唐、宋时代已成政治惯例。

---

① ［西晋］陈寿：《三国志·诸葛亮传》，大众文艺出版社，2005，第111页。

《三国志》的作者陈寿因违反当时的官纪官德两度"引咎辞职"。[①]

第一次"引咎辞职"的原因是"宿婢门"事件。

陈寿在任东观秘书郎时,父亲去世。作为孝子的陈寿既伤心又劳累,等把丧事办完,就病倒了。服侍他的婢女年轻貌美,时间一长,两人之间产生感情。西晋咸熙二年(265年)颁行的《诸郡中正六条举淹滞令》对官员的德行有明文规定:"一曰忠恪匪躬,二曰孝敬尽礼,三曰友于兄弟,四曰洁身劳谦,五曰信义可复,六曰学以为己。"以此六条作为评价官员道德品质的标准。陈寿的艳事被捅出来以后,对照上面的六条,陈寿犯了第二条和第四条——为父守丧期间宿婢,是为不敬;身为朝廷官员,私生活不检点,是为不洁。陈寿因此成为舆论批评的对象。在舆论浪潮的冲击之下,秘书郎陈寿只得"引咎辞职"。

第二次"引咎辞职"的原因是就近葬母。

陈寿的母亲去世时,他在洛阳任治书侍御史。陈寿是四川南充人,做官后就把母亲从四川接到了洛阳,好让老人家享几年清福。其母去世时,陈寿公务在身,无法将老母送回千里迢迢的老家安葬。孝子陈寿就按照就近原则,将其母葬在洛阳。没想到,这事还是让人给捅了出来,说陈寿只顾自己做官,不顾其母叶落归根,实在是"只认官帽不认娘"。一时间,陈寿成了口诛笔伐的对象。他只得再次选择引咎辞职。

陈寿"引咎辞职"后,充分发挥其"善叙事,有良史之才"的学术专长,一心埋头于史学的研究和创作中,完成了长达65卷的鸿篇史学巨著《三国志》。

6. 因晋升空间受限,经济贫困而辞职

清朝末年,一批相当于现在的厅级京官相继辞职,到地方书院去教书(见表3-1)。他们辞官从教的原因主要是经济拮据。他们做的是六品京官,年收入相当于现在的4.2万元。这些钱既要保障全家吃穿住行医,又要支付官场应酬和人情往来,显然很窘迫。而清代书院山长(校长)年均收入为350两(约今7万元),个别大的书院的收入更高,如钱振伦曾主持的扬州安定、梅花书院,光绪年间山长的收入高达700两(约今

[①] 郝金红:《陈寿辞职》,《文史月刊》2012年第2期,第29页。

14万元)。这样的收入,和掌握实权又有灰色收入的官僚比,不算高。但与年收入才4万多元的穷京官相比,经济上已打了翻身仗。① 因此这些京官在晋升无门的情况下只好辞职从教,以解经济之困。

(三) 古代对官吏辞职的管理

在古代"学而优则仕"价值观的影响下,官吏辞职现象注定并不多见,但是依托儒家思想倡导的价值观以及古代官德官纪,官吏辞职的管理制度较为完备。一是"丁忧"制度中官吏辞职的管理;二是官吏辞职退休的管理;三是对违反官德官纪或自然规律的官吏"引咎辞职"的管理。

1. "丁忧"制度中的官吏辞职管理

官吏"丁忧"制度是指有关官吏在遭遇父母之丧时居丧持服的礼、法规定,包括服制与服期、解职与守制、夺情与起复等环节。②

(1) 官吏在遭遇父母之丧时必须解职与守制

"解职"是指官吏主动向吏部汇报父或母之丧并提出辞职。"守制"则是吏部依据有关"丁忧"的惯例或者管理制度,批准居丧官吏的辞职申请,同意他回家为其父或母守孝。在先秦以前很长的历史中,官吏解职守制已是常见之事。墨子曾经批评"三年之丧"的弊病:"使为上者行此,则不能听治;使为下者行此,则不能从事。"③秦汉以后,朝代更替,此制兴废不常。两汉时期,去官守丧尚缺乏强制性制度的约束。《汉书·原涉传》:"时又少行三年丧者,原涉守丧三年,显名京师。"魏晋以后官吏解职守丧风气趋于严格,北魏时"三年之丧"入于刑律。《魏书·礼四之四》载:"延昌二年春,偏将军乙龙虎丧父,给假二十七月,而虎并数闰月,诣府求上(仕)。领军元珍上言:'案违制律,居三年之丧而冒求仕,五岁刑。龙虎未尽二十七月而请宿卫,依律结刑五岁'。"隋唐至两宋时,伴随守丧制度的全面法律化,官吏解职守制已趋完备。《隋书·刘子翊传》:"令云,为人后者为其父母并解官申其心丧;父卒母嫁为父后

---

① 《清末那些辞官教书的"厅官"》,《羊城晚报》2011年9月28日,第4版。
② 参见赵克生《明代国家礼制与社会生活》,中华书局,2012,第115~128页。
③ 《墨子·节葬下》,大众文艺出版社,2005,第63页。

者虽不服亦申心丧；其继母嫁，不解官。"唐朝规定，为父斩衰三年，为母齐衰三年均要解官服丧；庶子为生母、为人后者为所生父母所服期丧，但需心丧三年，也允许解官服丧。若匿丧不举，处以流刑。宋代继承唐代之制，《宋刑统》对解官守丧规定以及匿名不举的惩罚依据《唐律》而成。但是又增加其特色，对官吏的任职地区进行限制，并且区分职别。《宋史》卷一百二十五《礼二十八》载："咸平元年，诏任三司馆阁职事者，丁忧并令持服。又诏川峡、广南、福建路官，丁忧不得离任。既受代而丧制未毕者，许其终制。寻令川峡官除州军长史奏裁，余并许解官。"庆历三年（1043年），太常礼院议："《礼记》：'父母之丧无贵贱一也。'又曰：'三年之丧，人道之至大也。'请不以文武品秩高下，并听终丧。"时以武臣入流者杂，难尽解官。诏自令三司副使已上，非领边寄，并听终制，仍续月俸；武臣非在边而愿解官者听。明代以前除了三年之丧，期亲（如兄、姊伯父等）之丧也要解官守制，顾炎武《日知录》有考。明朝在洪武二十三年（1390年）之前仍然允许奔期年之丧。

丁忧解官不限于文官，武臣丁忧也为礼法所规定。以上《魏书》乙龙虎的例子就是一个代表。《宋书·礼二》："泰始元年，诏诸将吏二千石以下遭三年丧者，遣宁终丧；庶人复除徭役。"宋岳飞乞终母丧，以张宪摄军事，步归庐山。随着历史的发展，武臣丁忧至宋朝已呈废弛之态，如规定武臣可以"执役并不解官"，解官持服者听，缘边任使，具奏听旨。[①]

（2）居丧"守制"应遵循的制度与违反可能受到的处罚

从历代解职与守制的发展脉络看，这一制度在先秦时还是一种体现官员"忠孝"文化的惯例，魏晋时"三年之丧"逐步严格起来，到唐宋时守丧制度全面法律化，官吏解职守制已趋完备，这一制度一直到清朝灭亡才废除。随着丁忧制度的法律化，"守制"所遵守的不仅仅是礼制，还包括以礼义精神而制定的相关法律。现以唐宋时期官员丁忧为例，居

---

① 《庆元条法事类》卷七十七《丁忧服阕》，载《续编四库全书》（第861册），上海古籍出版社，2006，第619页。

丧应遵守以下几项制度。①不得匿丧。闻父母等丧，不得隐瞒不举。②不得释服从吉。守丧期间不得脱下丧服而穿上吉服，提前结束守丧。③不得居丧作乐、杂戏。④不得居丧嫁娶。守丧时自身不得嫁娶，不得为人主婚、为人说媒。⑤不得居（父母）丧生子。⑥不得冒哀求仕。守丧之人禁止参加科举考试或吏部考选。⑦不得居（父母）丧别籍异财。⑧不得诈丧。父母丧应该解官守制，不可诈他丧而贪职恋位；也不得无丧称有丧，诈取丧假或有所规避（职事）。如果违反以上规定，魏晋时严重者入刑，唐宋律令有流、徒、杖等相应的惩罚，希望透过国家的强制力量使官吏丁忧居丧。

（3）"丁忧"结束后的正常"起复"与"丁忧"期间的"夺情起复"

清代以前，"丁忧"是朝廷的一种制度，官员辞官为父母丁忧是受到政府支持的，因此"三年之丧"结束后，朝廷将召回解职守制的官吏，重新安排官职，这一管理制度称为"起复"。大多数官吏在"丁忧"期限满以后听从朝廷的重新安排。如果重要官员守制还未结束，但朝廷有要事召回任职，这叫"夺情"或"夺情起复"。吴曾《能改斋漫录》卷二《起复之礼》："夫谓之起复者，就丧起之，复令视事耳。"赵昇《朝野类要》卷三《差除·起复》："已解官持服而朝廷特再擢用者，名曰起复。"王士禛《池北偶谈》卷四《起复》引赵昇的"起复"之意，并说"起复即夺情"。对于夺情起复，还有其他一些说法，如夺服、公除、墨縗从事、令起视事等。宋代的高承在他的《事物纪原》卷九《起复》中说："汉唐以来遂有起复之礼，盖自伯禽始也。"这一典故出自《曾子问》，据说武王崩之年，武庚叛周，徐戎应之。周公东征，遣伯禽之国镇遏东方，元年征徐戎。盖王室危急，伯禽虽有私丧不敢辞辟。因为是战争引起伯禽夺情任职，又称"金革夺情"，为后世常见的夺情起复。如《宋书·王诞传》："诞为吴国内史，母忧去职。宋武帝伐刘毅，起为辅国将军，诞固辞，以墨衰从行。"《魏书·王颐传》载，阳平王颐遭母丧，诏遣侍臣以金革敦谕，既殡而发。《宋史·余靖传》："靖丁父忧，会侬智高反，以兵围广州。朝廷方顾南事，就丧次起靖为秘书监，知潭州。"

"金革夺情"之外，后世凡身居要职者，朝廷亦每不令其去职，常从丧中起复任职。前汉翟方进在丧，既葬二十六日除服，起视事；唐太傅房玄龄以母忧罢职,未几起复本职。①

2. 辞职退休后的管理

辞职在古代仅是一种个别现象,一种惯例,并没有形成完整的辞职管理体系。笔者在对大量古代官吏管理制度的研究成果的查阅中,未发现有关官吏辞职管理的介绍。这或许是因为对古代官吏辞职的研究不够,或者是对古代官吏管理的记录和保存整理不够。

不过从一些点滴的记录可以推导出古代官吏辞职管理的几点结论。第一,中国古代官员的许多特权和待遇都与其所任职务直接相关,一旦辞职失去了权力,便会失去相应的待遇。例如东汉的宋均,15岁被任命为郎官,通晓《诗经》《礼》,擅长论辩、质疑,20多岁调任辰阳做长官,官至河内太守。后司徒空缺,皇帝准备任命他做宰相,宋均却哭着向皇帝推辞。他两次辞官,却无任何保障,只能以讲学维持生计。北宋的王安石辞相退居江宁半山后,买药也得自掏腰包。"唐初四杰"之一的卢照邻,患病辞去新都县县尉,住在太白山草屋养病,他没有家底,全靠朝中朋友接济才渡过难关。不幸的是,有"郊寒岛瘦"之称的孟郊、贾岛,都是在退休后因贫病交加、缺医少药而死。苏辙退居许州后,眼看李方叔盖起新房,羡慕不已,"我年七十无住宅,不如君家得众力,咄嗟便了三十间"。于是,苏辙决心盖房,"平生未有三间屋,今岁初成百步廊",享受一下老有所居之福。他"盎中粟将尽,囊中金亦殚",耗尽一生积蓄,在自责中快乐地做起了"房奴"。不过,有人却连做"房奴"的条件都没有。给宋仁宗做过宰相的杜衍,因为一生"不殖私产",退休后连一间草屋都没有,只好长期借居南京(现河南商丘)车院,直到去世。

第二,在国家统一时期年老正常辞职退休的官员可以按照当时退休制度兑现待遇。如伊尹退休后可以回到自己的封地养老。许多朝代的官员辞职退休后可以一次性获得一些待遇,以备养老。

3. "引咎辞职"的管理

历朝历代都有官员道德或者惩戒条款,违反的官员为了逃避惩罚,可以辞职。比如西晋咸熙二年(265年)颁行的《诸郡中正六条举淹滞

---

① 转引自赵克生著《明代国家礼制与社会生活》,中华书局,2012,第120页。

令》，对官员的德行就有明确规定："一曰忠恪匪躬，二曰孝敬尽礼，三曰友于兄弟，四曰洁身劳谦，五曰信义可复，六曰学以为己。"以此六条为评价官员道德品质的标准，违反的官员将会受到惩罚，《三国志》的作者陈寿就曾因违反禁令而"引咎辞职"。

另有高级官员的辞职与自然天象有关。古代官员引咎辞职，尤其是高级官员如宰相引咎辞职，往往源于自然灾害。原因是，中国有"天人感应"之说，汉代董仲舒加以理论阐述，其中"灾异谴告"之说是其"天人感应"的重要组成部分。将国家政事与灾异完全联系起来："国家将有失道之败，而天乃先出灾害以谴告之，不知自省，又出怪异以警惧之，尚不知变，而伤败乃至。"将灾异的发生视为帝王治理国家失职所造成的结果，一旦发生灾异，皇帝就有可能下罪己诏，对施政进行反省，以求得上天的原谅，故曰："古贤君每值天变，恒下罪己之诏，引咎自责。"

皇帝要下罪己之诏，躬身反省，执宰之臣也要引咎自责，甚至引咎辞职。因为"宰相者，上佐天子理阴阳，顺四时，下遂万物之宜"，即执宰大臣作为皇帝左膀右臂，辅佐皇帝调理阴阳，确保风调雨顺，万物兴旺，要是"阴阳不和，责在宰相"，勇敢担责的最好体现就是引咎辞职，这在汉、唐、宋时代已成政治惯例。但大臣是否能够引咎辞职，则取决于皇帝的裁决。

4. 对官吏辞职的管理取决于皇帝的诏令，历朝历代差异极大

唐太宗是历代开朝皇帝中最为开明的，因此唐朝的辞官管理相对宽松，官员的辞职还受到太宗的嘉奖，被认为是替国家考虑，为年轻人晋升腾出位置。宋朝的赵匡胤"杯酒释兵权"，希望老臣辞官交出兵权，退休养老。汉高祖刘邦杀掉了韩信等功臣；明太祖朱元璋因为反腐治官矫枉过正，造成官吏人心惶惶，秀才不愿当官的尴尬局面。

（四）对古代官吏辞职及其管理的评价

1. 官吏辞职管理的积极意义

第一，促进了我国古代的思想文化建设和教育事业的发展。总的来看，古代官吏辞职后选择了更适合自己的职业，多数从事思想文化研究和教育传播，把他们的思想、经验、对现实的不满与对理想的追求通过

教育学生和撰写著述等方式进行思想文化传承。

第二，促进官员责任和伦理的进步。历朝都注重儒学经典的教育和伦理规范，对违背思想伦理的官员进行处罚，其中少数官员被迫辞职或引咎辞职，促进了官吏伦理研究和管理的进步。

第三，为中国特色的辞职制度积累经验。通过对中国古代官吏辞职现象的梳理发现，我国当代公务员辞职的各种形式在古代几乎都出现过，说明该制度具有历史传承性。

2. 官吏辞职管理的缺陷

第一，由于官吏辞职仅限于个别现象，因此对官吏辞职的管理多为人治，并没有形成法规体系。官吏辞职的结果千差万别：有的因辞职招致杀身之祸；有的遭到当权派逼迫，被君王冷落；有的受到君王的赞赏并继续得到重用。

第二，对官吏辞职的思想，限于伦理范畴的探讨较多，而对制度管理的探索较少。中国古代官吏辞职者大多是一些有想法，后来有建树的思想家、学者。历史经验表明，由于缺少基本的制度标准，对辞职官吏管理不善，会把他们推向反政府的一面，给国家的安定造成麻烦。

第三，没有真正意义上的辞职。现代公务员辞职是公务员的一项权利，是"天赋人权，主权在民"思想在政治制度和法律中的充分体现，因此公务员辞职成为一种制度是近代和现代民主与法治社会发展的结果。中国古代是王朝天下，"君为臣纲""君要臣死，臣不得不死"，官吏与皇帝及王朝之间存在极其严格的等级和人身依附关系。官吏辞职有时要冒很大风险乃至失去生命，因此与实行公民人身自由的现代社会相比，中国古代官吏不存在现代意义上的辞职。

二　民国时期的文官辞职

1911年，孙中山领导的辛亥革命推翻了清朝的统治，结束了我国两千多年的封建君主专制，建立了中华民国，开启了中国学习资本主义制度的时代。现代文官制度是其中的重要制度之一，孙中山甚至把官吏制度摆在比法律还重要的位置。他说："国家除了官吏之外，还有什么重要呢？其次的就是法律。"①

（一）文官辞职思想

孙中山先生对中国现代文官制度提出三点系统构想，即官吏为国民的公仆；通过考试录用官员；对官员进行严格的监督，② 而且通过对国家权力机构的设计使其成为可供操作的制度。在1912年就任临时大总统之后，其首先对官吏的称谓做了改变："官厅为治事机关，职员乃人民公仆，前清官厅有大人、老爷等名称，受之者增惭，施之者失礼……特令内务部通知各官署，嗣后各官厅人员，相称咸以官职，民间普通称呼，则曰先生、曰君。"③ 在临时政府设立了专门的文官管理机构即铨叙局，隶属于总统府秘书处，负责文官的考录、任免、升迁等事务。在短短的几个月里，孙中山令法制局拟定《任官令》《文官考试令》《文官考试委员会官职令》等9个法令④，初步构建了现代文官的基本框架。

其辞职思想体现在以下两个方面。

1. 官吏是一种职业，进出皆为一种契约

1912年法制局拟定《文官保障法草案》中规定："官吏者，社会中职业之一种。官吏关系者，官吏与国家之契约关系也。一切契约之成立，必须得当事人双方之同意，故其变更消灭亦自非得双方同意及有法定条件不可，官吏契约亦何独不然。"⑤ 也就是说，根据双方的劳动契约关系，文官的职业是有法律保障的，和西方文官制度一样，文官"无过失不受免职处分"。同时，文官有权利依法辞去文官的职业。

2. 对官员进行严格监督，对腐败官员实施弹劾或罢免

孙中山提出："在专制之时，官吏为君主之鹰犬，高居民上，可任意为恶，民无可如何也……中华民国者，人民之国也……国中之百官，上

---

① 《孙中山全集》（第9卷），中华书局，1986，第350页。
② 李俊清：《现代文官制度在中国的创构》，生活·读书·新知三联书店，2007，第28~30页。
③ 《孙中山全集》（第2卷），中华书局，1982，第115页。
④ 李俊清：《移植与嬗变——论现代文官制度在中国的创建》，《政治学研究》2006年第12期。
⑤ 李俊清：《现代文官制度在中国的创构》，生活·读书·新知三联书店，2007，第196页。

而总统,下而巡差,皆人民之公仆。"① 人民应当"只把他们当作是赶车的车夫,或者是当作看门的巡捕,或者是弄饭的厨子,或者诊病的医生,或者是做屋的木匠,或者是做衣的裁缝"。② 孙中山在他的民主理论中提出"权能分开"理论,即把国家的政治权力分为政权和治权。政权是决定国家重大事务和任免官吏的权力,由人民掌握;治权是执行和管理的权力,由政府行使。人民拥有选举、罢免、创制、复决四项政权,其中前两项是专门管理官吏的。人民有了这两个权,对于政府之中的一切官吏,一面可以放出去,一面可以调回来,来去都可以从人民的自由。③ 同时孙中山强调对权力的监督。他认为中国的一切灾难源于贪污,贪污是产生饥荒、水灾、疫病的主要原因,同时导致武装盗匪常年猖獗。④ 为了防止官员滥用职权、贪污腐败,孙中山提出建立严格的监督机制,对"行政的官员,人民固然要有权可以选举,如果不好的官吏,人民更有权可以罢免"。⑤ 人民的监督和罢免权能迫使问题官员引咎辞职,以逃避更严重的处罚。

(二) 文官辞职的类型

1. 威胁型辞职

在北洋军阀统治期间,由于战乱频繁、经济凋敝,有限的国家财政收入,不是用于争权夺利的战争,就是被军阀挥霍或私吞,加上各级政府机构庞杂、冗员充斥,因此政府有关薪俸的法规徒有虚名,政府发行公债、各种名目的赈捐直接从文官工资中扣除,欠薪乃至不发薪水现象屡次发生。在最严重的1922年,曾经激起一场世界上罕见的文官索薪运动。各部门索薪方式各异,其中陆军部曾提出全体辞职以达到索要薪水的目的。⑥ 这种方式的辞职是威胁性辞职,虽然绝大多数国家都不允许这

---

① 《孙中山全集》(第6卷),中华书局,1985,第211、223页。转引自李俊清《移植与嬗变——论现代文官制度在中国的创建》,《政治学研究》2006年第12期。
② 《孙中山全集》(第9卷),中华书局,1986,第333页。
③ 李俊清:《现代文官制度在中国的创构》,生活·读书·新知三联书店,2007,第28页。
④ 《孙中山全集》(第1卷),中华书局,1981,第89页。
⑤ 《孙中山全集》(第5卷),中华书局,1985,第497页。
⑥ 《申报》民国11年3~8月。转引自李俊清《现代文官制度在中国的创构》,生活·读书·新知三联书店,2007。

种威胁性辞职,但北洋政府统治时期的这次辞职实为不得已而为之。

2. 被迫型辞职

比如孙中山1912年就任民国临时大总统,1913年被迫辞去临时大总统职务,让位于袁世凯。后来的军阀政府无一不是通过武力威逼前任辞职,自己又被别的势力赶走。正是这种形势让孙中山感到中国的"革命尚未成功,同志仍需努力",并重组力量进行二次革命。

蒋介石在1927年和1949年两度迫于形势辞去总统职务下野,但在下野期间仍然以军事委员长的身份实际控制着政权,而且辞职的目的是"以退为进",以图复出。

政府高官的辞职多由与上级发生分歧或工作不力所致。1915年5月,肃政史程崇信由于对袁世凯与日本人签订卖国条约不满,向袁世凯上呈"下诏罪己"[1]书,顶撞了袁世凯,尽管他也支持袁世凯复辟,但还是被迫辞职。1919年五四运动后,时任教育总长傅增湘被迫辞职。

3. 抗议型辞职

1919年5月,巴黎和会上无视中国主权的对德和约引发了著名的五四运动,作为北京大学校长的蔡元培先生出于对学生运动的支持,没有竭力阻止学生,在数名学生被捕后又尽力保释和解救学生,之后认为自己没有履行好校长之职而提出辞职。正如他在5月16日天津《益世报》刊出的致北大学生信中所言:"仆深信诸君本月四日之举,纯出于爱国之热诚。仆亦国民之一,岂有不满意于诸君之理,惟在校言校,为国立大学校长者,当然引咎辞职。仆所以不于五日提出辞呈者,以有少数学生被拘警署,不得不立于校长之地位,以为之尽力也。"[2] 表面上,蔡元培是自感没有履行好校长之职而引咎辞职,实际上,他是因为对政府丧权辱国又严厉镇压学生运动不满而做出抗议性辞职。原因是蔡元培先生的辞职报告并没有得到时任总统徐世昌的批准,徐大总统接辞呈后,随即发布《大总统指令》:"该校长殚心教育,任职有年……所请解职之处,着毋庸议。"[3] 之后,蔡元培

---

[1] 《申报》民国4年7月11日。转引自李俊清《现代文官制度在中国的创构》,生活·读书·新知三联书店,2007。
[2] 蔡尚思:《蔡元培》,江苏人民出版社,1982,第59页。
[3] 高平叔编《蔡元培全集》(第三卷),中华书局,1984,第294页。

不辞而别，离京南下。时任国务总理和教育部代总长三番五次去电挽留，甚至派出教育部和北大师生代表去杭州迎接蔡元培复职。

4. 避祸型辞职

1927年，前清翰林、时任国会议员张琴为人代撰诗一首，此诗表面上为恭贺蒋介石和宋美龄的婚礼，扑粉涂脂，不露山水，实则寓贬义于字里行间。在接到蒋介石请其前往上海喝喜酒的邀请后，怕被蒋介石看出破绽招来杀身之祸，借故未去赴宴，不久便辞官回乡，隐姓埋名。① 他的辞职实际上是因不满蒋介石发动反革命政变，而在戏弄蒋后赶快辞职避祸。

（三）民国政府对文官辞职的管理

文官依据《文官保障法案》，可以在不违反规定的前提下提出辞职，是否批准取决于管理部门。例如同是五四运动时期的教育部门领导，教育总长的辞职被批准，而北大校长蔡元培的辞职申请未得到批准，并被竭力挽留。

对"未经请假，擅离职守者"，将受到"免官"② 的严重惩戒。

官吏除法定外，不得兼任其他官厅之职。官吏一概不准兼任公私商业和报馆执事人员。官吏及其家族，不得从事任何与官吏所管辖事务有利害关系的职业。③

虽然民国各届政府不断努力完善文官管理及辞职制度，但由于内忧外患，不断征战，国家管理混乱，当时的辞职管理仅仅是纸上谈兵，并未得到真正实行。

三 新中国成立后的干部退职管理与辞职

新中国是在马克思列宁主义的指导下建立起来的无产阶级专政的社会主义国家。工人阶级是国家的领导阶级，工农联盟是基础。人民当家

---

① 冯树鉴：《一首诗使人辞官归田》，《前进论坛》1994年第5期，第32页。
② 李俊清：《现代文官制度在中国的创构》，生活·读书·新知三联书店，2007，第262页。
③ 李俊清：《现代文官制度在中国的创构》，生活·读书·新知三联书店，2007，第164页。

做主，成了国家的主人，国家的第一部宪法就规定了人民享有劳动的权利。但是首先由于当时城乡户口的限制，个人在城乡之间的流动机会并不多，除非政治运动要求，如知青下乡。其次，依据计划经济的特点，工人、农民的地位很高，他们享有充分的就业权利。然而每个人干什么工作都由组织统一分配和安排，个人的选择面很小。再次，农村通过生产队、大队，城市通过单位，严格控制，使个人的自由流动难以实现。最后，当时不同地方和工种的薪酬福利差别极小，难以激起人们的辞职欲望。因此当时并不具备现代意义的辞职基础。

但是，新中国成立以后，干部、职工人数急剧增加；随着时间的推移，老弱病残人员逐步增多。为了妥善安排照顾老弱病残人员，保持干部队伍的精干，提高生产和工作效率，国家除实行退休、离休制度外，还先后颁布了一系列关于干部退职的规定，对干部退职情况进行有序管理。[1] 在我国缺少辞职法规依据的时代，退职在一定程度上部分包含了辞职的个别情况，同时也为当代公务员辞职积累了管理经验。

（一）干部退职的条件

1. 1951 年到 1955 年的退职条件

机关干部退职的条件主要是："丧失工作能力，又不够退休条件。与企业职工不同的一点是，机关干部要具备一定的工龄条件，企业职工则没有工龄限制。"

1952 年 10 月 22 日，《人事部关于各级人民政府工作人员退职处理暂行办法》规定："各级人民政府及其所属机关之工作人员，参加革命工作满二年，因年老（五十五岁以上）、体弱或残废，不能继续工作，自愿申请退职的，应准予退职。"

2. 1955 年 12 月至 1978 年 5 月的退职条件

除丧失工作能力又不够退休条件的以外，新增加了自愿退职和大部分丧失劳动能力，不合乎退休条件的老、弱、残职工等几种人可以退职的规定。与企业一样，机关干部退职去掉了工龄的条件。没有工龄限制

---

[1] 曹志主编《中华人民共和国人事制度概要》，北京大学出版社，1985，第 363~377 页。

意味着机关干部可以自愿退职（相当于辞职）。

1955年12月29日，《国务院关于国家机关工作人员退职处理暂行办法》规定：国家机关工作人员自愿退职的，可以按退职处理。

1958年3月7日，经全国人大常委会原则批准的《国务院关于工人、职员退职处理的暂行规定（草案）》规定：国家机关的工人和职员，如果本人自愿退职，其退职对于本单位的生产或工作并无妨碍的，可以按照退职处理。

1962年6月1日，《国务院关于精减职工安置办法的若干规定》中规定：精减下来的老、弱、残职工，全部或者大部分丧失劳动能力、不合乎退休条件的，可以作退职处理。

1963年，《中央精简小组关于〈国务院关于精简职工安置办法的若干规定〉的问题解答》中比过去规定的条件放宽了，能够使不适宜工作的人员及时退职，有利于精简机构，提高生产和工作效率，也能使退职人员得到适当的安排。例如，自愿退职的职工，往往因为本人的条件不适宜于现任工作，或者愿意从其他方面另谋工作，或者因为需要回家从事家务劳动，对这些职工，只要生产上、工作上离得开，允许他们退职，对国家和个人都是有利的。这是新中国成立以后最早的允许职工辞职的法规依据。

（二）退职待遇

退职待遇包括职工退职金和其他待遇。

1. 职工退职金

退职金亦称退职生产补助粮、退职补助费、非因工残废救济费、救济费、退职生活费，分为一次性发结和按月发给两种。一次性退职金的计发办法主要是按职工退职前工龄的长短计发，工龄越长，退职金越多，但对每个职工退职金的总数，规定了最高的限额。1961年以前的退职金，除实行劳动保险企业职工非因工残废退职是按月发给的以外，其余均是一次性发给。1961年至1978年5月，退职金按照退职人员的不同情况，分别处理，有的一次性发给，有的按月发给。1978年6月以后退职的人员，全部改为按月发给。

2. 其他待遇

退职职工本人和供养直系亲属前往居住地点的车旅费，可按各单位有关经费开支的规定办理。从1963年4月起，退职职工本人可享受公费医疗待遇。1978年6月以后退职的职工，还由原工作单位发给安家补助费；按居住地的标准发给宿舍取暖补贴。在实行劳动保险的企业，因病或非因工残废退职的职工死亡后，企业发给丧葬补助费和供养直系亲属救济费。

（三）安置去向和管理

1. 安置去向

1951年的《退职办法通知》规定：工作人员退职后，由其工作机关介绍回原籍县、市安置。

1952年《政府工作人员退职办法》规定：对于退职人员还乡或到一定地点安家，办理退职的机关，应予填发"退职人员介绍信"。

1978年《国务院关于工人退休、退职的暂行办法》（国发〔1978〕104号）中详细列举了退职干部的各种安置方案。

2. 退职的审批

为了保证退职工作按照规定的条件进行，防止少数生产、工作上离不开的职工强求退职，影响工作，历次退职办法都规定了必要的审批手续。

1952年的《政府工作人员退职办法》规定：各级人民政府工作人员的退职须经所在机关审查同意，并经同级人民政府人事部门核准。

1951年的《退职办法通知》和1955年的《机关退职办法》均规定：工作人员的退职，必须经任免机关批准。

1958年的《退职暂行规定》指出：职工的退职，由所在企业、机关行政决定，取得同级工会同意以后执行。领导人员退职，还必须报送任免机关批准。

1978年的《国务院关于工人退休、退职的暂行办法》（国发〔1978〕104号）规定：干部退职，由所在单位按照干部管理权限，报任免机关批准；工人则须经劳动鉴定委员会确认系完全丧失劳动能力，方能退职。

3. 几类特殊的退职情况

对于办理退职手续中的几个特殊问题，中央有关部门也做了一些规定。

第一，机关机要人员的退职限制。为确保党和国家机密的安全，1955年2月，《中央组织部关于机要（译电）人员退职还乡处理的规定》规定：①机要（译电）人员，一般不作退职还乡处理，如因身体或其他原因不适合继续做机要（译电）工作时，应尽量转做地方机关其他工作，但事先必须对其进行保密教育；②个别人员如确因身体过弱不能继续工作而又有家可归必须做退职还乡处理者，17级以下的干部，须经各省委组织部以上机关批准，16级以上干部须经中央组织部批准；③凡已经批准退职还乡者，由原处理单位通知其所在地方政府对其加强教育和指导，以防泄露党和国家机密。

第二，机关工作人员应征入伍是否退职问题。1956年7月21日，《国务院人事局关于工作人员应征服兵役办不办退职手续问题的复函》规定：国家机关工作人员应征服兵役的，不需要办理退职手续。

第三，机关工作人员考入高等学校是否退职问题。1957年6月17日，《国务院人事局关于工作人员考入高等学校是否办理退职问题的复函》中说：关于高等教育部、教育部决定，1957年入学新生不再给予调干助学金待遇以后，工作人员进入高等学校学习是否一律办理退职手续的问题，我们认为，工作人员到学校学习，是为了继续深造，毕业以后由国家分配工作。如果学习中途因故退学的，国家仍负责安排。因此，不应按照退职处理。

4. 退职人员的管理

1978年以前没有明文规定。

1978年《国务院关于工人退休、退职的暂行办法》（国发〔1978〕104号）规定：退职工人由所在的街道组织、农村社队管理。街道和社队组织要加强对退职工人的管理教育，关心他们的生活，注意发挥他们的积极作用。

1981年11月7日，《国务院关于严格执行工人退休、退职暂行办法的通知》规定：必须加强对于退职工人的聘用管理。退职工人受聘后，聘用单位除了发给"补差"（即退职生活费与本人原标准工资的差额）外，还可视其工作成绩适当发给奖金。退职工人在受聘期间，因工伤残、因工死亡时，其保险待遇由聘用单位负担。必须做好对退职工人的教育工作。各级人民政府和有关部门，要从政治上、生活上关怀他们；要组织他们参加力所能及的社会公益活动，宣传他们中间的好人好事；要教育退职工人遵守国家的政策和法令，保持和发扬工人阶级的优良品质。

1982年8月2日，劳动人事部颁发的《关于严格掌握干部退休、退职条件及加强干部退休、退职后的管理工作的通知》规定：干部退职以后的教育、聘用及聘用待退的管理，应该按照国发〔1981〕164号《国务院关于严格执行工人退休、退职暂行办法的通知》的第一、二、三、五条规定办理。这项工作由各省、自治区、直辖市人事局商同劳动局（厅）贯彻执行。

干部退职不同于退休，也不同于公务员辞职，但在我国还未建立辞职辞退制度的计划经济时代，一定程度上发挥了现在的辞职辞退制度的功能，并在辞职管理方面积累了一定的经验，比如公务员辞职应该受到哪些条件限制；工作人员入伍或读书、特殊岗位的工作人员的辞职如何处理等。

第四章 中国当代公务员辞职分析

我国当代的公务员辞职现象伴随 1978 年以来改革开放政策的实施而产生。改革开放以前，国家对人才实行统一分配政策，大量人才集中在政府机关、事业单位和国有企业（本书研究的是公务员辞职，另外两类辞职有待今后的进一步研究）。这一"人才统一分配政策"在社会主义建设初期曾经发挥过积极作用，但是由于缺乏竞争和合理淘汰机制，统一分配政策的弊端很快在各行各业表现出来：平均主义、制度僵化、机构臃肿、人员庞大、人浮于事、效率低下。改革开放政策激活了机关人才的积极性，多年的压抑变成了对干一番事业的向往，有人因而选择了辞职，"下海"，放手一搏。随着政府职能的转变，政府部门从过去的办企业、办社会变为放权给社会，实行宏观管理，因此机构改革和人员精简就成了每一届新政府的主要任务之一，这也是促成部分公务员辞职的重要原因。本章重点分析了中国当代公务员辞职的发展历程、类型、功能和原因。目的是探索和把握改革开放以来我国公务员辞职的规律。

一 公务员辞职的发展历程

1978 年是中国经济政策发展的重要转折点。中共十一届三中全会确立了对内搞活、对外开放的政策。公务员（干部）辞职现象伴随改革开放而产生，并不断呈现新的变化趋势。对于公务员辞职发展历程，曾有文章从官员"下海"的角度进行划分，认为出现过三次浪潮。[1] 第一次是

---

[1] 刘辉：《中国官员下海现象二十年回顾》，《时代人物周报》2005 年 8 月 8 日。

20世纪80年代中期。随着改革开放的开始，一批官员逐渐从体制内单位流动到部门下属的企业当经理、厂长。这段时期的官员"下海"也被称为"半下海"，因为"下海"的官员一般还是有编制和级别待遇的，这种辞职更像党政领导干部辞职中的因公辞职，是因为工作需要辞掉机关领导身份，去当时的国营或者集体企业任职，经营企业。第二次是20世纪90年代初。在邓小平南方谈话的背景下，中国兴起了新一轮的经济建设高潮，"下海"经商也随之风起云涌。一批有闯劲的官员从体制内移身商海，成为当时的一种社会潮流。据《中华工商时报》统计，1992年全国至少有10万名党政干部"下海"经商。这一时期的官员下海主要是"停薪留职"，一旦"下海"受挫，还可以重回体制内。这一时期的辞职属于中央政策鼓动和地方政策鼓励的结果，多属于领导干部的自愿辞职（辞去公职）。第三次是21世纪以来，少壮派精英官员辞职"下海"，并且不再重回体制内。这一阶段的公务员辞职主要是受到20世纪末政府机构改革及整个社会对民营企业的态度等因素的影响。

然而，本书研究的主题是公务员辞职及其管理，"下海"仅是公务员辞职后所从事的一种职业。因此仅仅从"下海"角度划分公务员辞职的发展历程是不全面的。本章以公务员制度的产生及发展过程为依据，把1978年以来的公务员辞职分为四个阶段：1978年到1993年为公务员制度构想阶段的干部辞职；1994年到2005年为公务员制度初步形成的公务员辞职；2006年到2012年为《公务员法》实施以来的公务员辞职；中共十八大以来的公务员辞职趋势。

（一）1978年到1993年的干部辞职

1963年，中央精简小组办公室关于《国务院关于精简职工安置办法的若干规定》一定程度上允许职工自愿退职的政策中断。1978年前后，机关干部如果没有完全丧失工作能力而想要提出辞职，法律和政策上没有依据。然而，这与农村实行的家庭联产承包责任制、城市广开就业门路搞活经济，以及干部应当有进有出的要求不相适应。1984年《上海青少年研究》刊发了一篇题为《青年人才流动与辞职权》的文章，认为当时的人才流动是经济发展的需要，呼吁国家建立适合中国国情的有法律保障的辞职权利。① 鉴于当时形势的需求，中央的有关文件中，逐渐开了允许干部自愿辞去公职的口子。② 如1984年12月3日，《中共中央、国务院关于严禁党政机关和党政干部经商办企业的决定》中规定：党政机关的在职干部，如果本人要求辞去公职经营个体或集体经济，应予同意。第一阶段的干部（公务员）辞职有几种情况。一是顺应经济建设需要的人才流动性辞职；二是顺应干部人事体制改革需要的老干部的离休，辞去一线的职务；三是干部队伍变动中的因公辞职。此外，出现了极个别的引咎辞职、辞职留学或学历深造等。

1. 机关干部辞职下海

自20世纪80年代以来，中国官员"下海"经商作为公务员辞职后的重要流向从未间断。这和当时官员"下海"潮形成的经济、政治和文化背景分不开。改革开放以来，我国计划经济体制逐步向商品经济和市场经济体制转变，经济发展处于摸索和起步阶段。在计划经济向市场经济转变过程中，打破了以往个人不准经商，所有一切物资、人力资源的分配和流动都服从国家统一安排的计划经济模式。经济的转型必然要求与之相适应的人才资源配置模式。但在当时的中国，全国各地的精英人才主要集中在政府机关，而市场需要的管理型人才、开拓创新型人才奇缺。

在市场经济初露端倪的过程中，一部分有闯劲的人抓住时机很快积累了可观的财富，受到财富的引诱或者梦想自己干一番事业，少数公务员选择主动"下海"，成为辞去公职打破"金饭碗"，自愿脱离政府部门的第一批"吃螃蟹"的人。这个时期的公务员"下海"多为从机关调到相应的国有（当时称为国营）企业或集体企业，被称为"半下海"；也有少数选择自主创业。表4-1是1978—1993年机关干部辞职经商部分案例统计。最典型的个案是叶澄海辞职、叶康松辞职和"九二派"辞职。

---

① 张伟：《青年人才流动与辞职权》，《上海青少年研究》1984年第12期，第8~10页。
② 曹志主编《中华人民共和国人事制度概要》，北京大学出版社，1985，第367页。

第四章 中国当代公务员辞职分析

表 4－1 机关干部辞职经商部分案例统计（1978—1993 年）

姓　名	辞职时间（年）	之前的单位及职务	"下海"去向	现任职务
王铭利	1980	拉萨市交通厅干部	河南洛阳407工厂工程师	麦科特集团董事长
王正华	1981	上海长宁区遵义街道办事处党委副书记	创建春秋国旅	春秋航空董事长
刘永行	1982	四川省新津县教育局干部	带领另外三个兄弟一起辞去公职回农村创业	东方希望集团董事长
王石	1984	广东省外经委	组建"现代科教仪器展销中心"，任总经理	后来的万科集团创始人
梁稳根	1986	兵器工业部洪源机械厂计划处副处长，体改委副主任	创办三一重工股份有限公司	三一重工集团董事长
叶康松	1986	浙江温州永嘉县城关镇党委书记	办水果实验场、畜牧实验场和水产养殖场	康龙集团总裁
叶澄海	1985	湖南郴州地区经委副主任	创办丝绸服装厂等	深圳信立泰药业股份有限公司董事长
潘石屹	1987	河北廊坊石油部管道局经济改革研究室干部	在深圳和海南开创自己的房地产开发生涯	SOHO中国有限公司董事长
王健林	1989	辽宁省大连市西岗区办公室主任	被聘为大连市西岗区住宅开发公司总经理	大连万达集团董事长
王文京	1988	国务院机关事务管理局财务司公务员	与苏启强合伙创办用友公司	用友软件股份有限公司董事长兼总裁
苏启强	1988	国务院机关事务管理局财务司公务员	与王文京合伙创办用友公司	北京连邦软件产业发展有限公司总裁
怀汉新	1988	广东广州市体委干部	创办广东太阳神集团有限公司	广东太阳神集团有限公司总经理
史玉柱	1989	安徽省统计局干部	读研究生，毕业后下海	巨人集团总裁
何伯权	1989	广东中山小榄镇镇政府	组建了中山乐百氏保健品有限公司	乐百氏集团董事长
郭凡生	1990	国家体改委中国经济体制改革研究所	出资七万四千元创立慧聪公司	慧聪网董事局主席
冯仑	1991	海南省委	创办万通	万通控股股份董事长
田源	1992	国家物资部任对外经济合作司司长	创建中国国际期货经纪公司	中国国际期货经纪有限公司董事长
陈东升	1993	《管理世界》杂志社副总编（副处级）	创建中国嘉德国际拍卖有限公司	泰康人寿股份有限公司董事长兼CEO

资料来源：依据媒体报道的相关资料整理。

个案1 叶澄海辞职"下海"①

叶澄海，1943年8月15日生，男，中国国籍，现为香港永久居民，毕业于中国人民大学。叶澄海是原广东省委常委、深圳市副市长。现任深圳信立泰药业股份有限公司董事长。2009年9月，叶澄海创办的深圳信立泰药业股份有限公司登陆A股，他也一跃成为亿万富翁。

叶澄海大学毕业后到农场劳动锻炼过，之后从农村大队长开始起步，1977年4月至1979年3月担任广东省宝安县县委副书记。1979年1月，国务院批准：撤销宝安县，设置县级深圳市，成立深圳市委；1979年11月升格为地区级省辖市；1981年8月，深圳市再次升格为副省级城市。作为深圳市的本土干部，他的仕途也与深圳市的发展一样不断晋升。他1983年39岁时任广东省深圳市委常委、副市长；1983年7月至1984年9月，其改任广东省委常委兼省对外经济工作委员会主任、党组书记，省经济特区办公室主任。然而，1984年9月后，叶澄海遭遇了仕途"滑铁卢"，连降三级，从副省级变成了一个副处级干部，任湖南郴州地区（现郴州市）经委副主任。

1985年，42岁的叶澄海毅然辞职"下海"，弃政从商。1986年，他在深圳先后创办丝绸服装厂、生产验钞机的电子厂。不久，他去了美国、南美等地经商，涉及电子、丝绸、焦炭、房地产、钢铁、制药等行业，并在香港做贸易，到美国与当地公司合作经营果园和生产相关产品。他在美国投资兴业，拿到了美国绿卡。然而，他又做出了人生第二次抉择，放弃美国"绿卡"，回到祖国，立志以"实业报国"，先后创立了香港美洲国际集团、广州广海房地产有限公司、深圳信立泰药业有限公司。

1998年，由叶澄海控股的香港信立泰药业有限公司同深圳市华泰康实业有限公司合资成立深圳信立泰药业有限公司。历经几次增资和股权转让后，该公司于2007年6月整体变更为深圳信立泰药业

---

① 根据百度网提供的叶澄海介绍改写。

股份有限公司，注册资本8500万元，叶澄海出任董事长。2009年9月1日，深圳信立泰药业股份有限公司在深交所上市。

表4-1中所列人员之后身份有所改变，但是他们都用自己的能力和辛劳为国家的经济发展做出了贡献。

个案2　叶康松辞官[①]

叶康松出生在浙江省温州市永嘉县一个农民的家庭。从农家子弟到军人，到镇党委书记，到改革人物，到跨国企业总裁，这是他的人生轨迹。1986年，叶康松身为浙江省永嘉县城关镇党委书记，毅然辞官下海，承包山地办起了水果实验场、畜牧实验场和水产养殖场。90年代，他在大洋彼岸的美国再次成为新闻人物，以每年进口500万只打火机而一跃成为美国最大的打火机进口商。在美国市场的经营过程中，叶康松发现，美国威州花旗参对人体的保健有非常好的作用，一定能得到中国消费者的喜爱。1995年第一家威州花旗参专卖店在温州开业，门庭若市的场景和急速上升的市场需求，使叶康松坚定了发展的信心，到1997年康龙集团已成为美国最大的花旗参进口商。由于他对中美两国贸易的重要贡献，叶康松还被评选为美国百名杰出华人，受到过美国前总统克林顿和美国总统布什的接见。

谈到1986年的辞官从商，他说："1968年我人生第一个起步阶段就是入伍当兵，在军队良好的政治环境中我受到了熏陶，在我入伍三年之后就被提升为副指导员，那年我才二十一岁，十一年之后我转业到地方工作。在地方上我先后担任县委秘书，到财政局打击经济犯罪，公安局进行破案工作等，都干得十分出色，领导又把我派到城关镇当了镇长，6个月后又当了镇党委书记。1986年中国改革开放脚步加快，温州的私营模式成了我国经济上的一个亮点，在

[①] 赵勇、杨静、潘雯：《神奇始于足下——访美国康龙集团总裁叶康松》，中广网，2009年5月29日。

这样的背景下我毅然决定辞官'下海'。"

谈及辞官的动力,叶康松说:"当时我深深地体会到了邓小平同志的一句话,中国不改革开放是没有前途的,特别是像我们这样的贫困县。当时,像温州这样一种开放的私营模式对我有相当大的吸引力。同时我认识到中国的改革开放是必然的,路一定要这样走下去,冲破吃大锅饭的陈旧思想,是我当时的一个信念。"

说到下海的风险,他说:"1986年时我'下海'是冒着相当大的阻力进行的,有来自亲戚家人包括当时的领导,但是我坚信我选择的路是对的,而且我认为自己也有能力把自己的工作做好。所以当时我决定'下海'试一下。"

叶康松辞去镇党委书记并非遇到不顺心的事情,其动力源于想冲破吃"大锅饭"的陈旧思想,到改革开放前沿干一番事业。这种动机在当时辞职的公务员中也有一定代表性。

个案3 "九二派"官员辞职"下海"[①]

1993年5月18日,时任国务院发展研究中心下属的《管理世界》副总编的陈东升创办的中国嘉德正式营业。但到1994年3月27日,将近一年时间里颗粒无收,陈东升感到前所未有的压力。同样,泰康人寿在经营7年后才开始赚钱。之后,在陈东升的带领下,泰康人寿成为寿险行业内业务增长最快的公司,连续三年年增长率超过100%。2002年底,公司全年保费收入突破65亿元。

1992年,物资部陆续成立了诸多新公司,官员下海潮涌动。时任物资部对外经济合作司司长的田源多次找到部长柳随年,希望创办一家"国家级期货经纪公司"。经过再三努力,得到了批准。1992年12月28日,中国国际期货经纪有限公司成立大会在人民大会堂举行,成为国内首家大型股份制期货经纪公司,开了期货业的先河。

1992年,任职于国务院政策研究室的毛振华创办中国最大的综

[①] 陈海:《九二派:"新士大夫"企业家的商道和理想》,中信出版社,2012,傅小永作前言。

合性信用服务机构和信息咨询机构——中国诚信信用管理有限公司。现任中诚信国际信用评级有限责任公司董事长、首席执行官。

毛振华本人对辞职下海的原因分析是"那时候我有一个简单的愿望,就想当个头儿。在庞大的公务员体系里,我是大单位里的小干部,拍不了板。我想有个独立的舞台,自己是这个舞台的主角。哪怕让我去西藏当个县委书记,我也许都不会'下海'"。

1984年至1991年期间先后任职于中共中央党校、中宣部、国家体改委、武汉市经委和海南省委的冯仑辞职,并于当年四处筹钱开始创建万通集团。

1992年,郭凡生辞职下海,创办"慧聪";深圳蛇口区原常务副区长武克钢辞职,创办"通恒";副县长热门人选朱新礼辞职,创办"汇源";胡葆森离开河南外贸正处级岗位,创办"建业";苗鸿冰离开石油部办公厅,创办"白领"。

"九二派"公务员辞职的大背景是1992年初邓小平南方谈话,接着党的十四大确立了建立社会主义市场经济体制的路线,部分有理想抱负、想成就一番事业的公务员纷纷辞职"下海",掀起了第二波"下海"热。这批辞职者总体上有四个特点,即高学历、经验丰富、管理型人才、对仕途前景不太感兴趣。

当然并非所有辞官从商的官员都会成功辉煌,这个阶段的个别官员后来因为违反国家法律成了阶下囚。比如原"健力宝"董事长李经纬,他1984年任广东省三水县体委副主任,后来"下海"将县酒厂发展为"健力宝"品牌饮料厂。2002年,63岁的李经纬因涉嫌转移国有资产6000万元被有关人士检举后,以"涉嫌贪污犯罪"被捕。2011年11月2日,佛山中院对此案进行一审宣判,李经纬被依法判处有期徒刑15年,并处没收个人财产人民币15万元。原深圳政华集团总裁吴志剑,1985年任湖南常德市公安局宣教科干部,后来辞职经商,创办深圳政华集团,担任总裁。2003年他因为违法经营被判处17年有期徒刑。

表4-1中列举的仅是公务员辞职后取得较大成就的代表人物,对于同时期全国数万名辞职公务员而言,默默无闻者居多。对于普通机关工

作人员"下海"的动机：首要原因是收入不平衡。20世纪80年代中期，民间流传着这样的民谣："摆个小摊，胜过县官，喇叭一响，不做县长"；"拿手术刀的不如拿杀猪刀的；搞原子弹的不如卖茶叶蛋的"。当然也有辞职者出于对梦想的追逐，希望改善生活，以及感到晋升无望等原因。对于这些辞职者而言，他们改变了一种生活方式，同时也为国家经济建设提供了人力资源支持。因为在改革开放初期，国家刚刚经历十年"文革"，需要发展经济。另外，在计划经济体制下，人们没有太多的职业选择，多数人才基本上被机关和国有企业与事业单位垄断。如果没有正常的辞职和职业选择权利，国家的经济建设就没有人才保障。

2. 老干部的离休，辞去一线的职务

响应邓小平提出的"打破领导干部职务终身制"和干部"四化"的要求，很多高风亮节的老干部提出离休，辞去领导干部职务，退居二线或者完全退休。一篇题为《不在其位顾问其政——访几位主动辞职的副部长》[①]的文章提到，当时的第三机械工业部和煤炭工业部共有13位老同志主动辞去副部长职务，退居二线当顾问或离休。这些老同志成为"光荣的第一批"。这份报道只是当时离休老干部去向的一个缩影。

这一阶段也有部分辞职留学或者去深造学历的公务员。同时也存在官员在任期内需要进行职务变动的因公辞职现象，也有极个别的引咎辞职现象。比如1988年3月5日，国务院常务会议讨论了对昆沪线80次特快旅客列车颠覆事故的处理问题。鉴于相关同志在工作中有失职守，对这起重大事故负有领导责任，国务院接受了铁道部长辞职的请求。[②] 这成了公务员制度形成前期的为数不多的引咎辞职现象，为后来的引咎辞职制度的形成提供了先例。

（二）1994年到2005年的公务员辞职

这一阶段是在中国公务员制度基本确立的背景下出现的辞职，表现在

---

① 李安定、黄奉初：《不在其位　顾问其政——访几位主动辞职的副部长》，《瞭望》1982年第2期。
② 《国务院严肃处理两起重大交通事故　接受铁道部长丁关根辞职请求　给予民航局长胡逸洲记大过处分》，《劳动保护》1988年第4期，第222页。

如下几个方面：一是公务员辞职现象增多；二是领导干部辞职引起连锁反应；三是引咎辞职进入决策和公众视野；四是公务员辞职去向有所拓宽。

1. 公务员辞职现象增多

有关统计资料显示，"1996年～2003年底，全国共有32549名公务员辞职"[1]；"1998年～2002年，全国公务员辞职比例分别是0.5‰、0.6‰、0.8‰、1.1‰、1.1‰，辞职人数的比例逐年上升，2002年全国公务员辞职人数达到5585人"。[2] 自从1995年以来，江苏、浙江和上海三地人事部门的统计显示，公务员辞职人数逐年增长，"10年里，江苏省主动辞职的公务员有900人。在浙江，这一数字达到1800人"。[3] "在广东，1994年至2003年间，共有2081名公务员辞职，占公务员总人数的1.7%。"[4] 总体上看，这一阶段的公务员辞职现象在增加，但存在区域差异。经济发达地区的公务员辞职比例高于经济欠发达地区。

2. 领导干部辞职下海

"领导干部辞职下海"是指科局级以上领导职务的公务员辞去公职到企业从事经营管理的现象，相当于当前公务员辞职制度中的"辞去公职"，同时属于党政领导干部辞职中的"自愿辞职"（同时辞去现职和公职）。据统计，仅2000年1月到2003年6月，全国地方有10304名科级以上党政领导干部辞职"下海"[5]。2000年前后，比较有轰动效应的几个领导干部辞职下海现象是"门新国现象"、"温州现象"和"建湖现象"等。1994—2005年部分公务员自愿辞官经商统计见表4-2。

门新国现象：2000年，山东省垦利县县长门新国辞去公职，以20万元年薪出任山东黄河集团常务副总经理。门新国辞职后，东营市又有近百名公务员辞去公职进入企业，这一现象被媒体称为"一颗投入东营政界的原子弹"。

---

[1] 《中华人民共和国年鉴》，中华人民共和国年鉴社，2004。
[2] 潘晨光：《2005年中国人才报告》，社会科学文献出版社，2005。
[3] 郭奔胜、黄深钢、季明：《公务员"出龙门"渐成常态》，《济南时报》2005年9月23日，http://news.sina.com.cn/c/2005-09-23/04087012844s.shtml，最后访问时间：2019年7月30日。
[4] 骆立骞：《广东省公务员辞职、辞退、开除状况调查》，《探求》2006年第5期。
[5] 吴兢、白龙：《公务员"下海"：政府该鼓励，还是中立？》，《人民日报》2008年7月2日，第13版。

表 4-2 部分公务员自愿辞官经商统计（1994—2005 年）

姓名	辞职时间（年）	年龄（岁）	辞职前的单位及职务	"下海"去向	备注
王梓木	1996	43	国家经贸委综合司副司长	创办华泰	
刘从梦	1998	35	中国农业部国际合作司司长	加入格林柯尔集团	2002 年任科龙总裁
高红冰	2000	46	信息产业部副处长	创办北京互联通网络科技有限公司	
游宪生	2001	47	福建省信息产业厅厅长	上市公司 ST 中福总裁	复旦大学经济学博士后
顾成荣	2001	40	江苏盐城副县长	山东黄河集团总经理	年薪 36 万元
徐刚	2002		浙江地税局总会计师（副厅级）	吉利集团首席执行官	经济学硕士、研究员
厉玲帆	2002	41	长沙市旅游局局长	上海某房地产公司行政总裁	
阮鑫光	2002	48	浙江平湖市委书记	大连实德集团	
王小平	2002	52	江苏省东台市市长	建湖县永林油脂化工有限公司总经理	
林培云	2003	45	温州市副市长	温州市一私营企业	
吴敏一	2003	40	温州市副市长	红蜻蜓集团下属机构总裁	复旦大学经济管理学硕士
姜崇洲	2003	40	广州市环保局局长	一大型地产集团总裁	
蔡德山	2003	44	湖北某区委副书记	万家乐公司董事长	
刘知行	2003		佛山市顺德区常务副区长	美的集团副总裁	
门新国	2000		山东省垦利县县长	山东黄河集团常务副总经理	年薪 20 万元
王文进	2002		海南琼海市副市长	海南博鳌中足体育综合训练基地有限公司总经理	
王运正	2003		温州经济技术开发区副主任、市政府副秘书长	中国奥康集团	

续表

姓名	辞职时间（年）	年龄（岁）	辞职前的单位及职务	"下海"去向	备注
叶世渠	2003		滁州市副市长	天大集团担任董事长	
播摩生	2003	43	武汉市洪山区副区长	武汉市环泰投资有限公司董事长	
朱爱群	2004		泰州市市委书记	春兰集团执行总裁	
鹿璐正	2004		沈阳市商业局局长	大连大商集团沈阳地区集团总裁	
王志敏	2004		抚顺市商业局局长	大商集团抚顺地区集团总裁	
张尧志	2004		辽宁省工商局广告处处长	大商集团副总裁	
程光	2005		上海市虹口区区长	三林集团中国地区总裁	

资料来源：依据媒体报道的相关资料整理。

门新国在给市委的辞职申请中是这样解释他辞职的原因的:"在两年县长的任职期间,我尽力工作,与垦利县群众和县里班子的同仁们结成了深厚的友谊,可以说是难舍难分,但今天我做出这种选择,出于以下四点考虑。第一,东营市目前正是一个贯彻市委'大开放,大招商,大力发展民营经济'之决策的大好形势,我决心去私营企业打工,正是受这一决策的激励和感召,我想为这一决策的落实做一些更具体的事情。第二,经过多年的社会实践和思考,我认为本人的特点更适合于从事企业当中的具体工作,这从我的经历中不难看出。我想如果我在企业会更大地发挥我的长处,对社会的贡献也就越大。第三,现代社会市场经济当中人才的流动符合市场经济各种资源的配置规律。我的理解是,人才流动是多方位的,而从政并不是报国的唯一途径。我想从事私营经济也是一条好的报国的路子。我选择的企业是总部设在东营市的山东省黄河集团,它是山东省十大民营企业之一,具有雄厚的实力、灵活的机制和科学的管理。该企业在全国大市场中有很强的实力,而且需要较高层次的管理人才、经营人才和其他各式各样的人才,我想到那里去更好地发挥自己的优势,为这个企业的发展贡献才智。而且这个企业的发展同样会带动整个东营的区域性经济。第四,现在我们正处于一个机关改革的关键时期,相关人员的分流不应是普通干部的流动,更要有领导干部的流动,我愿在这个方面给领导干部做一个表率……"[①] 从他辞职后的结果来看,确实起到了带头作用,有近百名公务员像他一样辞职去了企业,给政府的裁员工作做出了贡献。当然值得深思的是,政府可能把精华裁掉了,出现"逆淘汰"现象。但是毫无疑问的是,这些辞职者在政府部门是优秀的,他们自愿选择到企业会干得更出色。

温州现象:2003年4月,温州市原副市长、复旦大学首届经济管理学硕士研究生、研究员,年仅45岁的吴敏一主动辞官"下海",出任红蜻蜓集团"惠利玛"商业物流连锁机构总裁。与吴敏一同时辞职的官员还有温州市副市长林培云、市政府秘书长何包根及副秘书长王运正,在政界引起不小震荡,被称为"温州现象"。

---

① 美原:《辞官纪事》,《新西部》2001年第9期。

建湖现象：2001年9月，江苏盐城市阜宁县副县长、建湖籍的顾成荣受聘于山东一家民营企业，在随后的两年内，盐城官场有5位县处级公务员先后辞职，他们也是建湖人，因此称为"建湖现象"。

通化现象：通化市是吉林省一个仅有40万人口的山城，1995年至2004年该市共有195名科局级以上公务员领导辞职"下海"，其中地厅级领导3人、县处级领导52人、科局级领导140人（见表4-3）[①]。

表4-3　通化市部分"下海"领导干部统计（1995—2004年）

姓名	年龄（岁）	辞职时间（年）	辞职前的单位及职务	级别	辞职去向
杜卫京	49	1996	市政府副市长	副厅级	通化天马药业股份有限公司董事长
董国志	53	1995	市政府副市长	副厅级	在珠海自办公司
邓万学	53	1995	市政府副市长	副厅级	与长春一公司合资组建万胜集团
张念平	54	2001	市计委副主任	副处级	上海方大药业股份有限公司总经理
王西安	53	2001	市粮食局局长	正处级	某药业股份有限公司总经理
周家明	49	2002	市委副秘书长兼办公室主任	正处级	吉林天药科技股份有限公司副总经理
潘　富	50	2001	市委宣传部副部长	副处级	天马药业副总经理
贾桂槐	48	2001	市委副秘书长兼农办主任	正处级	梅河口中兴食品公司副总经理
曲　涛	50	2001	市旅游局副局长	副处级	通化市东山宾馆总经理
马云权	51	2003	市内贸办副主任	副处级	通化市蔬菜公司经理
李福成	54	2002	市食品办主任	正处级	华夏药业副董事长
张秀玉	51	2001	市委副秘书长	正处级	万通药业副总经理
王昌禄	39	2001	东昌区政协副主席	副处级	万通药业副总经理
刘俊山	52	2001	辉南县委副书记	副处级	吉林长源药业有限公司总经理
李业愉	61	2001	市公安局交警支队副支队长	副处级	通化恒瑞药业副总经理

资料来源：通化市委组织部提供。

此外，领导干部辞职"下海"现象各个地方和领域都存在。1996年

[①] 梁丽芝：《公务员流动机制与绩效管理研究》，湖南人民出版社，2007，第5~6页。

之前，深圳市每年辞职的人数为9—16人，1997年深圳市公务员主动辞职的有82人。辞职的公务员中以公安系统为最，其次是司法系统、税务系统。在辞职的理由中，位居前三的是另谋职业、出国（境）留学或定居以及当律师。在辞职者中，大专以上学历的占近六成，学历最高的是博士，职务最高的是处长。[①] 2003年6月18日，山东省德州市市直机关423名公务员正式离岗"下海"，超出计划数47人，其中有4人是所在单位的"一把手"。2003年3月，吉林省榆树市有1339名干部离开原工作岗位，在"保留身份、保留职务、保留待遇"的优厚条件下，带薪"下海"经商。其中，市局级领导干部44人、乡级领导干部99人。

"领导干部辞职下海"经历了从人们一开始难以理解，到慢慢接受的变化历程，认为这是职业选择多元化的表现。既懂政策，又懂经济和管理是这些辞职者的优势，实践证明他们的辞职并没有影响公务员队伍的稳定，反而促进了人才的流动，加快了经济的发展。当然也出现了一些问题，将在第五章进行分析。

这一阶段我国公务员领导干部辞职"下海"与第一阶段比较，大致呈现以下几个特点：①"下海"官员懂经济的很多，或曾有过在企业从事管理工作的经验；②辞职"下海"的官员里面，高学历的较多，有的甚至是硕士或博士研究生、教授或研究员；③公务员领导干部辞职"下海"的人数和经济发展程度成正比，东部地区辞官"下海"的人数比中部和西部地区多，沿海地区比内地多；④从"下海"官员的去向来看，大部分选择民营企业，尤其是大型私人资本控股上市公司；⑤从官员辞职前所担任的职务来看，副职的频频"下海"现象明显；⑥从辞职背景来看，1998年的政府机构改革是一大助推器，各个地方为了完成机构改革的精简裁员任务，相继出台鼓励措施，鼓励公务员以各种形式分流、辞职"下海"和创业；⑦辞职"下海"的公务员有一定政策优惠或保障，可以在一定期限内选择返回政府机关工作或完全辞职。

3. 引咎辞职逐步成为常态

2002年《党政领导干部选拔任用工作条例》和2004年《党政领导干

[①] 郭蓉：《深圳公务员辞职人数增多》，《中国人才》1998年第7期。

部辞职暂行规定》的颁布和实施为引咎辞职和责令辞职奠定了法规依据。以 2003 年的"非典"信息不畅为契机，翻开了引咎辞职制度新的篇章。2003 年到 2005 年，多名领导干部因故引咎辞职。《新华每日电讯》2007 年 7 月 18 日报道，据中组部统计，自 2004 年到 2006 年底，全国自愿辞职、引咎辞职和责令辞职的领导干部共有 6824 人。其中，引咎辞职 305 人，引咎辞职和责令辞职的县处级以上领导干部有 245 人。[①]

4. 辞职去向拓宽

根据人事部一份名为《中央国家行政机关公务员流失问题不容忽视》的调研报告，公务员的辞职人数占公务员总人数的比例呈逐年上升趋势，辞职后，主要流向三资企业、国有企业、事业单位或出国出境。[②] 这说明 1996 年至 2003 年全国辞职的 3 万多名公务员除了主要流向企业外，也有一些选择去了事业单位。专业性较强的公务员辞职选择去高校及其他科研单位任职。

（三）2006 年至 2012 年的公务员辞职

从 2006 年 1 月 1 日起，《公务员法》（2005）开始实施，公务员辞职的法律法规也逐步完善。以此为起点的公务员辞职主要呈现以下两个特点：公务员引咎辞职及复出现象受到高度关注；公务员专业人才被企业聘用现象突出。

1. 公务员引咎辞职及复出现象受到高度关注

2006 年《公务员法》实施以来，引咎辞职和责令辞职被写入法律，成为对主要领导和班子成员进行问责的长效机制。由于引咎辞职负的是领导责任，而非直接法律责任，因此依据相关党规和法规的规定，引咎辞职的领导在过了限制期限后可以重新被启用或复出。由于公众对引咎辞职的认知不够和部分媒体的炒作，引咎辞职领导的复出受到了较多关注。其焦点是希望信息更加公开、透明，确保公众的知情权。2006—2012 年公务员部分领导干部引咎辞职一览见表 4-4。党政领导干部辞职

[①] 王能昌、岳贤猛：《"引咎辞职"的道德解析》，《求实》2007 年第 11 期，第 23 页。
[②] 卢丹：《中国公务员退出机制研究》，博士学位论文，中国人民大学，2011。

后的复出情况见表 4-5。

表 4-4 公务员部分领导干部引咎辞职一览（2006—2012 年）

时　间	辞职前职务	辞职起因	事件后果
2006 年 6 月	县长	煤矿透水事故	56 人遇难
2006 年 6 月	县长	煤矿瓦斯燃气事故	15 人遇难
2008 年 9 月	省长	溃坝事故	277 人遇难
2008 年 9 月	局长（正部级）	三聚氰胺奶粉事件	影响恶劣
2010 年 1 月	人社厅副厅长	公务员考试泄题事件	8.9 万人考试成绩作废
2010 年 3 月	副局长（副处级）	"砒霜门"事件	产品总砷含量超标
2010 年 3 月	公安局局长（正科级）	"喝水死"事件	疑犯在审讯期间死亡
2010 年 7 月	环保局局长（正科级）	紫金矿业污染事故	汀江水质污染

资料来源：依据媒体的相关报道整理。

表 4-5 党政领导干部辞职后的复出情况①

编号	辞职前职位	辞职时间	复出后职位	复出时间	复出间隔
1	某直辖市市长（省部级）	2003 年 3 月	某国家大型工程建设委员会办公室副主任、党组副书记	2003 年 9 月	半年
2	某部部长（省部级）	2003 年 4 月	某基金会副主任、全国政协某委员会副主任	2003 年 10 月	半年
3	国企老总	2003 年 12 月	某部委办公室副主任	2005 年 5 月	18 个月
4	某局局长（省部级）	2005 年 12 月	某部委党组成员、副主任	2006 年 12 月	1 年
5	某局局长（省部级）	2008 年 9 月	国家某工作小组专职副组长	2009 年 12 月	15 个月
6	某省省长	2008 年 9 月	中直机关工委副书记	2009 年 1 月	4 个月

2. 公务员专业人才被企业聘用现象突出

首先是少数部委公务员"下海"，赴下属控股机构或被监管机构任职的情况增多。对一些在体制内升迁无望的官员而言，"下海"也是一种较好的职业选择，部分部委官员拥有较高的业务水平，熟悉各类政策，"下

---

① 卢丹：《中国公务员退出机制研究》，博士学位论文，中国人民大学，2011，第 78 页。

海"之后这些阅历将直接变现为上百万的年薪。而一些下属机构或被监管单位也希望吸引这些人,来获得更多的资源或者监管支持。① 到 2009 年末,有 1599 名前政府官员被任命为 A 股上市公司高管,占全部 3 万多名 A 股高管的 5%。②

其次是税务系统的专家转型为会计师事务所合伙人。2012 年曾经有一位税务系统反避税处的处长辞职到一家国际会计师事务所,担任转让定价、税务风险方面的合伙人,为跨国企业做避税方面的咨询。③ 跳槽后,其年薪有大幅提升,但造成了税务系统的人才流失。因此,我国税务系统应该创造良好的环境,吸引、留住这些高端税务人才,这样才能加强我国反避税领域的工作。

再次是证监会官员跳槽到证券公司任职。根据基金公司公开的招募说明书统计,已先后有近 50 名证监公务员辞去公职,到基金公司担任高管职务,这些前官员分布在国内 30 多家基金公司。④ 这一辞职新现象已经引起管理部门的重视,《公务员法》已规定公务员离职后在一定期限内不得在被监管的单位中任职,但中国证监会属于国务院下属的事业单位,并非公务员系统,其规定也不够具体。因此修订的《中华人民共和国证券投资基金法》将规定对象明确为"国务院证券监督管理机构",将证监会和地方证监局纳入监管体系,去掉了"工作业务直接相关""营利性组织"等字样,缩减为"不得在被监管机构担任职务"。⑤ 这一衔接性法规一旦获得通过,将会对这种辞职现象进行有效管理。

此外,2013 年《最高人民法院工作报告》中提到,过去 5 年来,一些法院人才流失、法官断层严重,⑥ 这说明由于社会对法律人才的需求,

---

① 贾华斐:《基金法昨日三审 证监会官员下海或受限》,《第一财经日报》2012 年 12 月 25 日。
② 周俊:《上市公司中的官员:官系高管最高年薪 663 万》,《投资者报》2010 年 7 月 5 日。
③ 王超:《中国反避税空间大难题多》,《中国青年报》2012 年 5 月 2 日。
④ 袁名富:《证监会官员下海 如何防火与灭火》,《南方周末》(广州)2012 年 10 月 19 日。
⑤ 贾华斐:《基金法昨日三审 证监会官员下海或受限》,《第一财经日报》2012 年 12 月 25 日。
⑥ 王胜俊:《人民法院工作还存在五方面的问题和困难》,人民网,http://news.youth.cn/gn/201402/t20140227_4782582.htm,最后访问时间:2019 年 7 月 30 日。

法院的公务员辞职问题仍然突出。

（四）中共十八大以来公务员辞职趋势

1. 面临的形势

2015年3月28日智联招聘发布的《2015春季人才流动分析报告》显示，自2015年2月25日至其后的三周时间内，全国范围内有1万多名公务员、事业单位工作人员通过该网站投递求职简历，与2014年同期相比增幅达34%。"公务员辞职潮"的话题因此成为舆论关注的焦点。人民网舆情监测室数据显示，2015年3月28日至4月15日，与"公务员辞职"话题相关的网媒报道共8179篇、报刊新闻289篇、论坛1442篇、博客700篇、微博1134条、微信文章2389篇。包括《人民日报》《中国青年报》《环球时报》在内的各大媒体都纷纷对相关话题展开讨论。其中，"辞职潮"是否到来、公务员辞职原因及评价等成为媒体和网友共同关注的内容。表4-6反映了中共十八大以来公务员辞职的典型。

表4-6 中共十八大以来公务员辞职情况

姓名	年龄	辞职时间	辞职前的单位及职务	级别	辞职去向
陈伟才		2013年9月	广州市公安局政治部人事处处长	正处级	格力副总裁
俞胜法		2014年3月	杭州金融办副主任	副处级	阿里巴巴任职
陈熙同		2014年5月	国家质检总局办公厅新闻办公室主任	正处级	360副总裁
戴荣军	41岁	2015年	江苏兴化市（县级）副市长	副处级	太平洋建设集团董事局副主席兼太平洋公共地产董事局主席
张毓华	48岁	2015年	山东菏泽市副市长	副厅级	中国太平洋财险深圳子公司的党委书记
梅永红	50岁	2015年	山东济宁市市长	正厅级	华大基因深圳国家基因库负责人
丁磊	52岁	2015年7月	上海浦东新区副区长	副厅级	到企业任职
卫明	43岁	2015年3月	上海浦东新区副区长	副厅级	赴海外留学深造

续表

姓名	年龄	辞职时间	辞职前的单位及职务	级别	辞职去向
陈 凯	45岁	2015年7月	上海市政府外事办公室副主任	副厅级	到互联网企业任职
李青松		2016年10月	云南省普洱市国土资源局党组成员、副局长	副处级	当律师

资料来源：依据相关媒体报道整理。

关于中国公务员离职或辞职，媒体人士或研究者大体有以下几种观点。一是认为可能会出现公务员离职潮。刘星等认为，数据表明，政府、公共事业、非营利机构行业的从业人员跨行业跳槽人数比2014年同期上涨34%，2014年以来的公务员考试热也有所降低。这让人联想到1992年和2003年的两次公务员辞职潮。① 二是公务员辞职现象有现实根源。陈鑫的文章显示，中国公务员中29.3%的人存在心理问题。在所有心理疾病患者中，有10%是公务员，远高于其他群体。在某省的一次职场心理健康调查中，公务员的生活状态评估排名在所有职业中倒数第一。② 在这种现实背景下，公务员辞职是必然现象。三是公务员"流动性不足"。魏英杰认为，以目前国内公务员的辞职情况看，不仅没有多到异乎寻常的程度，反倒存在一定程度的"流动性不足"问题。如果今后公务员的辞职比例更高一些，也不必感到惊诧。③ 四是公务员辞职属于正常流动。人社部否认出现公务员离职潮，认为辞职属正常流动。④

2. 我国公务员队伍非常稳定，辞职潮不会到来

（1）我国公务员辞职率平均值仅在0.1%左右

笔者在进行走访调查中收集到的数据显示，我国公务员辞职率极低，公务员队伍总体上非常稳定。2014年全国的公务员总数达到717万名，据一位不愿透露姓名的内部人士介绍，2014年全年的辞职人数约为9000

---

① 刘星、谢亚乔、易舒冉：《公务员辞职潮来了吗》，《中国青年报》2015年4月3日，第5版。
② 陈鑫：《公务员心理健康"求关注"》，《健康时报》2015年第2期。
③ 魏英杰：《公务员辞职无须过度解读》，《钱江晚报》2015年5月11日。
④ 赵鹏：《人社部否认出现公务员离职潮》，《京华时报》2015年4月25日。

人，辞职率约为0.125%，2015年全年的辞职人数约为12000人，辞职率约为0.2%。笔者调查的2014年云南省的公务员辞职率为0.116%；勐海县和沧源县的公务员辞职率分别为0.183%和0.145%。云南省人事部门数据显示，中共十八大以来，2012年、2013年、2014年三年公务员的辞职人数分别为16名、184名、301名，人数增长快，但是，辞职率仅分别为0.006%、0.071%和0.116%。[①]

2017年中共十九大召开期间，中共中央组织部副部长齐玉在记者接待会上表示，从统计情况看，近年来公务员队伍总体保持稳定，700多万名公务员中每年辞职的有1万名左右，平均辞职人数仅占公务员总数的0.1%，或0.1%稍多一点儿。[②] 因此，不存在所谓"辞职下海潮"的情况。

（2）我国企业的同期辞职率远高于公务员

2015年初，众达朴信数据部门针对2014年离职率进行了一次全面调查，分析结果显示，2014年企业的整体离职率为28.8%，主动离职率即辞职率为19.6%（2013年的整体离职率为25.6%，辞职率为17.4%）。因此与我国企业的职工辞职率相比，我国公务员的辞职率是极低的。这说明我国的公务员队伍是非常稳定的。

（3）英美国家公务员的辞职率也远高于我国

与英美公务员辞职率相比，我国公务员辞职率偏低。美国联邦人事管理部门的统计数据显示，自20世纪70年代以来，美国联邦公务员辞职率的高峰期出现在1970年，达到12.6%，之后呈总体降低的趋势，2000—2013年从5.34%缓慢降到3.64%（详见图4-1）。可见美国联邦公务员的辞职率在3%以上。

那么美国各州公务员的辞职率又如何呢？1998年政府绩效工程的调查显示，1997年美国被调查的44个州的公务员的平均辞职率是8.05%。其中辞职率最高的新墨西哥州达到20.32%；有15个州辞职率在10%以

---

① Li Yongkang, *Analysis of Resignation Trend of Chinese Civil Servants* (2016 2nd International Conference on Social, Education and Management Engineering, Bangkok, Thailand, March 2016), p.20.

② 胡永平：《数字解读全面从严治党五年反腐"成绩单"》，中国网，2017年10月19日，http://www.china.com.cn/19da/2017-10/19/content_41758950.htm，最后访问时间：2019年7月30日。

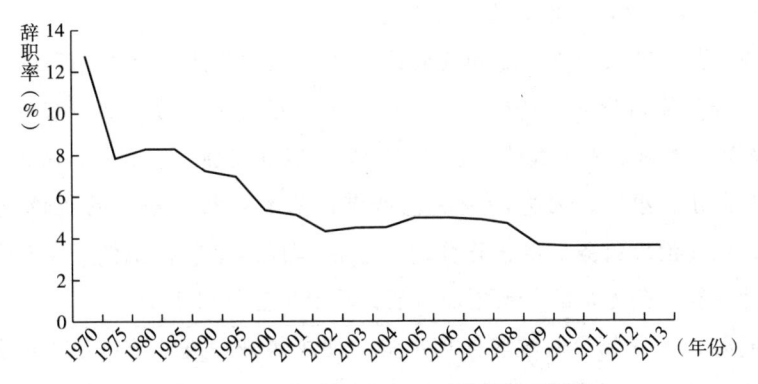

第四章 中国当代公务员辞职分析

图 4-1 美国联邦公务员辞职率变化趋势

资料来源：引自美国人事管理办公室，http://www.fedscope.opm.gov。

上；辞职率最低的是佛罗里达州，也达到 1.86%。[1]

除了美国，其他国家的情况又如何呢？英国 1997 年的一份统计数据显示，英国公务员辞职率从 1992 年至 1997 年，保持在 1.9% 到 2.6% 之间（见图 4-2）。2013 年英国的公务员总数是 44.88 万人，公务员辞职的人数是 9592 人，辞职率是 2.14%。[2] 与 1997 年相比有所下降，但基本维持在 2% 以上。因此，可以得出结论，英美国家的公务员辞职率远高于我国。

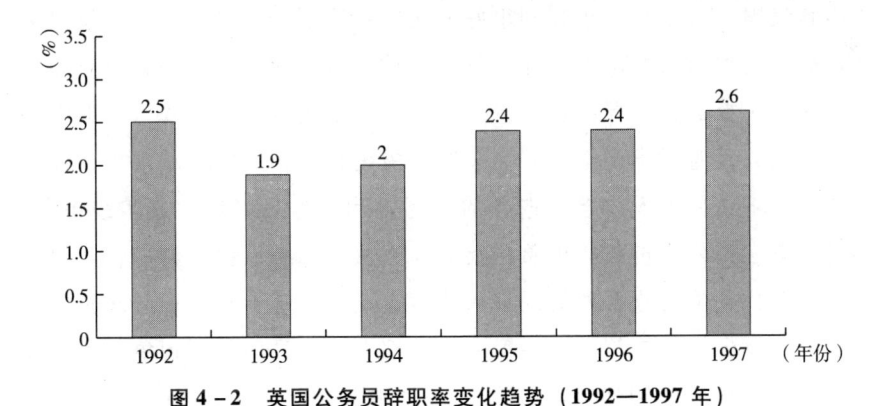

图 4-2 英国公务员辞职率变化趋势（1992—1997 年）

---

[1] Sally C. Selden, and Donald P. Moynihan, "A Model of Voluntary Turnover in State Government," *Review of Public Personnel Administration* 20 (2000): 68.

[2] 《英国公务员离职原因》，http://www.ons.gov.uk/employmentandlabourmarket/peopleinwork/publicsectorpersonnel/bulletins/civilservicestatistics/2013-10-10，最后访问时间：2018 年 3 月 31 日。

3. 公务员辞职现象必将成为常态

自党的十八大以来,党和政府采取了一系列管理"组合拳"加强对党政领导干部和公务员的管理。第一,加大反腐败力度,让百名省部级"大老虎"受到了依法查处;第二,坚持"老虎苍蝇"一起打,威慑整个公务员队伍;第三,大力治理灰色地带,基本斩断公务员的灰色收入;第四,大力治理公务员的工作作风和生活作风。这些措施使公务员的面貌焕然一新,公务员的形象更加清廉,政治生态更加净化。

同时,人社部及时顺应管理形势,使多年来一直处于讨论中的公务员养老保险金并轨问题得到落实,700多万名公务员今后将与社会接轨,从工资中每月缴纳社保费,退休后到社保局领取养老保险金。因此,云南省2012年、2013年和2014年的公务员退休人数逐步增加,分别是2633人、3902人和5867人,这正是部分公务员对退休金并轨政策产生担心的表现,抢在并轨前退休,从单位人事部门领取退休金。同时国家人社部也对公务员工资进行调查,及时调整和相对提高公务员工资福利水平。

随着以上措施的落实,公务员的职业预期逐步发生了变化,过去认为当官发财、公务员灰色福利很好的扭曲看法逐步得到了纠正。于是公务员职业变得与所有工作一样,仅是一种公共职业选择,是否适合自己成为职业选择的首要标准,已进入公务员队伍的少数人发现这个职业不适合自己,及时做出调整,辞去公职是极为正常的人才流动现象,反映了市场经济条件下人才自我选择的多元化和公务员管理的逐步规范化。同时,近三年公务员辞职现象在很多地方从无到有、由少到多,正是党和国家对公务员实施系列管理举措的正常反应。笔者在走访的多个县级城市中了解到,近三年来几乎每一个县都有公务员辞职的现象。可以预见,今后公务员辞职现象将成为常态。中共中央组织部副部长齐玉强调,一定数量的公务员辞职,是人才流动的规律,在各国都是一样,属于正常现象。[1]

---

[1] 胡永平:《数字解读全面从严治党五年反腐"成绩单"》,中国网,http//www.china.com.cn/19da/2017-10/19/content_ 41758950.htm,最后访问时间:2018年3月31日。

二 公务员辞职的类型

公务员辞职依据不同标准划分，类型也会有所不同。中国历史上出现过的主动辞职、被迫辞职、引咎辞职、威胁性辞职、集体辞职等辞职现象仍然会以个案的形式出现。然而笔者是站在公务员人事管理部门的角度来研究公务员辞职管理的，因此以下划分将以《公务员法》为依据。按照该法第十三章中有关公务员辞职的规定来划分，公务员辞职分为两类，即辞去公职和辞去现职。辞去公职是指公务员依法申请辞去党政机关工作的行为，其法律结果是终止与国家机关的雇佣关系，失去公务员身份。辞去领导职务，也称辞去现职，辞职的主体是党政机关的领导干部，也就是担任领导职务的公务员。

（一）辞去公职

《公务员法》第八十条规定："公务员辞去公职，应当向任免机关提出书面申请。任免机关应当自接到申请之日起三十日内予以审批，其中对领导成员辞去公职的申请，应当自接到申请之日起九十日内予以审批。"因为公务员是国家政府工作人员，行使着或多或少的公共权力，其辞职行为关系国家利益、公共利益和公共安全。因此公务员的辞职行为要受到一定限制和约束。《公务员法》规定："有下列情形之一的，不得辞去公职：未满国家规定的最低服务年限的；在涉及国家秘密等特殊职位任职或者离开上述职位不满国家规定的脱密期限的；重要公务尚未处理完毕，且须由本人继续处理的；正在接受审计、纪律审查，或者涉嫌犯罪，司法程序尚未终结的；法律、行政法规规定的其他不得辞去公职的情形。""公务员辞职，离职前应当办理公务交接手续，必要时按照规定接受审计。"公务员辞去公职后的从业行为受到严格限制，违反者要承担相应的法律责任。

辞去公职有许多分类标准。本章按照公务员辞职后的从业去向对辞去公职进行介绍。辞去公职可以分为辞职从商、辞职从教、辞职从事公益事业、辞职读书、辞职创业等。

1. 辞职从教

改革开放以来，辞职从教的第一人首推四川省原副省长李达昌，经过多次请辞，2003年李达昌终于从四川省副省长位置上退下，到西南财经大学当博士生导师。① 他是改革开放以来，高官辞职潜心教学的第一人，可惜没有善终，终因任职时所犯错误入狱。

还有几个部长兼职的例子。

前任国新办主任赵启正退下来后，于2005年11月被聘任为中国人民大学新闻学院院长。2006年9月开始担任博士生导师。② 他提出新闻专业绝不是仅仅培养记者和编辑，还要培养政府的新闻官，同时也要为一些企业和非政府组织等培养新闻人才，在危机处理方面有所作为。其把事业逐步从做官的政务转化为做学问的业务。

中国外经贸部原副部长龙永图在中国入关后，转到亚洲博鳌论坛出任秘书长，之后又兼任上海复旦大学国际事务关系学院院长，提出要把博鳌论坛的课题带到学院、把学院的科研成果带向世界的设想。

此外，官员受聘兼任学校教授和兼职导师现象较为普遍，如果引导得好，部分人辞官后会成为真正的教授或导师。

2. 辞职到NGO工作

龙永图辞官的第一站就是去亚洲博鳌论坛担任秘书长，博鳌的性质就是一个国际性的非政府组织（NGO）；另一位代表是湖北省为农民利益向总理说实话的乡镇党委书记李昌平。他辞职北上，在《中国改革》当了一段时间的记者。后来，他发现自己更适合从事实际扶贫工作，而不是写作，于是加盟香港乐施会，成为西南片区的项目官。③

3. 辞职深造

这种现象以年轻的、高学历的普通公务员居多。他们大学毕业后通过公务员考试成为公务员，之后发现因为性格、兴趣等，不适应机关文化，因此考上研究生继续进行学习深造。考上公费研究生的，国家还给生活补贴，所以先辞职，再读书。考取自费研究生的，选择在职学习方式，与原单位继续保持劳动合同关系，毕业后部分公务员根据自己的情

---

① 张玮：《"辞官从教"中国官员的另类退出通道》，《国际人才交流》2004年第4期。
② 郭少峰、谢言俊：《赵启正任人大新闻学院院长欲培养政府新闻官》，《新京报》2005年11月20日。
③ 谭野：《上书总理的李昌平，乡党委书记到NGO官员》，《大河报》2004年10月17日。

况选择了新的单位，辞去公务员工作。

4. 辞职从商

公务员辞职"下海"或辞职从商是近 30 年公务员辞职后最多的去向选择。有的辞职创业；有的辞职到三资企业从业；有的选择到民营企业或国有企业工作。这种现象由于有部分职务较高的公务员参与，因而广泛引起媒体和社会的关注。据新华社报道，从 2000 年 1 月到 2003 年 6 月，全国各地（不包括中央部委及所属单位）共有 10304 名科级以上党政领导干部辞职"下海"，并且辞职"下海"的干部数量呈逐年增加趋势。[①] 本书在公务员辞职发展的历程中对此分析较多，这里不再重复。

（二）辞去领导职务

辞去领导职务，也称辞去现职，是指担任领导职务的公务员由于某种原因辞去现任职务的行为。其法律后果是领导职务的消失，但并不一定失去公务员身份。[②] 辞去领导职务属于公务员辞职的一个重要组成部分，包括因公辞职、自愿辞职、引咎辞职和责令辞职四种形式。因公辞职是基于组织部门的工作需要对领导干部所进行的职务调整，自愿辞职是基于领导干部自身原因的主动选择，均与"领导干部问责"没有关系。引咎辞职和责令辞职两种形式则是对领导干部进行问责的两种方式。[③]

1. 因公辞职

因公辞职是指领导干部担任由人大、政协选举产生的领导职务，任期未满因工作需要变动职务，依照法律或者政协章程规定应当辞去现任领导职务的，向本级人民代表大会、人大常委会或者政协提出辞去现任领导职务。因公辞职的领导干部另有任用，按照有关法律规定拟任职务与现任职务不能同时担任的，应当在任免机关批准其辞职后，再对外公布其新任职务。因公辞职是党政干部在本届任期未满的情况下，因职务变动引起的辞

[①] 龙太江、博岚岚：《公务员辞职后的利益冲突问题》，《探索与争鸣》2007 年第 6 期，第 38 页。

[②] 刘俊生：《公共人事制度》，中国人民大学出版社，2009，第 101 页。

[③] 2009 年中共中央办公厅和国务院办公厅印发的《关于实行党政领导干部问责的暂行规定》第七条规定："对党政领导干部实行问责的方式分为：责令公开道歉、停职检查、引咎辞职、责令辞职、免职。"

职行为，其表现可能是晋升高一级职务，也可能是平级调动、转任、交流等。其辞职一般没有造成损失，属于平行或者上行辞职行为。

有关因公辞职的报道有以下几个例子。

新华网福州2006年1月7日电：在7日举行的福建省政协九届四次会议第二次大会上，通过了陈明义辞去福建省政协第九届委员会主席职务，梁绮萍当选福建省政协第九届委员会主席。① 陈明义之后到全国政协任职。

据河南《大河报》报道：2006年1月18日上午，河南省第十届人民代表大会第四次会议举行第二次大会。会议表决通过了关于接受王明义、贾连朝、李新民三位同志辞去河南省人民政府副省长职务的决定草案，顾志平辞去河南省十届人大常委会秘书长职务的决定草案，戴羌平辞去河南省十届人大法制委员会副主任委员职务的决定草案。② 之后的新职务分别是：李新民任中共河南省委常委、省委政法委书记；王明义、贾连朝任河南省人大常委会副主任；顾志平任河南省人大常委会民族侨务、外事工作委员会主任。如图4-3所示，其中李新民属于晋升，虽然级别没有变动，但政法委书记是一个实权更大的职务；王明义、贾连朝的级别没有变，但其安排属于退居二线；顾志平也属于平级调动，但职务越来越远离核心。

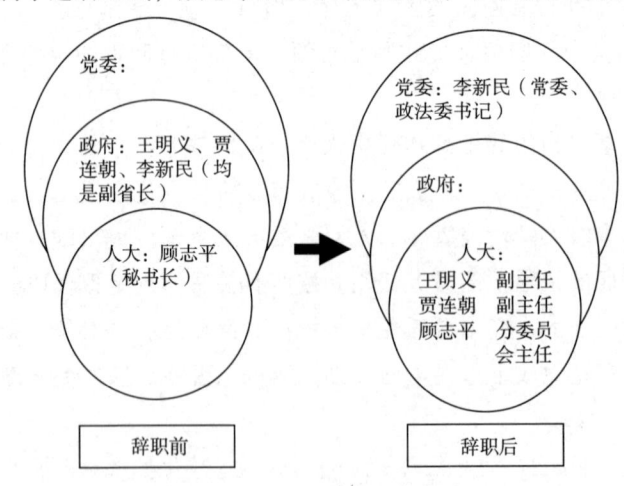

图4-3 因公辞职职务变动

① 刘俊生：《公共人事制度》，中国人民大学出版社，2009，第101页。
② 李敬欣、余勇：《王明义、贾连朝、李新民辞去河南省副省长职务》，《大河报》2006年1月19日。

目前因公辞职因为是组织部门管理干部的程序之一，一般不对外公示。但是组织部门选人用人必须对外公示已经成为选拔干部的重要程序之一。因此我们依据网上公示的数据制作表4-7，概览领导干部因公辞职运行情况。

表4-7 干部提拔中的因公辞职概览

姓名	公示时间	提拔前职务	提拔后职务	因公辞职
傅小林	2019年2月14日	万安县委副书记（江西）	新干县委副书记、县长（江西）	应向中共万安县委员会辞职
刘俊生	2019年2月14日	吉水县金滩镇党委书记（江西）	永新县副县长	应向中共金滩镇委员会辞职
邓海涛	2019年6月19日	甘肃省纪委常委、秘书长，省监察委员会委员	拟任正厅长级领导职务	应向中共甘肃省委员会辞去纪委常委、秘书长职务，向甘肃省人大辞去监察委员会委员职务（依法可以兼任的职务无须辞职）
刘永革	2019年6月19日	甘南州副州长、合作市委书记	拟任甘南州委常委	应向甘南州人大辞去副州长职务，向中共合作市委员会辞去书记职务
许家富	2019年6月18日	云南省西双版纳州委常委、常务副州长	西双版纳州人大常委会主任	新任职务原则上是州委常委，因此只需要向州人大辞去副州长职务即可
何健升	2019年6月18日	中共云南省寻甸县委书记	昆明市人大常委会副主任	应向中共寻甸县委辞去书记职务

注：资料来源于相应地方组织部门的干部任前公示，当选举类领导干部职务变更时，原则上要向其选举机关辞职。

2. 自愿辞职

1995年中共中央发布的《党政领导干部选拔任用工作暂行条例》所规定的三种辞职方式中有一种称为个人申请辞职。中共中央2002年修订的《党政领导干部选拔任用工作条例》中首次将其改称为自愿辞职。2004年的《党政领导干部辞职暂行规定》和2005年的《公务员法》把其确定为辞去领导职务的一种形式。《党政领导干部辞职暂行规定》中同时规定领导干部自愿辞去公职也属于自愿辞职的一个组成部分。因此自愿辞职是指党政领导干部因个人原因或者其他原因,自愿提出辞去现任领导职务或者公职。

党政领导干部辞职必须以不损害国家利益和公共利益为前提,党政领导干部有下列情形之一的,不得辞去领导职务:有重要公务尚未处理完毕,而且须由本人继续处理的;由人大、政协选举、任命、决定任命的领导干部任职不满一年的;正在接受纪检机关(监察部门)、司法机关调查或者审计机关审计的;有其他特殊原因的。

党政领导干部自愿辞职后从业有所限制,限制的时限为"辞去公职后三年内",行业限制的范围是与其原任职务有管辖关系或直接相关的企业、经营性事业单位或社会中介组织,以及企业活动。除了所限制的范围之外,他们可以自由选择职业。党政领导干部自愿辞去领导职务的情况,主要是由自身身体状况、能力不适、人际关系紧张等引发,一般组织人事部门都会根据辞职者的实际情况做出合适的新的工作或职务安排。比如2003年李达昌多次给省委写辞职信,表达想回西南财经大学教书的愿望,最后省委同意他辞职,满足了他的愿望。这也是自愿辞职的例子。吴敏一、门新国、徐刚等前面提到的辞职"下海"干部均属于自愿辞职,最后组织都满足了他们的请求。

3. 引咎辞职

我国的《北史·周武帝纪》最早记载"引咎"一词,即"公卿各引咎自责"。《辞海》把其中的"引咎"解释为由自己承担错误的责任。[①] 古代官员引咎辞职,尤其是高级官员如宰相引咎辞职,往往源于自然灾害。原因是,中国有"天人感应"之说,汉代董仲舒加以理论阐述,其中"灾异谴告"之说是其"天人感应"的重要组成部分。这说明我国自汉代以来就已经有官员引咎辞职的思想和现象,现在公务员辞职是在继承历史传统的基础上,进一步把引咎辞职定位为对领导干部及班子成员进行间接责任或领导责任追究的方式。

西方国家引咎辞职实践的思想渊源是古斯巴达国家弹劾实践与14世

---

① 《辞海》,上海辞书出版社,1989。

纪英国的弹劾制以及不信任投票制。在古斯巴达,每年平民大会选出5个"检察官"行使监视,甚至流放、处死国王的权力。到14世纪,诞生于英国的弹劾制和不信任投票制成为国会对内阁权力制约的重要手段。[①] 从欧美众多高官辞职的现象看,这多为一种惯例,没有看到类似于"引咎辞职"的经典外文翻译及其制度设计。笔者认为引咎辞职带有中国历史的烙印,具有典型的中国特色。

引咎辞职是指党政领导干部因工作严重失误、失职造成重大损失或者恶劣影响,或者对重大事故负有重要领导责任不宜再担任现职,本人主动引咎辞去现任领导职务的行为。引咎辞职有七层含义[②]。第一,引咎辞职的对象不是一般公务员,而是党政系统的领导班子(党委、党组人员,行政职务中的正副职)。第二,引咎辞职者负的是"重要领导责任",是间接责任和政治责任,事故中的直接责任者一般所受处罚要重得多。第三,引咎辞职是对领导干部的一种责任追究,但不是处分。第四,引咎辞职仅要求辞去领导职务,其身份仍然是公务员,还可以根据实际情况进行工作安排,包括领导职务的安排。第五,引咎辞职是辞职者因为内疚、羞愧等主动提出的行为(这一点不适用于责令辞职)。第六,引咎辞职有复出的机会,应该有复出机制。第七,引咎辞职行为必须依法定程序,经干部选举和任命机关批准后方可生效,比如人大、政协、党委党组等。

引咎辞职的管理程序是党委(党组)自接到干部引咎辞职申请三个月内予以答复。任免机关在同意干部引咎辞职后,应当将干部引咎辞职情况在一定范围内公布。据中组部统计,从2004年到2007年,全国自愿辞职、引咎辞职和责令辞职的领导干部共有6824人。其中,引咎辞职305人,引咎辞职和责令辞职的县处级以上领导干部有245人。引咎辞职成为我国政治生活中一个引人注目的现象。[③] 引咎辞职案例见表4-4。由于引咎辞职的领导为主要领导,有的官居省部级,因此备受关注。表4-8的排序结果一定程度上可以解释引咎辞职制度为何很受公众关注,其原因就是引咎辞职制度打破了领导干部"能上不能下"的定律。

---

① 高中华、吴春波:《从引咎辞职制度看政府激励约束机制》,《中国人才》2010年第2期。
② 其中六层含义同样适合于责令辞职,因此责令辞职一节不再重复介绍。
③ 王能昌、岳贤猛:《"引咎辞职"的道德解析》,《求实》2007年第11期,第23页。

表 4-8 地方政府机构庞大原因重要性程度

选　　项	平均值	重要性程度（%）	排　　序
干部"能上不能下"造成冗员过多	2.68	53.6	1
公务员退出机制不健全	1.84	36.8	6

注：其他几个因素为，社会自治程度低、需要政府管的事情很多，政府管了许多不该管的事情，政府办事效率低，安排各类人员造成机构膨胀，政府管政府、部门管部门的双重体制。被调查人数总计 2299 人。

资料来源：石亚军主编《中国行政管理体制专项问卷调查数据统计》，中国政法大学出版社，2008，第 28 页。

4. 责令辞职

早在 1995 年中共中央发布的《党政领导干部选拔任用工作暂行条例》中规定的三种辞职方式里就有责令辞职。责令辞职是指党委（党组）及其组织部门根据党政领导干部任职期间的表现，认定其已不再适合担任现职，可以通过一定程序责令其辞去现任领导职务的行为。从定义上分析，责令辞职多为干部考核后的结果，责令履职不合格者辞去领导职务。另外，应当引咎辞职而不提出辞职申请者，党委（党组）应当责令其辞职。被责令辞职的领导干部不服从组织决定、拒不辞职的，予以免职或者提请任免机关予以罢免。被责令辞职者有申请复核和申诉的权利。

但现实管理中的"责令辞职"显然更加复杂。如表 4-9 所示，在安徽省 B 市的"劣质婴儿奶粉事件"中，调查组的结论是：B 市政府对该事件负有严重失察、监督不到位之责；B 市工商局作为流通领域的执法主体，负有严重失职之责；B 市卫生局作为《中华人民共和国食品卫生法》的执法主体，负有严重失察、食品安全监督工作不到位之责。处理结果中，分管工商工作的副市长、B 市工商局局长和分管食品监督的卫生局副局长受到"党内严重警告、行政记大过的处分，并责令辞职"。B 市市长和分管卫生工作的副市长受"行政记大过处分"；市工商局分管市场监管的副局长受"撤销党内职务、行政撤职处分"；给予市工商局公平交易局局长"开除党籍、行政开除处分，并移送司法机关"进一步处理；给予市卫生局局长"党内严重警告、行政记大过处分"。[1] 从监察部和安徽省

---

[1] 范宏云、金玲：《深圳法治建设大事》，海天出版社，2008，第 191~192 页。

对事件责任人的处理来看，基本是公正的，其各自受到的处分与其在事件中的职责基本相当。责令辞职虽然是一种附带问责，但它比仅受到同样处分，而没有被责令辞职的处罚要重；比受到撤职、开除党籍的处分要轻。责令辞职者还有机会复出，而撤职和开除党籍者则没有复出的机会。

表 4-9　部分领导干部责令辞职统计

时间	辞职前职务	辞职起因	事件后果	处分	问责
2004 年	B 市副市长（分管工商）	劣质婴儿奶粉事件	致婴幼儿生长停滞，免疫力下降，进而并发多种疾病甚至死亡	党内严重警告、行政记大过	责令辞职
2004 年	B 市工商局局长				
2004 年	B 市卫生局副局长（分管食品监督）				
2008 年	普洱市委常委、政法委书记	云南孟连事件	对企业和蕉农的纠纷处理不当，酿成群体事件	无	责令辞职

而在云南的孟连事件中，云南省委、省政府给予普洱市委常委、政法委书记责令辞职的问责。对他的问题定性是"作为一线指挥者，对形势研判不准，时机选择不当，工作方案不缜密，组织指挥不协调，对可能出现的严重形势估计不足，最终造成严重后果"[①]，但未受到党政处分。

三　公务员辞职制度的功能

当代公务员辞职制度的作用和功能为：有利于人才的自由流动；有利于畅通公务员退出机制；有利于构建责任政府；有利于推动国家经济的发展。

（一）有利于人才的自由流动

如果国家是一个有生命的个体，人才在一定程度上就是血液。血液

[①] 徐元峰：《云南处理孟连事件责任人　县委书记被撤党内职务》，http://www.china.com.cn/news/txt/2008-09/04/content_16388278.htm，最后访问时间：2019 年 7 月 30 日。

流动通畅，个体的生命就充满生机；血液在某个环节受阻，个体的生命就会逐渐枯萎。据统计，美国人一生中平均变动工作12次以上，在一个地方平均工作时间是3.6年，人才流动率为30%以上。① 在中国没有辞职制度的计划经济年代里，辞职自由选择是不可能的，原因为：一是原单位不给档案；二是其他单位只接收统分的人员或有证明的人员，无证明、无档案的人员要想自由选择理想的工作几乎不可能。中国经济建设的发展，需要人、财、物等各种资源的优化配置和合理流动。而要促进人才全面有效地流动，合理的辞职制度设计是前提和基础。对于政府机关而言，不适应或不适合的公务员辞职，才能为想要进入政府机关的各种人才腾出空间，留出编制，给政府部门不断注入新鲜的血液，保持公务员队伍的活力。

（二）有利于畅通公务员退出机制

1962邓小平在《执政党的干部问题》一文中率先指出："多少年来，我们对干部就是包下来，能上不能下。现在看来，副作用很大。"② 解决这一问题的办法有两个，即废除领导干部终身制和构建公务员辞职辞退制度。1995年7月12日，时任人事部部长宋德福在全国推行公务员辞职辞退制度工作会议上的讲话中谈道："公务员制度'进''管''出'三个环节是相互影响、相互促进、相互配套的。只有选拔，没有淘汰是不完整的；只考试录用，没有辞职辞退是不完善的。'出口'问题不解决，反过来会影响'进口'，也会影响中间管理环节上的职务晋升、工资晋档等工作。"③ 中组部认为："建立和完善公务员辞职制度，对于依法保障公务员的职业选择权和机关的用人权，促进领导干部'能下'和公务员'能出'问题的解决，形成公务员队伍的正常新陈代谢机制，具有积极意义。"④

---

① 梁丽芝：《公务员流动机制与绩效管理研究》，湖南人民出版社，2007，第39页。
② 袁建伟：《邓小平在干部能上能下问题上的贡献》，《中国组织人事报》2015年8月11日，转引自邓小平纪念网，http://dangshi.people.com.cn/n/2015/0810/c85037-27438887.html。
③ 宋德福：《八年人事制度改革行》，中国人事出版社，2000，第129页。
④ 中共中央组织部研究室（政策法规局）编《干部人事制度改革》，中国方正出版社，2004，第128页。

在退出机制的众多形式中，退休受年龄底线的限制，辞退、开除、撤职者只是极个别现象，只有辞职相对具有弹性，又易于操作。辞职是本人的自愿选择，组织和人事部门只要按照政策办理相关手续，做好相应安置或后续服务工作即可。管理和服务工作做到位，前面的辞职者发展前途好于政府机关的例子会激励很多不适合在政府机关工作的人员效仿，达到公务员能进能出、畅通出口的目的。对引咎辞职和责令辞职者后续安排透明合理，既可以让更多的问题官员敢于直面自己的过错，选择引咎辞职，同时也可以把问题官员的成长置于公众的监督之下，真正做到公务员领导"能上能下"。虽然目前制度执行现状与制度设计目标还存在差距，但至少从制度上开启了出口的阀门。

（三）有利于构建责任政府

政府的权力来自人民，领导干部行使的每一项权力背后都有一份对人民的责任。引咎辞职和责令辞职搭建了公众监督政府主要官员的平台。许多辞职的官员都是在所辖地区或所管领域出现了影响恶劣的重大事故，公众和网络媒体批评声不断的情况下，提出引咎辞职，或由有任免权的党委和人大机关启动组织程序，责令当事人辞去领导职务。这一制度的常态化有利于推进责任政府的实现。

（四）有利于推动国家经济的发展

一位美国前联邦人事管理官员说："政府所要雇用的是胜任工作之人，而非最好或绝顶聪明之人。最聪明和最有才能的人应该去私人部门工作。"[①] 张维迎教授也认为，一个国家更高能力的人在政府部门，中低能力的人来创造价值是不正常的。因为经济增长取决于企业家的创造能力。[②] 公务员辞职的常态化就是重新实现人才资源在政府部门和企业或研究机构之间的优化配置，让公务员有重新选择的机会。改革开放40多年来，王石、吴敏一、游宪生等不同时期从政府部门辞职走出来成为企业

[①] Terry W. Culler, "Most Federal Workers Need Only Be Competent," *The Wall Street Journal* 21（1986）.

[②] 张维迎：《是什么推动了中国经济的高增长？》，《市场报》2005年2月22日。

家的例子也充分证明了他们当初选择的正确性。从政府部门辞职的部分公务员为中国民营经济的发展做出了重大贡献。

四 公务员辞职的原因分析

(一) 辞去公职

辞去公职的主体是公务员，包括普通公务员和担任领导职务的公务员（即领导干部自愿辞职的一种情况），其结果是脱离公共机关或部门，失去公务员身份。公务员辞职的原因可以从不同的角度进行梳理和分析，在研究综述部分已经详细介绍过，这里不再重复。但是，人力资源管理领域的研究可以为公务员辞职原因的归纳提供一些有益借鉴。

德里克·托林顿、劳尔·霍尔、史蒂芬·泰勒将员工主动辞职的原因归纳为四类。[①] 第一类是外部因素。外部因素与员工辞职的环境有关，而与他们的工作几乎没有关系。最常见的例子是配偶或合作者更换地方时，另一方就会随着离开。第二类是功能性离职，是指雇主和雇员都欢迎的辞职。主要的例子是防止个人因糟糕的工作绩效无法更好地适应组织或部门文化。第三类是推动因素，主要指对工作或组织不满意而导致的不必要的离职。第四类是拉动因素。雇员离职的另一个原因是竞争对手的吸引。泰勒和他的同事与200个近期更换雇主的人进行面谈，询问他们放弃最后一份工作的原因，以找出辞职的最常见原因。他们发现大多数案例中的辞职都是由工作中的多个因素造成的，但他们得出结论：在主动性辞职的原因中，推动性因素要比拉动性因素更为常见。很少有人会对目前的状况感到高兴，所以会为了寻找一个更高兴的地方而辞职。相反，一个不满意的雇员会寻找其他的雇主，因为他们不再愿意为当前的雇主工作。有趣的是，这项研究发现很少有人为了财务原因而辞职。实际上，很多人从一份工作换到另一份工作的薪水会下降，换雇主的主要原因是薪水增加的人只占少数。其他因素也起到很大的作用，比如对

[①] 〔英〕德里克·托林顿、劳尔·霍尔、史蒂芬·泰勒：《人力资源管理》（第六版），邵剑兵等译，经济管理出版社，2008，第141~143页。

工作条件不满意,特别是工作时间;认为并没有得到足够的职业发展机会;与直接上级之间的关系不太融洽(这一因素是面谈中最常被提到的,这也为常被阐述的观点——人们离开他们的经理而不是他们的组织——提供了支持)。这四类原因分析的分类和归纳比较全面,值得在分析公务员辞职的原因时学习和借鉴。

然而,由于中国社会环境和制度环境的特殊性,公务员辞去公职的原因自然有其自身的特点。本章认为应从公务员辞职产生的背景、辞职制度本身的积极意义和消极意义,以及个人的多种原因等方面深入分析公务员辞职的原因(详见表4-10)。

表4-10 公务员辞职原因

维　度	因　素
政治和经济环境	经济建设和改革开放政策形成公务员辞职的拉力
	机构改革和富余人员裁减形成公务员辞职的推力
	职业选择多元价值观逐步形成
公务员辞职制度	公务员辞职制度为公务员辞职提供了合法性
	与辞职相关的社会保障制度逐步完善
激励机制失灵	薪酬偏低
	晋升的"天花板"现象
	不公平的对待
个人因素	愿意尝试挑战性或自己喜欢的工作
	丰厚的薪酬预期
	职业倦怠
	家庭关系的变化

1. 政治经济环境维度

(1)国家的经济建设和改革开放政策是公务员辞职的拉动因素。一方面,我国在1978年开始实行对外开放和对内搞活的经济建设政策,到1992年党的十四大宣布建立社会主义市场经济体制,2001年加入世界贸易组织(简称WTO),成为WTO成员,经济发展继续加速,2011年成为世界第二大经济实体。40多年的经济发展始终保持强劲势头。经济成果的取得包含中国人民勤劳致富的精神和大批创业者的汗水。另一方面，我国21世纪以前的人才储备不仅数量少，结构也不合理，党政机关人才相对富余。实业报国、干事业和创造财富的梦想吸引部分党政机关公务员主动选择辞职投身商海。"下海"的公务员大多数是懂经济、懂政策、年轻有为、敢闯敢干的机关精英群体，如万科、大连万达、慧聪、国泰、泰康人寿等数十家知名的企业均为当年"下海"的公务员创办，如表4-1和4-2所示。因此可以说，经济建设所带来的人才资源的争夺和优化配置政策成了我国当代公务员辞职的拉动因素。当然这在一定程度上也是企业通过高薪酬从政府部门不断挖人才的结果。看似政府损失了人才，实际上是把更加适合经营管理的人才配置到更适合的地方，为企业赢利，也为国家创造税收。

（2）机构改革和精简裁员是公务员辞职的推动因素。1982年以来，我国经历了六次机构改革。特别是1998年以前的四次改革，每一次都精简了大批机构，裁减了大批富余人员，如表4-11所示。每次国务院都裁减近万名公务员，加上各级政府精简的人数，更达数十万名。这些被精简的公务员有退休或离休的，有分流到国有企事业单位的，有留学或读书的，还有辞职"下海"的。可以说，有的公务员在受到改革大潮诱惑举棋不定的时候，机构改革在其身后补踢了一脚，于是他们义无反顾地加入了"下海"和创业的大潮。

表4-11　四次国务院机构改革精简的公务员人数统计（1982—1998年）

单位：人

年份	改革前公务员	改革后公务员	精简人数	精简比例（%）
1982	51000	38300	12700	25
1988	52800	44800	8000	15
1993	50000	30000	20000	40
1998	32000	16000	16000	50

资料来源：徐颂陶、孙建立主编《中国人事制度改革三十年》，中国人事出版社，2009，第35~37页。

（3）多元化价值观的确立。我国传统的价值取向是"学而优则仕"的官本位取向，至今仍然有很深的影响。然而改革开放以来，人们在财富的诱惑下，在"行行出状元""不管白猫黑猫，抓住老鼠就是好猫""摆个小摊，胜过县官，喇叭一响，不做县长""实业报国"等曾经流行和影响一代人的妙语的影响下，职业价值观在悄悄发生改变。部分专业技术类公务员在与企业和研究机构等打交道的过程中，逐步认识到自己的定位，于是选择"下海"经商，或辞职到高校或研究机构就职。

2. 公务员辞职制度维度

（1）辞职制度诱导的结果——提供辞职的合法性。公务员辞职制度设计的目的是打通公务员的出口，给予其再次对职业生涯做出重大调整的机会。在没有辞职法规依据的1984年以前，想要辞职很难如愿。20世纪80年代"下海"经商的第一代公务员并非一般的公务员，多数有较好的官方背景。1984年《中共中央、国务院关于严禁党政机关和党政干部经商、办企业的决定》中规定"党政机关的在职干部，如果本人要求辞去公职经营个体或集体经济，应予同意"以后，公务员辞职终于有了基本的法规依据。1993年的《国家公务员暂行条例》、2005年的《公务员法》及2018年的《公务员法》（2018修订）都明确了"辞职是公务员享有的一项权利"的条款，使公务员辞职权利有了法律保障。同时为了完成机构改革的任务和进一步畅通公务员出口，许多地方政府出台了优惠措施和补偿机制，鼓励公务员辞职"下海"。通过网络检索发现，安徽省、云南昆明市、宁夏银川市、黑龙江哈尔滨市和河南商丘等地都先后出台过鼓励公务员辞职创业的措施。2000年山东省垦利县县长门新国辞去公职出任山东黄河集团常务副总经理，然而自2001年11月因结肠癌动过手术后，他辞去了企业的职务，又依据山东省东营市的鼓励辞职政策回机关任调研员（闲职）养病。[①] 姜崇洲辞职离开时曾向询问辞职原因的记者说道："这样的选择也是响应省委书记张德江的号召，到民营企业就职，适应目前广东省民营经济发展形势的需求。"[②] 《公务员法》中把"辞职辞退"合为一章，也可以推知立法者希望辞职成为一种有效的退出机制。因此可以说，辞职制度的设计和各地的鼓励政策促成了公务员辞

[①] 《门新国，走了一个圈》，《时代人物周报》2005年8月8日，http：//news.sina.com.cn/c/2005 - 08 - 08/14137442978.shtml，最后访问时间：2019年7月30日。

[②] 章敬平：《权变：从官员下海到商人从政》，浙江人民出版社，2004，第12~20页。

职的诱因。

（2）与辞职相关的社会保障配套制度不断完善——解除辞职的后顾之忧。公务员职业吸引人的地方是职业稳定、工资和福利有保障，这些优势至今仍然没有根本性改变。然而国家的医疗制度、养老制度逐步社会化，只要年轻时多赚钱、多交保险，退休后的基本养老金甚至比公务员还好。这就解除了不同职业间的差距，为辞职的公务员解除后顾之忧。厅官徐刚辞职时遭遇了家人的两条反对意见，对此他有以下回答。质疑一，辞官了，今后退休怎么办？他告诉家人，如果没有退休工资，可以多交保险，到60岁时每月能领取5000元到10000元，不就是退休工资了。质疑二，没有公费医疗，怎么办？他说我们存100万保命钱就可以了。[①] 越来越健全的社会保障制度为公务员辞职提供了坚强的保障。

3. 激励机制失灵维度

（1）晋升"天花板"所致

据人事部门统计，我国处级以上的公务员仅占公务员总数的8%，很多公务员到退休还是主任科员，而领导职位越往上层，岗位越少，资源越稀缺。因此很多领导干部都会遇到晋升的"天花板"，到了一定级别，自我感觉到顶了，再没有晋升的空间。温州市原副市长吴敏一谈其辞职的原因时说："既然是做官，他当然希望有个更大一些的舞台，一个和自己的能力和水平相匹配的舞台。可是，做官，做多大的官，不是任由个人决定的。明白了这一点，为什么要负气？负谁的气呢？谁也没有呀！"其辞职的原因可以归纳为：做官的空间有限，很难有更大作为，换一个舞台更有利于发挥自己的优势。[②] 从表4-3中可以看出，通化市辞职的领导干部中50岁左右的副职居多，其大多是在升职无望的前提下，为自己谋一条更好的出路。这种自愿辞职比起"39、49、59"腐败现象来说，无疑是一种进步。不能再有职业发展空间了，就凭借自己的能力换一种活法，而不是利用手中权力为自己捞一把，最后损害公共利益，锒铛入狱。

---

① 杨明、张璐：《徐刚：辞官八年谈下海》，《瞭望东方周刊》2010年第29期，第51页。
② 章敬平：《权变：从官员下海到商人从政》，浙江人民出版社，2004，第12~20页。

(2) 不公平的对待会导致公务员辞职

亚当斯的公平理论早就告诉管理者，不公平的对待会减弱职员的工作积极性，甚至导致其辞职。C. E. Rusbult 等认为雇员遭受不公平待遇后的第一反应或行动就是离开这一组织，把这件事远远地抛在脑后（辞职或跳槽）。① "从整个社会的角度看，由于遭受不公平待遇引起的人员流动也是不经济的，因为它会导致社会生产率的下降。"②

不公平对待表现为不公平的晋升、不公平的待遇、领导处事不公平、处分不公平、给某人穿小鞋、性骚扰等。

有研究表明雇员遭受不公平待遇后会产生激烈反应，并采取行动。其中第一个反应就是辞职，"离开这一组织，把这件事远远地抛在脑后"；如果暂时不能辞职的，也会通过某些消极的行为来对待不公平（如缩短有效工作的时间、不再关注那些可有可无的会议和职能活动）；向组织内部的其他同事倾诉自己的想法（如与同事讨论这一事件、与某位良师益友探讨这一问题、与某位雇员关系官员交谈等）；求助外部的有关机构（如寻求可能的法律途径、诉诸新闻舆论）；等等。③ 总之不公平的对待会导致辞职、官司甚至组织的不稳定。

4. 个人原因维度

(1) 愿意尝试挑战性或自己喜欢的工作

管理学丰富的研究成果表明，从事自己喜欢的工作和有一定挑战性的工作确实能激发个人的工作积极性和工作潜能。生活中多数公务员会因畏难而继续在机关熬日子，但一部分具有管理潜质和创业精神的公务员选择了辞职和重新开始。有的辞职者甚至让人难以理解，其目前的位置已经很不错，为何还辞职？他们的回答就是为了做自己想做的事情。

---

① C. E. Rusbult, et al., "Impact of Exchange Variables on Exit, Voice, Loyalty and Neglect: An Integrative Model of Responses to Declining Job Satisfaction," *Academy of Management Journal* 31 (1988): 599–627.

② R. B. Freeman, and J. L. Medoff, *What Do You Do?* (New York: Basic Books, 1984).

③ C. E. Rusbult, et al., "Impact of Exchange Variables on Exit, Voice, Loyalty and Neglect: An Integrative Model of Responses to Declining Job Satisfaction," *Academy of Management Journal* 31 (1988): 599–627.

姜崇洲在接受《南方都市报》采访时,向媒体道出了心声:"反正我就是要干自己想干的东西。"记者问:"为什么不想再当局长?"姜崇洲说:"我觉得到民营企业可以学到很多知识,我觉得外面的空间很大。如果民营企业始终没有很优秀的人才去加入的话,那民营企业是很难发展起来的。但政府公务员吃皇粮,工作稳定,政府引进人才的渠道相对(民营企业)来说比较宽,还有很多年轻的博士、硕士可以进来,而民营企业可选择的人才相对来说没有政府那么多,也不是人人都愿意去民营企业的。"他自信自己能干好企业,并说自己经常看企业经营管理方面的书,"不管是不是擅长,我认为应该去试一下吧,不试的话反而遗憾多"。[①] 40多年来,很多辞职者都是抱着理想"下海"的,尽管多数人并没有取得预期的成功,但是他们因为有丰富的阅历,对人生而言,没有太大遗憾。

(2) 丰厚的薪酬预期

公务员的工作环境稳定,有一些隐性福利是共识。但是公务员普遍对薪酬水平、增资的期限及待遇的合理性感到不满意也是不争的事实。表4-12和图4-4显示,不管从总体看,还是从地区、行政级别和学历来看,2002年公务员对薪酬福利的6个因素的认同度都倾向于不满意。而图4-5显示,2016年笔者对286名已经辞职的公务员进行"你为什么离开原来的单位"的调查时,有147名公务员回答是因为薪酬,该原因高居榜首。因此虽然调查时间相隔14年,但薪酬始终是影响公务员离职的重要原因。进一步分析发现,从与整个社会的平均工资比较看,公务员的平均工资确实不高。然而通过对公务员考试热的观察不难发现,每个岗位都是百里挑一的,少数岗位高达几千人报名,政府机关选拔出来的都是大学毕业生中的精英。以他们的知识、能力而论,在其他行业应该会得到更加可观的收入。因此公务员辞职,特别是领导干部自愿辞去公职的目的之一就是用自己的能力赚取更多的收入,提高家庭的生活水平。

[①] 章敬平:《权变:从官员下海到商人从政》,浙江人民出版社,2004,第12~20页。

第四章 中国当代公务员辞职分析

表4-12 2002年公务员对薪酬与福利因素的认同度

单位:%

因素	地区 云南	地区 广东	地区 湖北	行政级别 科员以下	行政级别 科级	行政级别 处级	行政级别 厅级	学历 高中以下	学历 专科	学历 本科	学历 硕士以上	总体
我们有合理的工资制度	49.3	28.1	66.7	61	50.9	35.7	43.6	72.5	58.2	34.4	41.2	49.24
与本地区其他单位相比,我们工资水平较高	17.3	17.7	30.3	19.3	18.7	17.4	20.5	23.2	17.9	18.9	23.5	20.43
现行公务员工资福利制度对优秀人才有吸引力	30.5	26.8	43.8	37.4	31.3	25.6	25.6	44.9	33.2	25.2	32.4	32.43
我认为我目前得到的工资与福利待遇偏低	66.1	60.2	69.8	72.4	68.7	61.7	56.4	72.5	67.8	65.4	64.7	65.97
公务员的福利待遇是公平合理的	39.4	35.3	55.2	48.4	39.1	37.2	30.7	39.1	44.5	37.3	50	41.47
调整工资的间隔时期太长	61.2	60.2	54.2	65.7	60.4	60.3	61.5	65.2	65.4	58	64.8	61.54

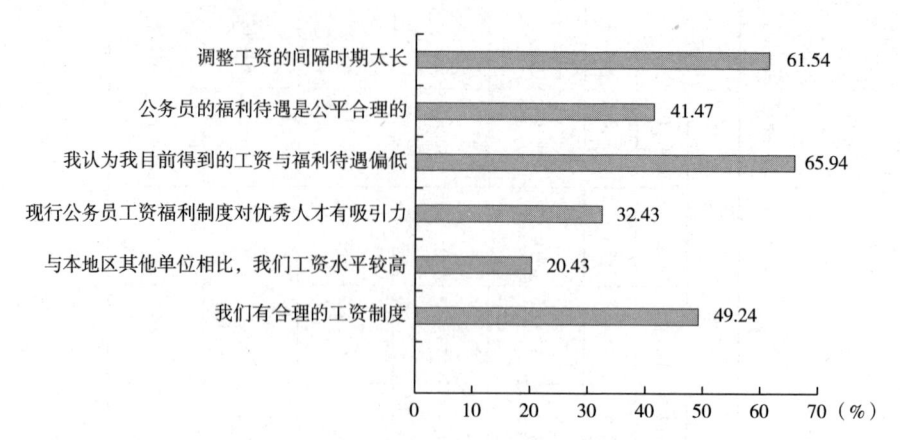

图 4-4 2002 年公务员对薪酬福利因素的认同度

项目	百分比 (%)
调整工资的间隔时期太长	61.54
公务员的福利待遇是公平合理的	41.47
我认为我目前得到的工资与福利待遇偏低	65.94
现行公务员工资福利制度对优秀人才有吸引力	32.43
与本地区其他单位相比,我们工资水平较高	20.43
我们有合理的工资制度	49.24

注:此调查 2002 年在全国展开,共收到 853 份有效问卷。

资料来源:李永康,《公务员激励机制研究——从公务员满意度看公务员激励》,硕士学位论文,云南大学,2005,第 20 页。

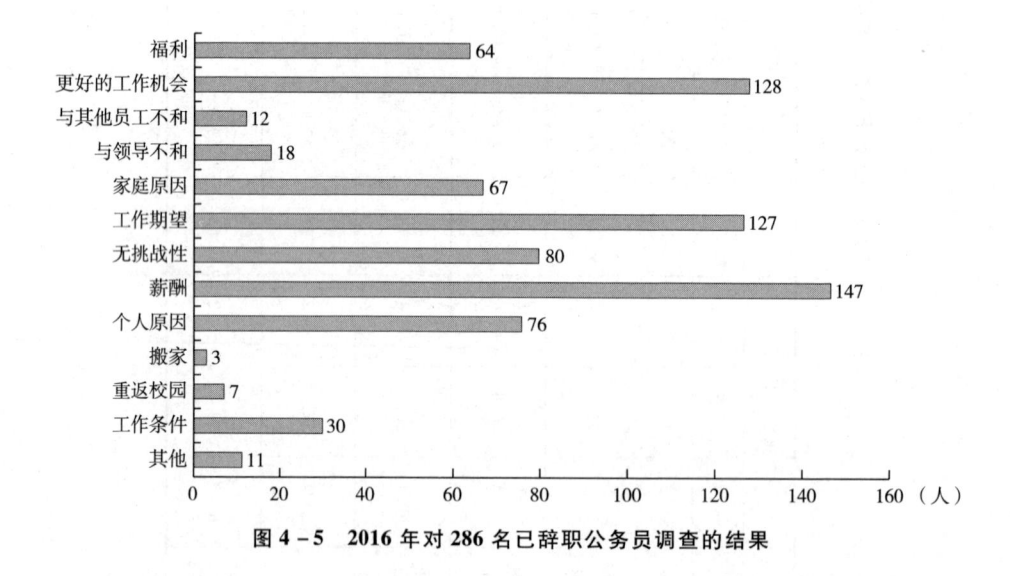

图 4-5 2016 年对 286 名已辞职公务员调查的结果

原因	人数
福利	64
更好的工作机会	128
与其他员工不和	12
与领导不和	18
家庭原因	67
工作期望	127
无挑战性	80
薪酬	147
个人原因	76
搬家	3
重返校园	7
工作条件	30
其他	11

特别是 2000 年以后辞职去企业的领导干部,都是在有比较高的职务和薪酬的前提下,辞职"下海"的。门新国去黄河集团任副总经理,年薪 20 万元。不过,普通公务员辞职跳槽未必都能涨薪,只是一种未来的预期。

小万[①]，2003年毕业于某"211"大学的政治思想教育专业，法学硕士，毕业后经双向选择去了某省委统战部，试用期一年。在这一年里，他不断调整自己适应环境，努力工作。同时他通过观察同事和领导的发展轨迹发现，机关公务员的晋升极为缓慢，除了能力以外，还受到多种因素的影响。在统战部工作期间，他同时要为自己来年毕业的女朋友的工作做打算，并关注其他的工作机会及其待遇情况。他在一个偶然的机会去了他的处长家，他看到处长工作了十几年，终于晋升为正处级干部，但是处长的工资待遇并没有理想中的那么高，而且住房也很小，他于是对自己的未来感到有点失落。正在这时，某省的师范院校招教师，硕士可以解决住房和爱人工作，他于是决定辞去公务员工作，前往某省的师范学院任教。后来又继续读了博士和博士后，截至2019年，小万已经是某高校的规划处长。促使小万辞去公务员职位的主要原因是追求更好的待遇和福利。

小万的个案中也有解决其女朋友工作的现实选择，同时其参考其处长的收入和生活环境后，发现如果选择去高校马上就会有房子，生活水平就可以接近其处长了，因此其毫无顾虑地选择了辞职，到高校教书。

(3) 因职业怠倦而辞职

职业倦怠也可以称为工作倦怠、工作耗竭、职业枯竭，英文是"Job Burnout"，最早由弗鲁顿伯格（Freudenberger）在"Staff Burnout"一文中提出。文中首次采用"倦怠"一词来描述在服务业及医疗领域中个体所体验到的一组负性症状，如情绪低落、身体疲劳、工作投入程度降低、对待服务对象冷漠的态度及个人成就感降低等。[②] 1975年马斯拉奇（Maslach）和杰克逊（Jackson）从社会心理学角度提出了职业倦怠感的多维概念，即情感耗尽（emotion exhaustion）、人格解体（depersonalization）和个人成就感降低（reduced personal accomplishment）。[③] 其中情感

[①] 小万个案访谈，2012年10月17日。

[②] H. J. Freudenberger, "Staff Burnout," *Journal of Social Issues* 30 (1974): 159–165.

[③] C. Maslach, Jackson, "The Measurement of Experienced Burnout," *Journal of Occupational Behavior* 2 (1981): 99–113.

耗尽是指一种过度的情感付出以及情感资源的消耗殆尽感；人格解体是指对他人消极、冷淡、过分隔离、愤世嫉俗以及冷淡的态度和情绪；个人成就感降低是指自我能力感降低，以及倾向于对自己做出消极评价，尤其是在工作方面。①

公务员职业倦怠的表现：2007年9月，中国第一家公务员心理健康网CEO徐培基为温州市龙湾区公务员开展心理辅导，前期调查结果显示有50%的公务员认为工作机械化，"累，心力交瘁"，还有40%的公务员倦怠感明显，只有10%的公务员自认为激情依旧，目标明确。2007年首部《广东省青少年发展报告》调查的结果也显示，50.3%的青年公务员经常感到压力，31.2%的公务员感觉太累，11.6%的公务员有时甚至会想到自杀。2008年1月，重庆市首份《公务员心理健康现状研究》的发布亦凸显重庆市公务员心理健康问题。调查报告显示，重庆市公务员总体心理健康水平尚在平常老百姓之下，他们在躯体化、强迫症状、抑郁、焦虑和偏执等方面都明显高于全国常模水平；市、区公务员心理健康水平也仅相当于社会一般人群。归结起来，公务员的心理问题主要是抑郁、职业倦怠、人际关系紧张、职业成就期待、人格冲突等五种。② 2014年以来公务员申请辞职的原因之一是"身心疲惫"。比如以安庆市大观区辞职的4名干部为例，区委书记何谦患有抑郁症，长期失眠；大关区花亭街道党工委书记檀浩也患有抑郁症；龙山街道党工委书记王强患有高血压和胃病；临湖街道党工委书记何琳的丈夫因车祸瘫痪，需要照顾。③

美国最新的研究也表明，工作场所中的倦怠导致员工每年在缺勤、工作效率降低、员工辞职、事故、工人赔付以及直接的医药、法律和保险费用上的开支达到2000亿美元。④

---

① 刘耀臣、王健编《公职人员压力管理策略》，中国人事出版社，2011，第193页。
② 张鹏、孙国光：《公务员职业倦怠成因及干预对策》，《中国行政管理》2008年第10期，第17页。
③ 康森、乌梦达：《公务员辞职潮传闻调查：辞职者数量增加但未成潮》，《瞭望》2015年5月22日。
④ 刘耀臣、王健编《公职人员压力管理策略》，中国人事出版社，2011，第194页。

第四章　中国当代公务员辞职分析

个案：小赵的辞职[①]

小赵，女，31岁，已婚，硕士研究生，在某政府部门工作五年后主动辞职，现就职于该市某高校，担任公务员培训管理工作，对现在的工作感到比较满意。在问她为何辞职到高校工作时，她说："对原工作没有任何成就感和兴趣以及人际关系的复杂，是我调换工作的主要原因。"

调到新单位后，小赵负责该校公务员培训常规管理工作。工作具体，比如一年带多少班次，管理多少学员，开发多少新的公务员培训课程，所有工作都可以量化，这份工作让小赵找到了自己的兴趣和位置，以往的疲惫感荡然无存，从每天的工作中找到了快乐和满足。取得的成就激励着她更加努力工作。周围同事和亲友的认同和赞扬让她感觉很幸福。

小赵的个案是一个综合性职业怠倦的例子，由不能适应机关文化，找不到自身的定位，对未来没有预期，发展到身心疲惫，甚至影响到身心健康。此时如果不及时做出调整，很容易引发多种问题。小赵到了新的工作岗位后，发现工作很具体，也很快找到自己的定位，从工作中获得了乐趣和成就感。这个例子表明政府部门的等级文化、工作设计等方面都有待完善，从而以此解决公务员职业怠倦的问题。

（4）家庭关系的变化。

如夫妻双方异地工作，为了解决两地分居而辞职；或者夫妻离婚、一方死亡等都可能会造成辞职。笔者在某省做访谈时，一位在省人大任副处长的朋友告诉笔者，他很少听说本单位有辞职事件，有印象的只有一例。其单位法规处某女性公务员，法律专业硕士，发展前途较好。但是一次偶然的车祸导致她男朋友死亡，其在现在的环境中，经常触景生情，长期陷于悲痛之中。最后不得不辞职离开这个让她悲伤的环境，重新开始新的生活。[②] 该个案中，离职的原因跟工作、待遇等都没有关系，

[①] 刘耀臣、王健编《公职人员压力管理策略》，中国人事出版社，2011，第191~192页。
[②] 个案访谈，2012年6月。

完全是家庭的变故造成的。

小岳[①]，2010年毕业于某大学行政管理专业，管理学硕士。他本科毕业后就有在北京杂志社工作的阅历，因此研究生毕业后，又回到北京某杂志社当栏目编辑。他对杂志社的工作环境和收入都感到比较满意，问题是该杂志社的工作实行的是聘用制，不能解决北京户口问题。小岳已经成了家，爱人也在北京的某杂志社工作，孩子也已出生，因此这个小家庭不得不考虑工作的稳定性和孩子的未来入学问题。小岳于是同时报考了山西某市某局的公务员和北京某出版社编辑两份工作，公务员的结果先出来，小岳顺利通过了笔试、面试和考察，并成为该局局长的秘书。在工作了几个月后，北京的某出版社的工作也基本可以确定，小岳借看病的机会请假，前往北京，同时办理某出版社的工作手续。最后终于辞去了山西某局的公务员岗位，回到了北京工作。他辞职的主要原因是某出版社的工作能解决北京户口，同时能够与在北京工作的爱人团聚。

（二）辞去领导职务

辞去领导职务的所指群体是领导干部类公务员，他们辞去的是乡镇局、县处、地厅、省部等级别的正副级职务，辞职后其身份仍然是公务员，还会接受新的职务安排。普通公务员是没有职务可辞的。因此，其原因与公务员辞去公职是不一样的。

1. 因公辞职的原因

因公辞职是领导干部担任由人大、政协选举产生的领导职务，任期未满因工作需要引发职务变动，从而引起的辞职行为。[②] 因公辞职是公务员领导干部管理中的日常现象，是所有辞职现象中最为常见的，但其最不受公众关注。

因公辞职的前提有两个。一是"因公"，即组织需要、工作的需要。

[①] 小岳个案访谈，2012年8月26日。
[②] 《党政领导干部辞职暂行规定》，2004。

二是拟任的新职与现职不能同时兼任。故因公辞职是依法履行手续，均会获得所选举或任命单位的通过。其原因归纳起来有以下几个方面：

一是干部任期内获得提拔所致的因公辞职；

二是任期内干部交流引起的因公辞职；

三是任期内干部平调其他岗位引起的因公辞职；

四是任期内因年龄原因从党委政府等一线部门转到人大、政协等任职所引起的因公辞职。

2. 自愿辞职的原因

《党政领导干部辞职暂行规定》第八条指出："党政领导干部因个人或者其他原因，可以自愿提出辞去现任领导职务或者公职。"其中辞去公职部分已经在第四章第四节中分析过，这里分析的是辞去现任职务的原因。

自愿辞去现职的个人原因包括身体健康状况，个人的志趣、专业和工作不相符，个人能力，工作压力和人力关系等。本书认为条款中规定的"其他原因"是为潜在的和未来可能出现的原因所预留的空间。自愿辞职不应该包括道德瑕疵、工作失误等，此应该属于引咎辞职的原因。

3. 引咎辞职的原因

引咎辞职是一种对主要领导及班子成员的领导责任追究机制，是辞职者对党和政府的形象负责、对公共利益负责的体现。这体现了管理学中的权责一致原则，未尽到职责，就应当勇于承担因此而产生的责任。但是引咎辞职不是一种处分，而是个人因为羞愧、自责、良心发现而做出的自愿行为。对《党政领导干部辞职暂行规定》中关于引咎辞职的九大条件及现实中引咎辞职的案例进行归纳，其诱因有以下几个方面：群体性事件；决策失误；抗灾救灾、疫情防治事故；安全工作责任事故；市场监管、环境保护、社会管理事故；用人严重失察；严重违纪违法行为；配偶、子女、身边工作人员严重违纪违法，知情不管；等等。但是引咎辞职者在这些事故中承担的是"重要领导责任"，如果是直接责任人，问责的方式会更加严厉，比如党纪政纪处分、法律责任追究等。

"其他应当引咎辞职的情形"按照国际惯例应包括"社会公德、职业道德、政治言论、工作作风、工作纪律、职务行为方面的瑕疵或过失、腐败"等；但是由于我国的引咎辞职制度中没有将这些情况写入条款，实践中极少有人会因这些原因主动引咎辞职。

4. 责令辞职的原因

责令辞职是指党委（党组）及其组织（人事）部门根据党政领导干部任职期间的表现，认定其已不再适合担任现职，可以通过一定程序责令其辞去现任领导职务。① 责令辞职的原因从规定上看主要有以下几个方面。

（1）在组织人事部门对党政干部的阶段考核和年终考核中，考核结果不合格，或多次不尽如人意的，可能会被责令辞职。

（2）应当引咎辞职而不主动提出的，党委或党组责令其辞职。

（3）根据事件的严重程度，可以在受行政处分之后，附带责令辞职。

---

① 《党政领导干部辞职暂行规定》，2004。

第五章　当代公务员辞职管理及其问题分析

　　改革开放以来，从公务员辞职现象产生起，党和政府就非常重视对其进行引导和管理，并出台了一系列的管理法规。1980年8月18日，邓小平在中共中央政治局扩大会议上发表了《党和国家领导制度的改革》的讲话，提出要"大力培养、发现和破格使用优秀人才，坚决同一切压制和摧残人才的现象作斗争"；干部人事制度改革"关键是要健全干部的选举、招考、任免、考核、弹劾、轮换制度，对各级各类领导干部职务的任期以及离休退休，要按照不同情况，做出适当的明确的规定"。① 不久，中央决定在省级以上设立顾问委员会，作为改革开放初期高级干部辞职离开（离休）一线、退居二线的一种过渡。1993年，国务院颁布并实施了《国家公务员暂行条例》，首次正式确立了公务员的辞职制度。1995年，中共中央发布了《党政领导干部选拔任用工作暂行条例》，首次提出要"建立党政干部引咎辞职制度"。2000年，中央出台《深化干部人事制度改革纲要》，主张建立党政干部自愿辞职、责令辞职、引咎辞职等制度。2002年，中共中央印发经过重新修订的《党政领导干部选拔任用工作条例》，2014年又印发实施了《党政领导干部选拔任用工作条例》的修订版，2004年连续出台《公开选拔党政领导干部工作暂行规定》《党政领导干部辞职暂行规定》等文件。2005年全国人大通过了《公务员法》，2018年12月又通过了《公务员法》（修订版），2009年出台的

---

① 徐颂陶、孙建立主编《中国人事制度改革三十年》，中国人事出版社，2008，第272~273页。

《公务员辞去公职规定（试行）》等法规都对公务员辞职及其管理做了具体规定。本章梳理当代公务员辞职管理的法规及其经验，然后重点分析公务员辞职管理中的各种问题。

一 公务员辞职管理及经验

（一）公务员辞职管理

公务员辞职管理是指管理机关依法对行使国家行政权力、执行国家公务的人员的辞职行为进行科学管理的行政过程。科学规范的公务员辞职管理对畅通公务员出口、优化人才的科学配置和促进经济发展起着十分重要的作用。改革开放以来，对公务员辞职行为的管理受到四个因素的影响。一是辞职的权利问题。公务员作为一个公民，有选择职业和申请辞职的权利。个人辞职权的保障和自由流动是经济建设中人才资源配置的基础，也是发展经济的需要。二是辞职的功能问题。从政府管理和人才流动看，只有保障出口畅通，才能保障入口的畅通。只有保障"能下"的渠道，才能畅通"能上"的渠道。三是辞职的"下海"行为问题。这一行为贯穿改革开放的全过程。既是公务员辞职的功能需要，同时又引发诸多问题。四是责任型辞职的责任追究问题。即从领导干部公仆的身份和为人民服务的宗旨看，领导干部失职或失信，就应该引咎辞职或被责令辞职。

由于我国的改革开放是"摸着石头过河"，没有现存的模式可以模仿，因此对公务员辞职行为管理的一系列法规体系也是随辞职现象的产生而相继产生的，并随着辞职趋势的变化而不断调整和完善。我国对公务员辞职的规范管理始于1993年国务院通过的《国家公务员暂行条例》，通过1995年人事部颁发的《国家公务员辞职辞退暂行规定》进一步规范。如表5-1所示，新的党规和法律出台后，先后取代了之前制定的党规和法律。

1. 中国公务员辞职管理的党规和法规体系

通过多年的探索，中国公务员辞职管理的法规体系逐步形成，可以归纳为"一法二规"。"一法"是指《中华人民共和国公务员法》;"二规"是指《党政领导干部辞职暂行规定》和《公务员辞去公职规定(试行)》。此外,还有四个相关政策法规。下面将逐一分析。

表 5-1 我国公务员辞职管理的党规和法律

	时间	制定机关	文件名称
一法	2018年12月	全国人大常委会	《中华人民共和国公务员法》(2018修订)
二规	2004年	中组部	《党政领导干部辞职暂行规定》
	2009年7月	中组部、人社部	《公务员辞去公职规定(试行)》
相关政策法规	2014年	中共中央	《党政领导干部选拔任用工作条例》
	2009年6月	中共中央办公厅、国务院办公厅	《关于实行党政领导干部问责的暂行规定》
	2009年12月	中共中央办公厅	《2010-2020年深化干部人事制度改革规划纲要》
	2010年3月	中组部	《党政领导干部选拔任用工作责任追究办法(试行)》
	2018年8月	中纪委	《中国共产党纪律处分条例》(2018修订)

(1) 2018年修订的《中华人民共和国公务员法》。这是中国公务员辞职管理遵循的最高上位法。它全面制定了公务员辞职程序、辞职条件和辞职保障等管理规定。其他的相关配套法规和党规不得与之相抵触。

公务员辞去公职。《公务员法》第八十五条规定:"公务员辞去公职,应当向任免机关提出书面申请。任免机关应当自接到申请之日起三十日内予以审批,其中对领导成员辞去公职的申请,应当自接到申请之日起九十日内予以审批。"第八十六条规定了公务员不得辞去公职的五个限制条件,即未满最低服务年限、涉密岗位、重要公务未处理完且须由本人继续处理、正在接受审计和调查及其他。第一百零七条规定了公务员辞去公职的从业限制条款及违法处置。

领导干部辞职。《公务员法》第八十七条原则性规定了因公辞职、自愿辞职(领导职务)、引咎辞职和责令辞职的法律内涵。

辞职的保障和要求。《公务员法》第十五条规定公务员享有"申请辞职"的权利。第九十一条规定公务员辞职，离职前应当办理公务交接手续，必要时按照规定接受审计。第九十五条规定公务员申请辞职未予批准的可申请复核或提出申诉。

其他的相关党规和法规构成公务员辞职管理的下位法。

(2) 2009年的《公务员辞去公职规定（试行）》。该规定由中组部和人社部共同制定和颁发，共有19条。主要是在《公务员法》规定的原则性条款基础上进一步细化公务员辞去公职的管理细则，包括辞职申请办理的程序、审批的时限、不得申请辞职的情形、等待审批过程责任和义务、辞职后的工资与保险、人事档案的管理、辞职后的再就业及其限制等。该规定是组织人事部门管理公务员辞去公职的具体法规。根据干部人事的分工管理原则，非领导类公务员的辞去公职由相应的人事部门依法管理，领导干部类公务员则由相应的党委（党组）及组织部门依法进行管理。

(3) 2004年的《党政领导干部辞职暂行规定》。该规定依据"党管干部"的原则由中组部制定和执行。它是对2000年中共中央颁发的《深化干部人事制度改革纲要》、2002年中共中央颁发的《党政领导干部选拔任用工作条例》和2005年全国人大通过的《公务员法》有关党政干部辞职条款的具体化。该规定分为七章共35条。第一章是总则，包括该规定与上位条例和法规的关系、领导干部辞职的类型、适用范围和管理权限等。第二章至第五章分别规定了因公辞职、自愿辞职、引咎辞职和责令辞职的具体管理措施。第六章是相关事宜，规定了领导干部辞职后的经济责任审计、公务交接手续、对擅自离职的处分、对引咎辞职和责令辞职的干部同时提出辞去公职或构成违纪违法的处理以及适当安排。第七章是附则，包括对主要领导责任和重要领导责任的解释，以及规定的使用对象等。该规定具有较强的可操作性。

(4) 公务员辞职管理的相关补充性法规。

第一，2009年6月中共中央办公厅、国务院办公厅印发《关于实行党政领导干部问责的暂行规定》。该规定主要是落实引咎辞职和责令辞职作为两大问责方式的具体办法。其中第十条规定，"引咎辞职、责令辞职、免职党政领导干部，一年内不得重新担任与其原任职务相当的领导职务"；"对引咎辞职、责令辞职、免职的党政领导干部，可以根据工作需要以及本人一贯表现、特长等情况，由党委（党组）、政府按照干部管理权限酌情安排适当岗位或者相应工作任务"；"引咎辞职、责令辞职、免职的党政领导干部，一年后如果重新担任与其原任职务相当的领导职务，除应当按照干部管理权限履行审批手续外，还应当征求上一级党委组织部门的意见"。该条对党政干部被问责辞职以后的具体工作、复出的时限、复出的程序等作了明细的规定。第二十二条规定："被问责的党政领导干部对问责决定不服的，可以自接到《党政领导干部问责决定书》之日起15日内，向问责决定机关提出书面申诉。问责决定机关接到书面申诉后，应当在30日内作出申诉处理决定。申诉处理决定应当以书面形式告知申诉人及其所在单位。"这条是落实党政干部被问责辞职的权利保障和救济方式。

第二，2009年12月中共中央办公厅印发的《2010－2020年深化干部人事制度改革规划纲要》中提出了进一步完善公务员辞职管理的目标和任务。目标是"逐步形成广纳群贤、人尽其才、能上能下、公平公正、充满活力的中国特色社会主义干部人事制度"；主要任务是研究探索"健全干部退出机制，实现干部能上能下、能进能出"的法规。

第三，2010年3月的《党政领导干部选拔任用工作责任追究办法（试行）》。该办法主要是进一步规定领导干部引咎辞职后复出的时限："引咎辞职和受到责令辞职、免职处理的，一年内不得重新担任与其原任职务相当的领导职务，两年内不得提拔。"

2. 公务员辞职经商行为管理措施

在经济建设和市场经济背景下，公务员辞职后更加能找到适合自己的岗位，实现自身价值，同时能获得一个更加公平合理的薪水。但一些辞职的公务员会利用以往掌握的公共资源牟利从而引发非议，需要政府不断完善政策法规加以规范和监督公务员辞职后的从业行为。

（1）管理辞职经商行为的发展历程

1982年我国启动了改革开放以来的第一轮机构改革，邓小平在该年1月13日中共中央政治局扩大会议上发表了《精简机构是一场革命》的重要讲话，主要解决冗员的"出口"问题。冗员的出口除了退休、离休以外，还包括很多达不到退休年龄的人员的再就业和安排问题。1983年诞生了最早的公务员停薪留职的政策依据。2月15日，中共中央、国务院发布的《关于地市州党政机关机构改革若干问题的通知》指出："地市定编以后，多下来的人员……可以采取留职停薪的办法，接受社会招聘，参加各种形式的承包责任制，使他们各得其所。"当时提出留职停薪的目的主要是解决机关事业单位中精简下来的富余人员的安置问题，并且搞活经济。但是随之产生了公务员特别是党政干部以各种方式参与经商，扰乱竞争秩序的一系列问题，甚至成为伴随改革开放整个过程的"顽疾"。

从1984年到1986年，中共中央和国务院大力整顿领导干部在企业等经济实体兼职的问题，在这一过程中逐步提出公务员是否可以留职停薪"下海"经商，以及在什么情况下公务员必须辞职的问题等。1984年12月下发了《关于严禁党政机关和党政干部经商、办企业的决定》，要求坚持政企职责分开、官商分离的原则，绝不允许党政机关尤其是经济部门的领导干部运用手中的权力，违反党和国家的规定去经商办企，谋取私利，与民争利。1985年7月9日，中共中央、国务院发出《关于党政机关干部不兼任经济实体职务的补充通知》，首次提出在经济实体中兼任职务、拿多份薪水的领导干部必须二选一，辞去一头的职务，避免领导干部滥用权力与民争利问题。[①] 1986年2月4日，在领导干部经商办企业的不正之风还没有完全刹住的背景下，中共中央、国务院再次发出《中共中央、国务院关于进一步制止党政机关和党政干部经商办企业的规定》，进一步指出，党政机关包括各级党委机关和国家权力机关、行政机关、审判机关、检察机关以及隶属于这些机关编制序列的事业单位，一律不准经商办企业。凡是违反规定仍在开办的企业包括应同机关脱钩而未脱钩，或者明脱钩暗不脱钩的，不管原来经过哪一级批准，都必须立即停办，或者同机关彻底脱钩。凡上述机关干部、职工，包括退居二线的干部，除中共中央书记处、国务院特殊批准的以外，一律不准在各类企业担任职务。已经担任企业职务的，必须立即辞职，或者必须辞去党政机关职务。在职干部、职工一律不许留职停薪去经商办企业。已留职停薪的，或者辞去企业职务回原单位复职，或者辞去机关公职。[②]

---

① 徐颂陶、孙建立主编《中国人事制度改革三十年》，中国人事出版社，2008，第279~281页。

② 徐颂陶、孙建立主编《中国人事制度改革三十年》，中国人事出版社，2008，第281页。

第五章　当代公务员辞职管理及其问题分析

1988年1月8日,中组部与劳动人事部联合发布的《关于审批党政机关干部在企业兼职问题的通知》中指出:"党政机关干部,包括退居二线的干部,一律不得到各类企业兼任职务,目前仍兼职的,应尽快辞去在企业的兼职,否则必须辞去党政机关的职务。今后凡报请在各类企业兼职的,一律不予审批。"

1989年2月5日,中共中央、国务院发布的《关于清理党和国家机关干部在公司（企业）兼职有关问题的通知》指出:"党和国家机关中具有生产管理经验、专业技术特长的干部,到生产、技术开发、咨询、服务性公司兼职的,也必须辞去机关职务,或辞去公司（企业）职务。"这说明当时的兼职现象严重,管理措施就是兼职与公务员职能二选一。这促使部分公务员彻底辞去公职。

1989年8月17日,中共中央、国务院发布的《关于进一步清理整顿公司的决定》再次申明:凡仍在公司兼职的党和国家机关干部,应严格按照中央有关规定办完辞去一头职务的手续。

1992年6月26日,中共中央办公厅、国务院办公厅发布的《关于党政机关兴办经济实体和党政机关干部从事经营活动问题的通知》中指出:"在机构改革试点中,应支持和鼓励一部分干部从党政机关分离出来,从事包括第三产业在内的各种经济活动,尤其应提倡其中的专业技术人员领办、承包、租赁亏损、微利企业,创办开发性、服务性的经济实体。但这些人员不能保留原在党政机关担任的职务,不能再以党政机关的名义或以党政机关干部的身份从事经营活动,要与党政机关脱钩。"鼓励部分有技术和管理能力的公务员从商,但前提是要辞去党政部门的领导职务及公务员身份。

2000年12月25日,中共第十五届中央纪委第五次全会提出:"要规范领导干部离职和退（离）休后的从业行为。县（处）级以上领导干部在离职和退（离）休后三年内,不准接受原任职务管辖的地区和业务范围内的私营企业、外商投资企业和中介机构的聘任,不准个人从事或代理私营企业、外商投资企业从事与原任职务管辖业务相关的经商办企业活动。"[1] 其

---

[1] 《尉健行同志在中国共产党第十五届中央纪律检查委员会第五次会议上的报告》,中国反腐倡廉网,2000年12月25日,http://www.lianzheng.com.cn/c34721/w10229872.asp,最后访问时间:2013年3月7日。

目的就是防止领导干部在离职后利用原任职务的权力影响和人脉资源谋取私利，扰乱公平的市场竞争秩序，损害公共利益。这实际上是强化公务员辞职后的从业限制，从时限和审批上强化了1993年《国家公务员暂行条例》中关于"国家公务员辞职后，二年内到与原机关有隶属关系的企业或者营利性的事业单位任职，须经原任免机关批准"的规定，成为后来公务员辞职的党规和法规限制公务员辞职后从业行为的依据。

(2) 当前与公务员辞职经商行为的管理措施的有关党规和法规

《公务员法》(第一百零七条) 进行总体规范。其要求有以下几点。第一，限制时限：一般公务员辞去公职的限制年限是2年，领导干部的限制时限是3年。第二，限制行业：不得到与原工作业务直接相关的企业或者其他营利性组织任职。第三，限制活动：不得从事与原工作业务直接相关的营利性活动。第四，处罚措施：对有违反前款规定行为的，由其原所在机关的同级公务员主管部门责令限期改正；逾期不改正的，由县级以上市场监管部门没收该人员从业期间的违法所得，责令接收单位将该人员予以清退。第五，连带处罚：根据情节轻重情况，接收单位将被处以该前公务员违法所得一倍以上五倍以下的罚款。

2004年的《党政领导干部辞职暂行规定》加强对领导干部的管理。该规定的实施对象是领导干部，其管理部门为相应的纪委和组织部门。该规定在第十三条明确指出："党政领导干部辞去公职后三年内，不得到原任职务管辖的地区和业务范围内的企业、经营性事业单位和社会中介组织任职；不得从事或者代理与原工作业务直接相关的经商办企业活动。"对违反规定的行为怎么处分，该规定没有明确，但由于它是《公务员法》的下位法规，可以理解为依据《公务员法》的相应条款进行处理。

2009年《公务员辞去公职规定（试行）》第十五条明确2005年通过的《公务员法》的要求。其管理的对象是一般公务员，管理部门为相应的人事部门。辞职后的具体限制及管理遵照《公务员法》相关规定执行。

2013年10月19日，中组部印发了《关于进一步规范党政领导干部在企业兼职（任职）问题的意见》（以下简称《意见》），其要求各地认真贯彻执行，并在《意见》下发后3个月内，将执行情况以书面形式报中组部。该《意见》以《中华人民共和国公务员法》、《中国共产党党员领导干部廉洁从政若干准则》和有关文件规定精神为标准，详细规定了党政领导干部在企业兼职的限制、条件和处罚等，从根源上消除了党政领导干部在企业中兼任独立董事的不当现象。

3. 引咎辞职和责令辞职的管理措施

引咎辞职和责令辞职的特殊之处在于：这两种辞职形式同时也是对党政领导干部进行问责的方式。因此对引咎辞职和责令辞职的规范管理是建立责任型政府和服务型政府的要求，具有重要的政治意义。

（1）引咎辞职和责令辞职管理的发展历程

我国现代意义上的引咎辞职和责令辞职制度建设始于1995年2月9日中共中央发布的《党政领导干部选拔任用工作暂行条例》。该条例首次提出建立党政领导干部引咎辞职和责令辞职制度。在这个文件的推动下，从1999年起，全国部分县市掀起了试点工作。如表5-2所示，从1999年起，江苏泗洪和涟水、吉林蛟河、四川、重庆等地先后出台地方引咎辞职规定，开始实质性地推动党政领导干部引咎辞职工作。其中江苏泗洪、浙江温岭、重庆市三地被学术研究界称为引咎辞职的三种模式。江苏泗洪模式的管理举措是：①列出八条领导干部引咎辞职的硬标准；②将八条标准的评判权交给民主测评，增加民意的权重，作为领导干部是否辞职的依据；③对引咎辞职者的善后作了相关规定。浙江温岭模式的举措是：①明确界定领导干部辞职的缘由，包括个人能力不强、自身行为失范、无故违背工作承诺、身体状况不佳或因工作失误造成一定损失和影响等；②规定了引咎辞职的标准，共六类十三条；③规定领导干部辞职的操作程序，包括提出申请、受理申请和讨论决定三个程序，该模式制度设置更完备。重庆模式的举措是给引咎辞职设定硬指标，即"一年内发生一次性死亡10人以上事故两次或死亡30人事故一次"则必须引咎辞职。该模式的特色是指标明确、具体、易操作。但易导致责任人拼命隐瞒事故真相。①

---

① 高国舫：《"引咎辞职"：现状、问题与对策》，《中州学刊》2005年第5期，第5~6页。

表 5-2　我国制定的与引咎辞职相关的法律法规

序号	时间	制定机关	文件名称
1	1999 年 12 月	江苏泗洪县	《领导干部引咎辞职暂行规定》
2	2000 年 1 月	最高人民法院	《法院院长、副院长引咎辞职规定》
3	2000 年	江苏涟水县	《乡局级干部引咎辞职暂行规定》
4	2000 年	吉林蛟河市	《乡局级干部引咎辞职暂行规定》
5	2000 年 6 月	中共中央	《深化干部人事制度改革纲要》
6	2001 年 6 月	深圳市政府	《关于深化认识制度改革的意见》
7	2003 年 11 月	四川省委	《四川省党政领导干部引咎辞职暂行办法》
8	2003 年 6 月	安徽淮南市	《党政干部引咎辞职责令辞职办法》
9	2004 年 4 月	中组部	《党政领导干部辞职暂行规定》
10	2005 年 2 月	深圳市人大常委会	《深圳市预防职务犯罪条例》
11	2005 年 3 月	重庆市委	《党政领导干部辞职实施办法》
12	2005 年 7 月	河北省委	《党政干部引咎辞职暂行办法》
13	2014 年 1 月	中共中央	《党政领导干部选拔任用工作条例》
14	2018 年 12 月	全国人大常委会	《中华人民共和国公务员法》(2018 修订)

资料来源：部分内容参见卢丹《中国公务员退出机制研究》，博士学位论文，中国人民大学，2010，第 74 页。

2000 年 6 月，中共中央颁发《深化干部人事制度改革纲要》，明确提出要建立和完善包括引咎辞职和责令辞职在内的辞职制度。2002 年 7 月，中共中央印发经过重新修订的《党政领导干部选拔任用工作条例》，在第五十九条中明确界定了"引咎辞职"制度，即党政领导干部因工作严重失误、失职造成重大损失或者恶劣影响，或者对重大事故负有重要领导责任的，不宜再担任现职，由本人主动提出辞去现任领导职务。2003 年 11 月，四川省委出台的《四川省党政领导干部引咎辞职暂行办法》，是我国第一个关于引咎辞职的省级专门性文件，开创了省级行政区内全面推行引咎辞职制度的先河。

(2) 当前的管理措施是"一法一规"

"一法"是指 2018 年修订通过的《中华人民共和国公务员法》，其中第八十七条规定："领导成员因工作严重失误、失职造成重大损失或者恶劣社会影响的，或者对重大事故负有领导责任的，应当引咎辞去领导职务"；"领导成员因其他原因不再适合担任现任领导职务的，或者应当引咎辞职本人不提出辞职的，应当责令其辞去领导职务"。这是引咎辞职和责令辞职的基本法律依据。

"一规"是指2004年4月由中组部颁布的《党政领导干部辞职暂行规定》。该规定对党政干部引咎辞职和责令辞职做了明确的界定，对因公辞职、自愿辞职、引咎辞职、责令辞职做出了严格区别与规范。该规定列举了9种应当引咎辞职的情形和两类应该责令辞职的情况。这是中国共产党对党政领导干部引咎辞职和责令辞职进行规范管理的专门性文件。引咎辞职和责令辞职的管理从此走上正轨。

（二）公务员辞职管理的经验

1. 依法管理

初步建立了中国特色的公务员辞职管理法规体系。2005年及2018年修订的《公务员法》均以法律形式确定了公务员辞职制度的全貌。2004年的《党政领导干部辞职暂行规定》是管理领导干部辞职的具体性党规。2009年的《公务员辞去公职规定（试行）》是管理公务员辞去公职的具体配套法规。对公务员辞职的管理做到有法可依、依法管理。

2. 逐步完善法规

公务员辞职是什么？包含哪些类型？如何管理？40多年来，党中央和政府部门针对不断出现的新问题、新现象，进行调查研究，逐步从行政命令式的管理走向加强立法、依法管理。比如对公务员兼职经商的问题，最后找到"辞去公职"的办法，要求其不得两头兼任，要么辞去企业的职务，要么辞去公务员身份。对辞职后的从业问题，限制辞职后的公务员在一定期限内不得到与其原来的工作有利益关系的企业任职和工作。对主要领导责任心不强的问题，找到了"引咎辞职"和"责令辞职"的方式来对他们进行问责。因此逐步完善法规设计是公务员辞职管理的一条经验。

3. 分级分类管理

根据党管干部原则对各种公务员辞职形式的管理权限实行分级分类管理。所有公务员的辞职原则上都要由具有审批权限的党委或党组会议表决通过。组织部门和人事部门主要对应管理的是程序性事务。比如领导干部辞职由中共的组织部门管；一般公务员辞职则由人事部门管理。

中组部管理的干部辞职的审批权限在中央；省管干部的辞职审批权限在省委；县管干部的辞职审批权限在县委。由人大和政协选举产生的干部还要向选举机关提出书面辞职。这种分类设计符合中国国情，使公务员辞职的程序和过程具有可操作性。

二　公务员辞职管理中的问题分析

（一）辞去公职

1. 畅通公务员出口渠道的同时造成人才流失

公务员辞职制度设计的功能之一就是要畅通公务员出口，打通公共部门与社会各行业的出口和入口，促进人才的自由流动。然而现实执行中却造成某些中央部委新的人才流失问题。人社部对 21 个中央部委进行抽查的统计结果显示，从 1998 年到 2002 年，这 21 个部委共有 1039 名本科学历以上的公务员离职（辞职），占同等学历公务员总数的 8.8%。在辞职的公务员中，外语、国际法、国际经济、国际贸易、国际金融、涉外审计等涉外专业人员流失严重。从部委角度看，外交部共 164 名公务员辞职，其中外交业务类共辞职 136 人，占总数的 83%；文化部共辞职 22 人，其中外语专业 13 人，占总数的 59%。相应的，跟这些专业相关的部委成为人才流失的重灾区，如原外经贸部流失 158 人、外交部流失 157 人、中国人民银行流失 107 人、审计署流失 88 人。在这些辞职者中，年轻公务员占多数，例如外交部 35 岁以下的辞职者占总辞职人数的 80%；原外经贸部在 1999 年至 2001 年中有 123 名年轻公务员流失，占同期录用的大学毕业生总数的 72.8%。[①] 一份对广东的调查显示，从 1994 年至 2003 年，广东省共有 2081 名公务员辞职，占总公务员人数的 1.7%。同期被辞退 903 人，占公务员人数的 0.74%；开除 791 人，占公务员人数的 0.65%。[②] 中共十八大以来，我国反腐工作被提上了前所未有的政治高

[①] 王虎：《公务员流失报告：中央部委三年流失人才 1039 人》，《21 世纪经济报道》2003 年 9 月 10 日。

[②] 骆立骞：《广东省公务员辞职、辞退、开除状况调查》，《探求》2006 年第 5 期，第 36 页。

度，加强公共权力系统内部人员的清正廉洁建设成为"政治新常态"建设的重要一环，党和政府逐步规范了对公务员的管理，逐步打掉黑色收入，取消灰色收入，规范"三公"管理。在这种背景下，公务员离职现象近年来呈增多趋势，2014年我国的公务员总数已达到717万人，而2014年公务员辞职人数约为9000人，公务员辞职率约为0.126%。[①] 据人社部透露，2015年辞职的公务员为1.2万人，辞职率为0.2%。[②] 北京市在2009年至2014年的5年间，已有超过500人主动调离了北京法院系统，法官流失已经成为一个严重现象。[③] 上海市各区县的法院辞职法官人数2013年超过70名，比2012年增多，2014年超过100名（其中86名为法官），2015年上海有多名厅官辞职。[④] 2016年3月在全国"两会"上，时任上海市委书记韩正证实：上海公务员离职与辞职现象每年都有，2015年以前公务员交流和离职占比约为0.5%，2015年为0.9%。[⑤] 以上数据表明：一边是公务员辞职现象增多，一定程度上缓解了公务员出口难的问题，为新入职者和年轻公务员腾出位置；另一边是面临有水平、有知识、有经验的公务员从政府机关流失的问题。

2. 辞职后的职业选择渠道单一

综观改革开放40多年来的公务员辞职现象，发现辞职之后绝大多数人员去了外企、民企和国企；而选择教育、公益等行业的人寥寥无几。"下海者"居多，以致社会上误把公务员辞职等同于公务员"下海"。据浙江省有关部门统计，从2000年到2003年3月，全省（省直机关和11个市）共有125名县（处）级以上党政干部辞职或提前退休，省直机关22人、市县级官员103人，包括9名厅级官员。在这125名"下海"官

---

① Li Yongkang, *Analysis of Resignation Trend of Chinese Civil Servants*（2016 2nd International Conference on Social, Education and Management Engineering, Bangkok, Thailand, March 2016），p. 20.
② 王红茹：《我国公务员总数首披露：截至2015年底共有716.7万人》，《中国经济周刊》2016年第24期。
③ 温薷：《5年流失500余法官》，《新京报》2014年3月12日。
④ 陈琼珂：《司法改革能消解法官离职潮吗》，上观新闻，2015年4月19日，https：//www.shobserver.com/news/detail？id=4592，最后访问时间：2019年10月17日。
⑤ 盛垫：《韩正：上海公务员离职与辞职现象每年都有未成"潮"》，凤凰山东，2016年3月7日。

员中，77人进入民企，占总数的62%。中国广厦控股有限责任公司的管理团队中，曾任处级以上职务的干部有46人。① 如表5-3所示，一份对全国人才流动的调查显示，人才流动去向最多的是外资企业，接近41%，如果加上选择民营企业和上市公司的人数，则达到68%；愿意再次选择回机关做公务员的比例仅为12.8%。② 这表明公务员辞职从商的比例与全国各类人才流向企业的比例趋势基本一致，多数选择到企业工作。

表5-3 我国各地区与人才流动组织选择关系

单位：%

所在地	国有企业	民营企业	外资企业	上市公司	事业	机关	其他
东北	13.7931	10.34483	37.93103	27.58621	6.896552	6.896552	10.34483
华北	2.564103	12.82051	41.02564	10.25641	17.94872	12.82051	2.564103
华东	2.5	12.5	45	25	15	12.82051	0
华南	5.555556	14.58333	40.97222	10.41667	15.97222	10	7.638889
华中	3.076923	10.76923	35.38462	13.84615	16.92308	11.80556	6.153846
西北	0	3.703704	48.14815	18.51852	7.407407	14.81481	7.407407
西南	5.555556	5.555556	38.88889	22.22222	13.88889	11.11111	2.777778
总计	4.358354	11.86441	40.9201	15.49637	15.01211	12.83293	5.326877

资料来源：武博：《当代中国人才流动》，人民出版社，2005，第158页。

3. 机构改革导致逆向选择现象

我国自改革开放以来的政府机构改革已经有6次之多，其中前4次均以机构精简和裁减"冗员"为主。特别是从1998年到2002年的第4次机构改革，力度最大。按照方案的要求：国务院机关人员编制由3.2万人削减为1.6万人，削减50%。③ 由于机构改革裁员任务较重，各地各部门都使出了浑身解数，除了辞退、清退、离休、退休等手段外，还采取了很多鼓励性辞职措施（见表5-4），如"带薪'下海'""停薪留职""停职留薪"等，为了完成裁员任务而鼓励和动员公务员辞职。更有极端的例子，如2003年3月，吉林省榆树市有1339名干部离开原工作岗位，

---

① 周庆行、吴新中：《新一轮"官员下海"析》，《党政论坛》2005年第2期。
② 武博：《当代中国人才流动》，人民出版社，2005，第158页。
③ 徐颂陶、孙建立主编《中国人事制度改革三十年》，中国人事出版社，2008，第37页。

在"保留身份、保留职务、保留待遇"三保留的优厚条件下,带薪"下海"经商。其中,市局级领导干部44人,乡级领导干部99人。但是这些干部在"下海"期间每年有创税的任务。"为保证目标的实现,市委给'下海'干部定下任务:乡局级领导干部离职锻炼期间,每人每月交150元保证金,锻炼结束时,经考核完成2000元税(利)的,返还保证金;其他干部,每人每月交100元保证金,上缴税利底线为1500元。对那些表现突出的人员,政府给予奖励,并优先提拔使用。而未完成任务者,将在全市范围内通报批评。"① 而这种半官半商、亦官亦商的身份,难免引发官商勾结,与民争利。

表5-4 部分地方鼓励公务员辞职政策介绍

地点	时间	政策	措施
武汉市	2002年8月	《关于建立健全公务员退出机制的意见》	对辞职创办实业的公务员给予物质上的补偿
天津市	2003年5月	《机关公务员和事业单位工作人员离岗创办和领办私营企业或到私营企业工作的实施办法》	公务员经批准可以离岗在本市企业工作或创办企业,三年内可以申请回单位,自返回之日起计算工资福利
湖南省	2003年7月	《关于贯彻落实〈中共湖南省委、湖南省人民政府关于加快民营经济发展决定〉的实施意见》	机关、事业单位工作人员辞去公职从事民营经济的,可一次性发给不超过本人5年基本工资的辞职金。辞职后机关事业单位工作人员经过公开招考、公开招聘等被机关事业单位重新录用或者聘用,同时原来的辞职金全额退还
榆树市	2003年	榆树市委1号文件	"保留身份、保留职务、保留待遇"
浏阳市	2003年4月	《关于鼓励干部职工直接从事经济工作的若干规定》	鼓励行政机关单位的干部职工直接从事经济工作,盘活人力资源,促进经济发展
河南省	2003年8月	《关于进一步为促进非公有制经济发展提供人事人才服务的实施意见》	规定机关工作人员离岗从事非公有制经济工作可保留三年身份和工资福利待遇

---

① 彭冰:《吉林榆树千余名干部带薪"下海" 保留身份和职务》,《中国青年报》2003年4月6日。

续表

地点	时间	政　策	措　施
江苏省	2004年4月	《关于进一步加快民营经济发展的若干意见》	党政机关和事业单位工作人员辞职创办民营企业或到民营企业就业的,将给予一定补偿
山西省	2004年	《关于进一步加快非公有制经济发展的决定》	经批准自愿离职到非公有制企业工作的,3年内原单位发给基本工资。3年期满,继续留在非公有制企业的,按规定办理辞职手续;要求回原单位工作的,由原单位安排工作
河南商丘市	2008年	《关于扩大对外开放促进全民创业的若干规定》	鼓励机关事业单位干部带头创业,给予一次性经济补偿
云南昆明市	2008年	《昆明市人事局关于支持服务非公有制经济发展的实施细则(试行)》	对辞职的公务员或事业单位工作人员予以经济补偿。工龄20年以上的可以获得一次性奖励金20万元

资料来源：各地政府门户网站。

这些鼓励公务员辞职的政策同时导致逆向选择（adverse selection）现象。有学者指出，在公共部门精简的过程中，"一般而言，政府只能通过财务诱因，例如发放资遣给付（severance pay）或补偿金，驱使公务员自愿离职或提早退休，或为员工安排新职位或职业（可能变成非公务员身份），使他们离开需要裁撤的职位"；"人力精简的目的是要达到裁撤冗员，保留精英"。[①] 然而从人力精简的现实来看，往往事与愿违，冗员由于能力问题，害怕失去公务员身份，或者没有好的去处是不会就范的，相反会把一些需要保留的精英挤出公务员队伍，导致精英流失即胜任者离去，不胜任者留下。这种现象被称为辞职中的逆向选择（adverse selection）现象（如图5-1所示）。2003年，《21世纪经济报道》根据人社部对21个中央部委进行抽查的结果，分析得出了一个趋势：中央机关处级公务员和有硕士、博士学位的公务员流失的比例增大。例如，原外经贸部在2001年流失的59人中，处级公务员有19人；而原国家经贸委流失

---

① 吴琼恩等:《公共人力资源管理》,北京大学出版社,2006,第351页。

的 51 人中，有 5 位博士、15 位硕士。原对外经贸部从 1999 年到 2001 年，辞职人数以 24、40、59 人持续攀升。①

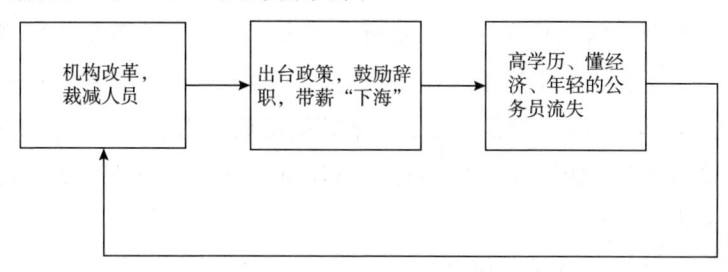

```
┌──────────┐    ┌──────────────┐    ┌──────────────┐
│ 机构改革，│───▶│出台政策，鼓励辞│───▶│高学历、懂经  │
│ 裁减人员 │    │职，带薪"下海"│    │济、年轻的公  │
│          │    │              │    │务员流失      │
└──────────┘    └──────────────┘    └──────────────┘
     ▲                                      │
     └──────────────────────────────────────┘
```

图 5-1 公务员辞职悖论

要保留住优秀的公务员，可以为其提供三条去留的选择途径：一是保留工作；二是离职并资取遣散费；三是保留工作并可获取较高薪酬，但转制为固定合约员工。第三项选择可以帮助保留最有生产力的公务员，因为选择第三项的员工理应是不怕失去工作，在外面有很多工作机会的优秀员工。如果没有第三项选择，这些员工可能会选择第二项，使部门失去重要人才。②

对两种精简人力策略的评析：利用优惠政策鼓励公务员离职和鼓励提早退休③，利用优惠政策鼓励公务员离开编制是政府部门精简惯用的手段，因为政府无法像私人企业那样对大部分员工实行强制性裁员，政府也不允许因实行精简而导致政局不稳。为了达成精简指标，一种策略是只好在具体政策上用很优厚的补偿方案来吸引公务员离开职位。除了国务院的优惠措施外，一些市县地方政府更利用调涨工资、一次性补贴、带薪学习等方式，让一些人员提前离职，把行政编制空出来。④

另一种策略是鼓励部分人员提前内退。鼓励提早退休的措施可能会导致人才流失，因为提早退休的对象往往是 50 岁左右、工作经验丰富的

---

① 王虎：《公务员流失报告：中央部委三年流失人才 1039 人》，《21 世纪经济报道》2003 年 9 月 10 日。

② SURF for Arab State, *Public Sector Downsizing: Early Retirement Schemes and Voluntary Severance Pay* (Beirut: United Nations Development Programme, 1999), p. 3. 转引自吴琼恩等《公共人力资源管理》，北京大学出版社，2006，第 352 页。

③ 吴琼恩等：《公共人力资源管理》，北京大学出版社，2006，第 361 页。

④ 孙亚菲：《政府瘦身：效果如何？》，《领导文萃》2003 年第 2 期。

部门支柱。一旦他们离开，可能会导致部门的工作效率或服务质量下降，有违精简的最终目的。面对工作前景不明朗及工作压力增加的情况，最有可能离开职位的正是部门内的精英，因为他们在就业市场中仍然有很多机会。为了防止发生以上情况，香港的经验值得借鉴，香港存在申请"自愿退休计划"的公务员，他们的申请提出后仍需要得到上层的批准。2003年的申请者在第二轮的"自愿退休计划"中，有57名因其对部门有工作需要而不予批准。

4. 辞职中的潜在腐败问题

（1）"下海"捞钱，上岸养老。"带薪'下海'"和"停薪留职"的做法一定程度上是为完成机构改革任务，让部分人"隐身"，等精简数字上报后，机构改革不再是主要任务，不受关注时，多数"下海者"逐步浮出，回到原单位养老。笔者在云南省调查时得知，省厅机关当年辞职"下海"经商的公务员如今多数已经回到机关工作，等待退休养老。然而这种公务员与原单位千丝万缕的关系容易引发官商勾结和欺行霸市，从而破坏公平的市场竞争。当前为何民营企业乐意邀请官员加盟，也是因为垂青于官员的关系网和信息资源。

（2）不怕官员辞职，就怕官商勾结

近年来有少数领导干部主动辞职"下海"，或者利用原有职权便利谋取利益，在群众中造成了不良影响。对此，有网友认为，公务员退休或辞职后经商受到一定限制可以更好地保护国家安全，减少并遏制腐败。人民网一篇署名陈家兴的人民时评评论指出，离职官员经商，容易涉足其原职权管辖范围和相关业务工作领域。一些人为了攫取利益而逃避惩罚，在职握有公权力时，便对一些人和一些行业领域多有关照，图的是离职后的回报。这是为社会所诟病的"期权腐败"。一旦"期权"在手，一些人便主动辞职"下海"，加以"变现"。也有反对观点认为，公务员离职经商能够促进创业，不是所有公务员离职经商就一定会产生腐败，不应该全盘否定。①

从本书收集整理的公务员辞职统计表可以看出，完全辞去公职从业

---

① 《限制下海》，《职业》2009年第31期，第72页。

的公务员，不管在哪一个行业，都做出了成绩和贡献，出现问题的情况极少，如表5-5所示，只有吴志剑是因为违法经营、经济诈骗而获刑。李达昌案严格说跟他辞职去西南财经大学教书没有任何关系，他是因为担任领导职务期间的错误而获刑的。正如浙江省地税局原总会计师徐刚所言，如果官员真的是为了腐败而辞职，他去企业工作后，一个乡镇纪委就可以查他了，而原来的官员身份更容易保护其安全。因此辞职从商的高官，多数不会奔腐败而去。

表5-5 辞职官员中的腐败现象

姓名	辞职时间	辞职前职务	辞职后的职务	被起诉的原因
陈 熙	1993年	黄岩市国土局副局长	黄岩市房地产开发公司总经理（国有）	涉嫌行贿、挪用公款、私分国有资产
李经纬	1984年	广东三水县体委副主任	将县酒厂发展为"健力宝"品牌	2002年，因"涉嫌贪污犯罪"被捕
吴志剑	1985年	湖南常德市公安局宣教科干部	深圳政华集团总裁	2003年被判17年有期徒刑
李达昌	2003年	四川省副省长	西南财经大学教授、博士生导师	任职期间挪用公款数额巨大

相反，多发问题为半官半商身份和官商勾结所致。比如退居二线的干部被聘到企业兼职做董事等；"带薪'下海'"返回单位后继续暗中合伙经商或开"官家店"[①] 等。一份对官员在上市民企的任职情况统计表明，前官员在上市民企担任职位最多的是独立董事，有139人；排第二位的是董事，有74人；排第三位的是监事，有43人。三类职务均属虚职，占聘请官员总数的76.6%。[②] 这种虚职更加让社会难以相信民企聘请官员任职和官员们"下海"的动机是纯洁的。相关管理部门应该依法予以调查和澄清。

5.对辞职法规的执法不严导致腐败

由于受到长期施行人治的影响，中国推行法治的最大阻碍来自执法

---

① "官家店"即看似与领导干部没有关系，企业是他的家人或亲属所办，但实际上官员本人才是实际上的操作者，在地方小社会里，是"公开"的秘密。

② 《上市公司中的官员》，《投资者报》2010年7月5日。

不严和对现行法制的漠视。人情社会和关系网经常会冲破法律的底线。尤其是管理官员的行政法规更容易在监督不到位和官官相护中被置于一旁，得不到严格执行。据广东省陆丰市政府新闻办有关负责人2013年2月5日晚通报，广东省陆丰市公安局党委委员赵海滨因持假身份证经商事件，陆丰市委、市政府当日下午专门开会研究，决定免去赵海滨市公安局党委委员、碣石镇党委副书记职务，并立案对媒体曝光的问题全面调查。面对网络关注和记者询问，当事人赵海滨十分坦然地承认了自己有两个身份证的事实。赵海滨说，20世纪90年代他从陆丰市公安局东海镇分局治安股"下海"经商，当了一家保安公司的副总经理，用自己的曾用名"赵勇"办了另一张身份证，组织关系保留在公安局，直到1997年才回到公安系统上班。[1] 这个持两张身份证经商的公安局干部难道不懂法吗？长达十几年，难道管理部门没有丝毫察觉吗？

近年来，部委官员辞职"下海"，赴下属控股机构或被监管机构任职的情况增多。税务系统的反避税专家成为国际会计师事务所税务风险合伙人。[2] 证监会官员离职后到证券公司工作。[3] 根据基金公司公开的招募说明书统计，已先后有近50名证监公务员辞去公职，到基金公司担任高管职务，这些前官员分布在国内30多家基金公司中。[4]

相关辞职法规已规定公务员离职后在一定期限内不得到被监管的单位中任职，并规定机关直属事业单位参公管理。法规与事实都能对上号，但长期的辞职违法从业现象却得不到有效管理。如果说证监会属于参公管理，限制条件无法对他们生效还情有可原。然而税务系统和上述的公安局官员、镇党委副书记的违法现象长期得不到处理，只能证明是执法不严所致。这就需要媒体曝光和公众关注与群众监督相结合。

---

[1] 詹奕嘉：《广东疑拥192套房"房警"被免职并立案调查》，新华网，http://www.360doc.com/content/13/0206/10/1427567_264505680.shtml，最后访问时间：2019年7月30日。
[2] 王超：《中国反避税空间大难题多》，《中国青年报》2012年5月2日，第5版。
[3] 袁名富：《证监会官员下海如何"防火"与"灭火"》，《南方周末》，http://money.163.com/12/1019/10/8E60ECDV00253B0H.html，最后访问时间：2019年7月30日。
[4] 袁名富：《证监会官员下海如何"防火"与"灭火"》，《南方周末》，http://money.163.com/12/1019/10/8E60ECDV00253B0H.html，最后访问时间：2019年7月30日。

6. "90 后"公务员的入职可能会带来辞职率上升

"90 后"特指 1990 年以后出生的年轻人。有分析认为,"90 后"具有自我意识非常强,自我认知比较明确,渴望得到尊重,追求工作的弹性、灵活等特点。这一代年轻人入职后会产生哪些问题呢?

中国之声《央广新闻》报道称,"90 后"职场新人离职率高达 30%,辞职的理由是"我不感兴趣,所以我不干了"。① 对此他们的父母普遍所持态度是:家里不差钱,只要孩子高兴就行。一些企业目前采取多招一倍新人的方式以防止"90 后"员工不报到,或者试用期就辞职,很多企业负责人表示以往没有遇到过这样的情况。而新人辞职的理由,多半是感觉工作累、枯燥,没有兴趣,与同事特别是上司"不对路"等。

2012 年之前入职的多半是高中、高职类学校毕业的"90 后",这些学生能进入公务员系统的并不多,多数进入企业工作。2013 年以后,大学毕业的"90 后"将更多地参加工作,也会有部分"90 后"大学毕业生选择做大学生村干部或报考公务员,因此在企业中离职率高的趋势也会逐步在公务员职业中显现。当务之急,是要加强研究,稳定公务员队伍,做好应对之策。

(二) 辞去领导职务

1. 因公辞职

因公辞职是一种常见的职务变动现象。通过各类检索发现,截至目前没有一篇专门研究因公辞职的学术论文。通过分析发现,因公辞职有几个问题值得研究。

(1) 因公辞职是领导干部任期之内的职务变动,与干部任期制规定存在潜在冲突。《党政领导干部职务任期暂行规定》第三条规定:党政领导职务每个任期为 5 年。第四条规定:党政领导干部在任期内应当保持稳定,可以在任期内进行调整的条件之一是"因工作特殊需要调整职务的"。这说明职务任期制是基础,职务变动则是根据实际工作需要进行的

---

① 孙莹:《"90 后"职场新人离职率高达 30%》,东方网,http://news.jschina.com.cn/system/2012/10/03/014779331.shtml,最后访问时间:2013 年 2 月 7 日。

调整，是有条件的、个别的调整。要防止部分地方违反任期制，突击提拔干部的所谓"因公辞职"现象。

（2）因公辞职没有限制条件。《党政领导干部辞职暂行规定》对因公辞职的规定没有给出任何限制条件。相反，对"自愿辞职"情况给出四条限制性条款。笔者认为这些条款也应适用于因公辞职的领导干部。即使组织部门因工作需要，在任期内进行局部干部调整，也应该严格履行相应管理程序，并尽量减少对被调整干部原单位正常工作开展的影响。当前，因公辞职的条款简单粗放，解释权在组织部门，存在管理隐患。

（3）对因公辞职的信息公开问题处理不当。因公辞职本来是对人大或政协所选举干部的任期内的职务进行变动。这些干部担任的均属于要职。因何种原因要在任期内变动，变动后是否对原来的部门和工作产生不利影响，选举机关是否同意等方面，管理部门有义务向权力的主人——公民在一定范围内进行通报和宣传。但目前对因公辞职现象的报道极少，从百度新闻标题中仅仅发现2006年有几例，而且报道内容简单，在引咎辞职备受关注的背景下，这会引起社会和公民的猜疑。因公辞职本来是各种辞职中最普遍的现象，公民却对其知之甚少。

（4）因公辞职中的离职审计可能会流于形式。这源于思想认识上的不到位。部分人认为因公辞职的干部是被平级调动或者提拔重用，又不是出了什么问题，所以对因公辞职干部的离职审计，没必要那么较真。

2. 自愿辞职（现职）

（1）与自愿辞去公职现象相比，自愿辞去领导职务的现象极少。从第四章对辞去公职的领导干部的统计分析看，特点是数量多、能力强，但是这种辞职现象属于自愿辞职中的"辞去公职"，"辞去现职"仅仅是"辞去公职"的伴随现象。在官本位文化仍然盛行的当今，晋升难度极大，如果不是受到外在压力或组织部门的压力，很难相信会有领导干部自愿主动交出自己的权力和待遇，然后去做一般的公务员。四川省原副省长李达昌辞职去西南财经大学做教授和博士生导师的例子似乎更接近于领导干部自愿辞去领导职务，只可惜我们没有看到好的结局。

（2）自愿辞去领导职务与因公辞职现象界限模糊。领导干部因为身体健康问题或者接近退休年龄，被安排到行业协会、人大和政协机关，这是领导干部因公辞职还是自愿辞职？

（3）自愿辞去领导职务的限制太多。限制性条款有四条：存在党政领导干部有重要公务尚未处理完毕，而且须由本人继续处理；由人大、政协选举、任命、决定任命的领导干部任职不满一年；正在接受纪检机关（监察部门）、司法机关调查或者审计机关审计；有其他特殊原因等情形之一的，不得辞去领导职务。① 因此能够如愿以偿地卸任的可能性也较小。

3. 引咎辞职

引咎辞职是我国政治民主化、法治化的必然结果，有助于监督主要领导。然而有学者认为，引咎辞职存在三忧：一忧标准和主体不明，难以执行；二忧制度运行，变形变质，会导致"劣币驱逐良币"的后果；三忧消极影响，不容忽视，即与法律责任和惩戒混淆在一起，成了应承担法律责任者的保护伞。② 这也是目前引咎辞职实施几年来所遇到的主要问题。

（1）立法争议问题。尽管引咎辞职2005年已经入法，并实施了几年，但是对其是否应该入法的争论仍然在持续。反对引咎辞职的观点归纳起来有以下几点。第一，从国外的经验看，引咎辞职是一种惯例，是民意的体现，引咎辞职不宜明文出现在法律法规中。③ 第二，引咎辞职存在的条件短时期内在我国难以具备，且其监督效果作用有限，应该严格执法，加大对领导干部违法犯罪行为的打击力度，打造责任政府。故建议在修改《公务员法》时，删除引咎辞职条款，使其回归道义责任之本位。④ 第三，引咎辞职应属于道德范畴，通过立法对其进行调整是一种制度错位。在引咎辞职的法律实践中还存在有悖宪法原则的问题。⑤ 第四，2001年最高人民法院颁发的《地方各级人民法院及专门人民法院院长、副院长引咎辞职规定（试行）》如果贯彻，其结果将有可能损害司法独立

---

① 《党政领导干部辞职暂行规定》，2004。
② 贺日开：《〈公务员法〉引咎辞职制度之忧思》，《法律科学（西北政法学院学报）》2007年第6期，第60～66页。
③ 高秦伟："引咎辞职"与公务员"退出机制"的完善》，《重庆行政》2001年第6期。
④ 贺日开：《〈公务员法〉引咎辞职制度之忧思》，《法律科学（西北政法学院学报）》2007年第6期，第60～66页。
⑤ 王世涛：《中国的引咎辞职法律化评析》，载《中国法学会行政法学研究会2010年会论文集》，2010年7月19日。

性和法官独立审案。① 这些争议证明我国的引咎辞职在制度上有待完善。

有学者认为我国把"应然"的引咎辞职变成了"实然"的引咎辞职。引咎辞职的"应然"状态是：第一，不是制度，是民意；第二，是一种基于道德自律和前途困惑的自责；第三，"咎"的范围较宽广；第四，辞职是辞职者的个人自觉行为；第五，辞职的对象是选任类和委任类的领导干部（国外的政务官）。被变成的"实然"状态为：一是将引咎辞职变成制度；二是变相的处分；三是所引之"咎"仅是"职责过失"；四是大多是强制性的；五是被认为是一种普适性"治吏良方"。② 笔者认为由于中国的法律属于大陆法系，即没有法条，无法量刑。把"引咎辞职"的惯例变成"引咎辞职制"是大陆法系国情的需要。然而即便是引咎辞职制，也应找准引咎辞职的位置，厘清边界。引咎辞职是辞职者基于自身的道德和职责的过失，因自责而主动提出辞职的行为。它是一种自发行为，是辞职者在行使自己的辞职权利。辞职的动因来自对党和人民重托的辜负和内疚。因此，引咎辞职的权利救济问题无从谈起。如果有"咎"的领导不辞职，干部选举和任免机关可以依法调查和启动罢免程序。

然而，"实然"的引咎辞职却演变成党委（党组）的决定行为，演变成比警告、记过处罚还严重的处分，因为受到警告、记过等处分的领导，仍然可以戴罪立功，无须辞职。因此有的领导在出事后一边四处托人说情，一边等待领导和组织的决定，如果是受到警告、记过、记大过等党纪政纪处分，就不用引咎辞职了，自己经营多年的职位可以保住了。显然"实然"的引咎辞职变成了一种处分，它比警告、记大过等严重，比撤职和开除处分轻。然而这种"实然"的引咎辞职制确实有点多余，完全可以通过严格执行现有的党纪政纪和法律制度达到对领导干部进行问责的目的。

（2）引咎辞职的"咎"范围问题。目前引咎辞职法规和党规中列出的九种情形，基本是基于自身职责的领导责任。相比较而言，国外高官辞职的"咎"有：治理不善、发生各种事故、贪污、弄虚作假、各种丑

---

① 苏力：《中国司法改革逻辑的研究——评最高法院的〈引咎辞职规定〉》，《战略与管理》2002年第1期。
② 高国舫：《党政干部淘汰机制研究》，中共中央党校出版社，2005，第73~77页。

闻等。总之，高官辞职的标准是公众不满意，官员已经失去民众基础，因此不得不辞职。与国外高官的辞职惯例相比，我国"咎"的范围要小得多，这造成现实中部分领导干部有"咎"不辞，因为这些"咎"是违反了公众的标准，而不是违反了法律和党规的要求。

4. 引咎辞职和责令辞职后的复出问题

引咎辞职和责令辞职作为对党政领导干部进行问责的方式，其结果是使其失去领导职务。由于这两种问责中，领导干部不是直接责任人，而是负有重要领导责任，因此应该为受到问责的领导进行合理的工作安排，并视其后期表现给予复出的机会。但是从目前引咎辞职和责令辞职后复出的情况看，存在以下几个问题。

（1）复出的时限混乱。从表4-5可以看出，最短的复出时间仅4个月，最长的复出时间有15个月，这源于2004年的《党政领导干部辞职暂行规定》中没有提出对引咎辞职和责令辞职干部"适当安排"的时限。因此实际操作较为混乱。

（2）复出依据不充分。2010年3月中共中央办公厅印发的《党政领导干部选拔任用工作责任追究办法（试行）》规定："引咎辞职和受到责令辞职、免职、降职处理的党政领导干部，应当综合考虑其一贯表现、资历、特长等因素，合理安排工作岗位或者相应工作任务，并同时确定相应的职级待遇。"但是这并不等于重新安排领导职务，而且所谓的"综合考虑"，在实际实施过程中到底如何界定？"综合考虑"的标准到底是什么？是否能真正公平公正地发挥作用呢？这一系列的问题的答案恐怕还是不够明确。如果在官员的任免中不真正引入群众的监督，如果选人用人制度不真正实施"金鱼缸效应"，"两年内不得提拔"的规定就会变成一纸空文。

（3）复出的规定不规范。众所周知，现实中领导干部的"引咎辞职"和"责令辞职"，与一般社会职场的"辞职"性质完全不同，前者仅是具体官位的辞职，辞职后行政级别、官员身份以及相应的福利待遇一般不受影响，即"引咎辞职"和"责令辞职"不等于"开除"和"撤职"，更不是完全结束政治生命。因此，引咎辞职官员的福利待遇并没有受到太大影响，有的领导干部引咎辞职后依然"开心"地生活，公众戏称官员引咎辞职和责令辞职是"带薪休假"。有的官员辞职不久便复出,这样看来,引咎辞职反而成为一些问题官员的避风港,先避下风头,换身再战。"两年内不得提拔"的规定很难挡住官员变相复出。这种结果使行政问责大打折扣,给党和政府的形象造成负面影响。

(4)复出过程中的公众缺位。依据《党政领导干部辞职暂行规定》第二十九条,"对引咎辞职、责令辞职以及自愿辞去领导职务的干部,根据辞职原因、个人条件、工作需要等情况予以适当安排"。因此,官员引咎辞职之后再度"复出"、重新任职,有章可循。然而,许多复出高官从"蛰伏"到"复出"的依据不充分,过程不透明,缺乏"能见度",广大公众的知情权、监督权等权利受到忽视。

5. 责令辞职的强制性与公务员辞职的"主动性"存在冲突

责令辞职既是领导干部辞职制度的一种形式,同时也是领导干部问责制的一种方式。从问责制的角度看,责令有问题的领导干部放弃现任职务是合理的,其问责程度比"引咎辞职"重,但是比就地"免职"的问责明显要轻。如果领导干部的责任确实介于"引咎辞职"和"免职"之间,责令其辞去领导职务是可行的。然而,从辞职制度的角度看,如果引咎辞职还可以算是辞职者主动做出的选择的话,"责令辞职"就是一个典型的党委和组织部门的行政命令,是"被辞职",带有明显的强制性。这与辞职的"主动性"存在冲突。

第六章 国外公务员辞职管理

由于公务员范围包括西方国家的政务官和事务官,所以本章对国外公务员的范围采用广义上的界定,只有这样才能与中国的公务员范围接轨。因此介绍国外公务员辞职制度时,必然包括公务员辞职和高官辞职。本章首先介绍和分析国外公务员辞职及其管理措施。主要根据所收集和占有的资料,介绍各国公务员辞职的基本情况;梳理公务员法规中的辞职法规依据和具体管理措施;总结各国公务员辞职管理中达成的三点共识,即有条件辞职、限制公务员辞职后的从业行为和西方国家普遍限制公务员参与政治活动。本章的第二项重要内容是分析高官辞职及其管理措施。本章首先分析了国外高官(涵盖民选官员、政治任命官员和高级公务员三种情况)辞职的类型和原因;其次详细分析以美国为代表的弹劾制度与辞职的关系,以日本为代表的高级公务员退职管理与辞职的关系;最后分析这两种制度对中国的借鉴价值。

一 国外公务员辞职及其管理措施

(一) 公务员辞职

1. 美国公务员辞职的演变历程

美国联邦公务员辞职的演变历程分为四个时期:绅士治理时期——政府雇员相对稳定;分肥制时期——公职轮流坐庄;功绩制时期——事务类公务员相对稳定;公务员改革与转型时期——促进流动与提高效率。

(1) 绅士治理时期——政府雇员相对稳定

绅士治理时期是指1789年到1828年,经历了华盛顿、约翰·亚当斯、杰斐逊、麦迪逊、门罗、约翰·昆西·亚当斯等六位总统。

华盛顿总统时期,新政府的首要任务就是按照宪法和法律精神选好公务员充任各种职位。华盛顿总统坚持任命适合岗位的人员,即使是退伍的士兵也不能打破效率优先的用人原则。[1] 在他的任期内,如果不是因为公务人员的工作效率问题,几乎没有人员被替换。

约翰·亚当斯总统时期的两党分化开始明显,但是他继续完善公务员用人制度,坚持随缺随补。作为联邦主义者,他坚持任用与岗位匹配、具有执行工作任务能力的人。约翰·亚当斯在其总统任内抵制大量清换行政部门人员的压力,仅有19人因为服务效率问题被更换,稳定了政府。[2] 然而执政党任命核心干部的需要使分肥制度迟早要到来。

当杰斐逊成为总统后,他发现几乎所有办公室都充斥着他的对手。他认为"当人们已经把联邦党人从选举职位上选下来之后,相应岗位人员应该替换为共和党人",然而却遭到多数共和党人的反对,认为"职位不应该被轮流"。因此,在杰斐逊执政的过程中,总统班子的433个岗位中,仅换掉109个。杰斐逊对职位的剥夺比后来者有礼貌得多,离职者会收到合理的通知。他在人事任免权方面既成功维护了其主要目标,激励和满足了他的跟随者,又没有疏远多数反对者。1809年杰斐逊成功终止了关于任免权的争议,但从技术角度看,正是杰斐逊最先把分肥制引入国家服务系统:为党派服务被认可为重新任命的理由,而党派分歧成为离职的原因。[3]

当麦迪逊成为总统后,发现与杰斐逊面临的背景相同,即办公室人员多是他的竞争对手。但当他担任国务卿时,他曾反对职位剥夺制度,并宣布他会因此辞职;因此在担任总统期间,他成功维护了行政班子的和谐,没有跟随轮换职位的呼声,也不打算重换公务员。然而1812年的战争给行政官员带来未曾预料的人事变动,麦迪逊更换了军队和外交两

---

[1] Carl Russell Fish, *The Civil Services and the Patronage* (Harvard University Press, Cambridge, Mass), p. 2.

[2] United States, "Civil Service Commission," *A Brief History of the United States Civil Service* (United States Government Printing Office Washington, 1929), p. 3.

[3] United States, "Civil Service Commission," *A Brief History of the United States Civil Service* (United States Government Printing Office Washington, 1929), p. 4.

个领域的反对者。人事任命权的抱怨成为这一阶段的主题并被大量讨论，然而就国家公务员而言，因党派不同乱用人的现象并不明显。①

门罗成为总统，他似乎正面临普遍善意的好景，仅有34名联邦党人投票反对他。然而，1820年对公务员的管控开始受到攻击。有人在纽约州提出控告：政府的公务员成了"受到管控和遵守纪律的部队"。通过研究相关文献发现，纽约国家公务人员被卷入州政治旋涡，很显然这是州政治家的事，而与国家工作人员不相干。门罗政府为了维持平衡，尽力超越集团利益。②

约翰·昆西·亚当斯当选总统后，执行政治包容政策，甚至提出把选举期间的反对者克劳福德留在他的内阁任职。约翰·昆西·亚当斯在任内仅撤换了12名官员。但他开始"改变或轮流办公人员的原则"。他因控制公务员的纯洁性问题而受到指责。但是对他的批评被解释为由时代背景所致。约翰·昆西·亚当斯总统任内是人事任命的转折点，1828年之前的行政系统从没有谁像亚当斯那样，在人事安排方面受到如此多的批评；而后来的总统也没有谁得到过多于他的赞扬，因为他是最后一位真正的"Statesmen"，而非激发怨恨的"Politicians"。③

总之，在此期间，公务员的规模较小，人员比较稳定。如果公务员行为表现良好，除了内阁成员之外，所有其他行政官员可以被允许无限期拥有行政职位。在这期间，也有出于政治原因的离职者，但多数是选任官员及其所任命的高级官员。对于低层级政府雇员，只要他们提供诚实有效的服务，几乎毫无例外没有被打搅。这段时期公务员职业相对稳定的原因有三个方面。第一是独立伊始，联邦雇员并不多；第二是人民深知英国殖民政府分肥制度的危害，从中接受教训；第三是美国作为一个国家正在建立中，需要政治家的风度来稳定国家。④

---

① United States, "Civil Service Commission," *A Brief History of the United States Civil Service* (United States Government Printing Office Washington, 1929), pp. 4 – 5.
② United States, "Civil Service Commission," *A Brief History of the United States Civil Service* (United States Government Printing Office Washington, 1929), pp. 5 – 6.
③ United States, "Civil Service Commission," *A Brief History of the United States Civil Service* (United States Government Printing Office Washington, 1929), pp. 6 – 7.
④ United States, "Civil Service Commission," *A Brief History of the United States Civil Service* (United States Government Printing Office Washington, 1929), p. 1.

（2）分肥制时期——公职轮流坐庄

美国公务员分肥制度（Spoils System）发源于杰斐逊时期，开始于杰克逊总统，兴盛很多年，直到1881年加菲尔德总统被一名求职未获批准者刺杀身亡才终止。

分肥制是行政职位轮流坐庄的贬义术语，由安德鲁·杰克逊总统开始实施。杰克逊是热情的杰斐逊主义者和老共和党人，他奉行市场自由主义和小政府原则。杰克逊认为政府职位终身占有（life-tenured）科层制急需改革。在此之前，分肥制在纽约和宾夕法尼亚州已经实施多年，主要实行职务任期法案。杰克逊担任总统后，面对党派的众多求职者，他打算更换公务员并缩小其数字。① 杰克逊公开批评职位特权理念："公职被看成一种财产，政府不是作为创造更多服务人民的工具，而是变成促进个人利益的手段。"他主张的四年任期对公务员身份而言，将会打消将职位作为财产占有的念头，公职系统会因为职位轮流而带来健康的行为。他签署并支持职位任期延伸法案。②

杰克逊的改革一开始就遭到来自国会、军队和邮政系统等行业的强烈反对，但1839年最高法院在首个案例（Exparte Hennen）中明确规定，没有哪个政府官员可以把职位当作产权，总统和其他法定的权威有权根据其意志撤换相应职员。③ 杰克逊取得了胜利，在他的行政系统内，610名总统班子雇员中有250名被撤换，比例约为41%。加上被撤换的低职位的联邦雇员，去职率接近20%。④ 杰克逊的继任者，马丁·范布伦也是狂热的杰斐逊主义者，几乎不需要任何理由就清除了杰克逊任内的官员，在他任内的最后两年，他撤换了364名邮政局局长，占12000名总数的3%，为即将到来的选举运动收紧官场作风。⑤

分肥制度的目的看似是要打破某些人对公务员职位的长期垄断，打

---

① Murray N. "Rothbard, Bureaucracy and the Civil Service in the United Stated," http://archive.lewrockwell.com/rothbard/tothbard123.html.
② In 1836, such an extension was applied to the postmasters, who then received a four-year term.
③ Rosenbloom, "Federal Service," pp. 47–50.
④ White, "The Jacksonians," *On Resistance in the Senate*, see Van Riper, *History*, pp. 37–41.
⑤ Murray N. "Rothbard, Bureaucracy and the Civil Service in the United Stated," http://archive.lewrockwell.com/rothbard/tothbard123.html.

破职业的稳定性。其结果却演变成选举中胜利的党派对公职的瓜分，执政党的更替导致了政府人员的大洗牌，影响了工作的稳定性和连续性，因此该制度一开始就受到质疑。分肥制度是去是留的真正测试发生在1840年：辉格党（杰克逊是反对公职轮流的）在总统选举中获胜后驱逐民主党公职人员。是坚持原则，还是在利益诱惑的面前打破原则？结果他们屈从于利益诱惑，剔除了民主党成员，替换成辉格党成员。哈里森和泰勒的行政班子中驱逐出50%的成员。当詹姆斯·诺克斯·波尔克（James Knox Polk）1844年带领民主党返回总统宝座后，他赶走了37%的总统班子雇员。并且在他4年任期内，设法任命了16000名邮政局局长中的13500名，即便仅有1600名被赶出办公室，但有10000名因辞职者离开而填补空缺。当扎卡里·泰勒第二次带领辉格党人主白宫后，他告诉财政部部长："职位轮流坐庄，适合人选被任命，是共和党人的信条。"从此解决了职位轮流的原则问题，泰勒驱逐了总统班子职位持有者的58%。这导致整个19世纪，美国政党狂热地争论和关注意识形态，每一位美国孩子或者移民被社会化为政党成员，并狂热地忠诚于其所属政党及其意识形态。

在许多州，选举投票非常接近，如果某个党的候选人敢于在意识形态评论上含糊的话，这个党的信徒会通过缺席民意调查来惩罚他。与当前的政治景象比较，政党没有特殊的意识形态和特殊的忠诚指令要求，几乎没有浮动的、独立的选民。

在19世纪美国，政党成为通过意识形态控制特殊利益群体和政府补贴与特权寻求者的极其重要的工具。自1896年，意识形态化政党开始消失，这把我们带进所熟悉的微弱和模糊的政党政治，一直到今天。[1]

很显然，意识形态政党既然相信他们的反对者是异己，在交锋中便会更有决心排除政治异己。分肥制增加了为自己党员占位的自然动机，结果导致党派利益与意识形态的追求联姻。党派意识形态和分肥制保持了政党政治体制的健康和繁荣。

20世纪20年代，历史学家Charles R. Lingley很好地表述了分肥制与意

---

[1] Carl E. Prince, *The Federalists and the Origins of the U. S. Civil Service* (New York：New York University Press, 1977), pp. 11, 45-56.

识形态联结的重要性。他认为，在实际的政治领域中，党派是重要的，组织也是重要的。因此，支持代表其权利的政策并且紧密保持与其官方组织的关系是公民的责任。忠诚会获得党内职位作奖赏，不忠则会被视为政治叛逆。①

Lingley 继续写道：任何人如果把选票投给了别的党派候选人或"认为自己超越党派之上"，就是对伟大理想的不忠。他比那些通过对党派献身或尽忠从而获得职位赏赐的人更受鄙视，并且会被拒绝任命公职。职位成为凝聚组织的黏合剂。②

Fred W. Riggs，一位比较公共行政专家首次指出，终身晋升的官僚"功绩制"（Merit System）将宣布"砍掉形成政党政治体系的最重要的支柱之一的根——'分肥'（Spoils）"，在美国，"分肥制在激励政党行为方面起了很大作用"。"职业官僚可以展现他自身的巨大政治力量，以更加成功地抵制政治家声称的有效控制企图。通过分肥制在行政效率方面所失去的东西，或许在政治发展中可以赚回，尤其是如果执政党任免权也可以用来作为获得控制行政的工具。"Riggs 进一步指出，即使是边缘效率也是虚幻的。失去紧密的政治导向，无论他们的培训体系和职业资格认证有多规范，行政官僚都没有足够的动力提供良好的公共服务。官僚们倾向于使用其有效的控制来保卫其方便的官僚利益安全，而不是去达成更大的公共目标。这些官僚利益包括任期、高层级公务员的利益、边缘利益、容忍低绩效、违反正式规范等特权。③

1881年，主张改革政党分肥制的加菲尔德就任新总统，被一名公职求职失败的男子 Guiteau 刺杀身亡。该男子提出"要么公职，要么你的命"（An office or your life）④。这一事件直接促成了对政党分肥制的抛弃

---

① Murray N. "Rothbard, Bureaucracy and the Civil Service in the United Stated," http://archive.lewrockwell.com/rothbard/tothbard123.html.
② Charles R. Lingley, *Since the Civil War* (New York: The Century Co., 1924), p. 118; quoted in Van Riper, *History*, p. 61.
③ Fred W. Riggs, "Bureaucrats and Political Development: A Paradoxical View," In Joseph LaPalombara, ed., *Bureaucracy and Political Development* (Princeton: Princeton University Press, 1963), pp. 128 – 129.
④ Paul P. Van Riper, *History of the United States Civil Service* (Row, Peterson and Company, 1958), p. 89.

和美国公务员制度的出台。

(3) 功绩制时期——事务类公务员相对稳定

现代公务员的辞职概念是以公务员制度的实施为基础的。自从《1883年公务员法》实施以后,再从广义上讨论公务员离职已经意义不大了,因为政务类公务员是任命制,必须与政党选举共进退,因此每一个新总统的就任都会带来政务类公务员的大换血。而事务类公务员根据公务员法规定的"无过失不得开除",整体是非常稳定的。公务员制度实施以后的公务员离职主要讨论事务类公务员的离职情况。

功绩制(Merit System)与分肥制度相对而言,是对分肥制度进行改革的结果,其标志是美国公务员制度或者文官制度的建立。1883年1月,美国总统亚瑟签署了国会通过的《1883年公务员法》(Civil Service Act of 1883),也称《彭德尔顿法》,"标志着野蛮、放肆、'分赃'的公职制度向有序、非政治、富有效率的功绩制转变"。①《1883年公务员法》第一成立了联邦政府公务员的专门管理机构——公务员委员会。第二,采用竞争性考试方式雇用公务员。录用考试面向所有公民,根据考试结果择优录用。既避免了只有上层人士才能担任公职,又避免了仅有执政党的党员才能在任期内担任公职。第三,该法规定,政府公务员在政治上必须采取中立态度,禁止参加竞选等政治活动。政治中立原则确立了公务员的行政身份,与政治选举官员区分开来。第四,保护公务员的职业稳定。公务员实行常任制,不得出于非工作表现原因被解雇。②《1883年公务员法》实施的结果是终止了政党选举轮换对行政人员不稳定的影响,保障行政人员的连续性和行政工作的稳定性。第五,事务类公务员不再由执政党任命,而是所有有志于从事公共职业的公民都可以报名考试,公平竞争,以此保障每个岗位选到合适的人选。

从《彭德尔顿法》开始实施至一战前,一方面,美国公务员(classified service)的离职数据相当不确定,但可以肯定的是离职率没有私有企业高。③

---

① Office of Personnel Management, *Biography of an ideal: A History of the Federal Civil Service* (2004), p. 6.
② "Forty-Seventh Congress of the United States of America," *Civil Service Act of 1883*.
③ Paul P. Van Riper, *History of the United States Civil Service* (Row, Peterson and Company, 1958), p. 165.

另一方面，竞争考试和功绩制得到了推广。1883年，13.3万联邦政府公务员职位中，只有1.4万文秘类职位真正执行竞争性考试录用方式；到1952年，竞争性考试录用公务员的比例上升到公务员总数的86%。[①] 1884年，功绩制仅仅适用于1/10的联邦雇员，到1896年克利夫兰总统第二个任期结束时，19万联邦雇员中的近50%实行了功绩制。[②] 1980年，将近94%的联邦政府雇员被纳入公务员队伍。[③] 这有利于增加事务类公务员的稳定性。

一战期间，由于受到较低工资及其他不平等因素的影响，也有公共雇员辞职并到私营企业去寻找工作，或者试图调到其他能获得更高收入的政府部门岗位。尽管准确性可能受到质疑，然而联邦公务员离职的数字显示，从1903年到1917年，公务员离职（Separations）增加了三倍多。虽然国会立法严格限制雇员转移，但不能从根本上解决问题。[④] 这段时期影响公务员职业稳定的另一个因素是住房问题（Housing）。1917年秋，公务员委员会向时任总统威尔逊汇报住房的紧缺问题已经严重影响首都公务员的录用计划。这期间哥伦比亚地区的政府雇员总数从4万人增加到12万人。1918年8月，住房不足成了影响离职的主要因素，辞职者数量相当于被任命者数量的50%。到了1918年9月，形势变得更严峻，首都的进一步任命工作几乎完全被迫终止。问题一直没有得到满意解决。[⑤]

二战期间，美国政府处于"抵御时期"（Defense period），由于战争的影响，对人员的需求增加，同时人员的不稳定性也增加。从1939年初到1941年12月，公民在行政机构的受雇用率倍增，从90万人增加到

---

① 吴志华：《美国公务员制度的改革与转型》，上海交通大学出版社，2006，第13~14页。
② Paul P. Van Riper, *History of the United States Civil Service* (Row, Peterson and Company, 1958), p. 130.
③ O. Glenn Stahl, *Public Personnel Administration*, 8th (New York: Harper and Row, 1983), p. 42. 转引自〔美〕尼古拉斯·亨利《公共行政与公共事务》（第八版），张昕译，中国人民大学出版社，2002，第425页。
④ Mary Conyngton, "Separations from the Government Service," *Monthly Labor Review*, XI (December, 1920): 11. 转引自 Paul P. Van Riper, *History of the United States Civil Service* (Row, Peterson and Company, 1958), pp. 243 - 244。
⑤ Paul P. Van Riper, *History of the United States Civil Service* (Row, Peterson and Company, 1958), pp. 259 - 260.

1800万人。这意味着每个月增加35000名雇员。到1945年7月，政府的全职雇员超过380万人，外加33万名无薪酬（Without compensation）和每年1美元薪酬（Dollar-a-year model）的男性工作人员。1945年美国总的劳动力达到6500万名，其中近45%（超过1200万名）受雇于军队或者战时制造业，这其中又有25%直接受雇于联邦政府。然而另外，在各领域、各行业都遭受战时人员断层问题时，联邦公务员与私人制造业面临同样的问题。在1942年下半年期间，联邦公务员每月离职率超过5%，相比较而言，在珍珠港事件前是2%，在之前的30多年间，离职率为2%—4%。而同期，私人制造业的离职率更高，为5%—9%。[1]

由于战争期间政府和军队的人员激增，二战后便面临人事裁减问题。到1946年6月30日，军队裁减近800万人，同期政府裁减100多万人。到1947年6月30日，政府雇员从最高峰380万名回落到战后210万名的常态。这期间，政府雇员有进有出，总体上出多于人。1946年6月到1947年6月，有120万名老雇员离开职位，有75万名新雇员进入，有200万人事变动，政府雇员减少近50万。[2] 在接下来的两年，政府雇员的离职率每月超过3.5%。[3] 从1964年到1978年，联邦公务员离职率有所增加。[4]

《彭德尔顿法》的实施极大地克服了政党分肥制的负面影响，有利于促进行政队伍专业化和稳定公务员队伍。然而到20世纪六七十年代，公务员队伍过大、官僚化明显、服务效率不高等问题引起美国社会各界不满。1978年《公务员制度改革法案》的通过，取代了引导美国公务员政策长达95年之久的《彭德尔顿法》，美国公务员管理走向新阶段。

（4）公务员改革与转型时期——促进流动与提高效率

考察这一阶段公务员离职的大背景是1978年《公务员制度改革法

---

[1] Paul P. Van Riper, *History of the United States Civil Service*（Row, Peterson and Company, 1958），pp. 373-374.

[2] Paul P. Van Riper, *History of the United States Civil Service*（Row, Peterson and Company, 1958），p. 411.

[3] Paul P. Van Riper, *History of the United States Civil Service*（Row, Peterson and Company, 1958），p. 421.

[4] The Congress of the United States Congressional Budget Office, "Employee Turnover in the Federal Government," 1986, p. 2.

案》和1993年"重塑政府运动"。1978年《公务员制度改革法案》的重点是克服《彭德尔顿法》的制度设计缺陷，用人事管理局（OPM）取代了公务员委员会，新设立了高级公务员服务局。该法案的基本理念是"由管理者来治理"①。1993年的"重塑政府运动"，目的也是放松规制、裁撤冗员、引入新公共管理范式提高政府效率。在这两次改革的大背景下，公务员离职呈现稳中有升的趋势。这一时期对公务员及政府雇员离职问题的研究文献渐渐增多，联邦公务员离职数据统计逐步呈现规范化和连续性特点。

20世纪80年代早期研究公务员离职的文献并不多，其中最重要的一篇文献是美国国会预算办公室1986年编写的一本报告，名字叫《联邦政府雇员离职》（*Employee Turnover in the Federal Government*）。这篇报告包括三个部分：第一部分是介绍联邦公务员辞职和离职的原因与后果分析；第二部分是联邦和非联邦雇员离职率比较，主要与私有部门雇员的离职率，以及州政府雇员离职率进行比较，对较低的联邦离职率进行解释；第三部分是评估薪酬体系的离职率，包括作为标杆的辞职率、离职的代价以及人事管理。② 该研究报告主要以1984年联邦人事管理局的数据为基础进行研究。报告结论显示：从1964年到1980年，联邦雇员离职率在1979年之前有所增加，之后呈下降趋势；从1979年到1984年，通过辞职率来测算离职率，其比率下降0.2个百分点，从4.5%降到4.3%。③

报告显示，1984年大约有195万名联邦雇员离开联邦服务机构，或者从联邦机构的一个职位流向另一个职位，离职率达到11.5%（详见表6-1）。④

---

① 〔美〕尼古拉斯·亨利：《公共行政与公共事务》（第八版），张昕译，中国人民大学出版社，2002，第460页。
② The Congress of the United States Congressional Budget Office, "Employee Turnover in the Federal Government," 1986, p. 2.
③ The Congress of the United States Congressional Budget Office, "Employee Turnover in the Federal Government," 1986, p. 2.
④ The Congress of the United States Congressional Budget Office, "Employee Turnover in the Federal Government," 1986, p. 3.

第六章　国外公务员辞职管理

表6-1　全职、长期的联邦雇员的年度离职率（1984年）

单位：%

	辞职（quits）	调动（transfers）	退休（retirements）	其他（other^a）	总计
GS职员^b	4.9	1.9	2.4	3.1	12.3
蓝领雇员	2.5	0.5	3.6	2.3	8.9
所有职员	4.3	1.6	2.6	3.0	11.5

注：a. 包括临时解雇、死亡和解雇。这种离职的最普通的原因是没有薪水。
b. 包括依据GS进行薪酬支付的白领工人和与之相当薪酬的职员。
雇员离职的测量（Measuring Employee Turnover）：作为分析目的的离职，包括辞职（quits or resignations）、机构间的调动（transfers between agencies）。其他去职行为，如临时解雇（layoffs）、死亡、休假（furloughs），以及其他没有薪酬的离职行为。
资料来源：国会预算办公室（CBO），来自OPM提供的数据。

美国人事管理办公室网站提供的数据显示，从2000年到2013年，美国联邦公务员总数在2011年前逐步增加，之后逐步减少。离职总人数当中，辞职是最主要的方式，多数年代占到30%以上。辞职率占联邦公务员总数的比例在3.56%到5.34%之间，2000年到2010年呈下降趋势，2010年至2013年呈上升趋势（详见表6-2）。

表6-2　美国联邦公务员离职情况（2000—2013年）

财政（年）	公务员总数（employment）	辞职人数（quits）	辞职者占公务员总数的比例（%）
2000	1762559	94127	5.34
2001	1772533	89668	5.06
2002	1819107	78417	4.31
2003	1848378	82377	4.46
2004	1856441	83688	4.51
2005	1860949	91123	4.90
2006	1852825	91643	4.95
2007	1862404	90161	4.84
2008	1938821	89870	4.64
2009	2038183	74774	3.67
2010	2113210	75261	3.56
2011	2130289	76769	3.60
2012	2110221	76214	3.61
2013	2067262	75146	3.64
2014	2038005	73001	3.58

资料来源：美国人事管理办公室，http://www.fedscope.opm.gov。

美国劳工部自2000年以来对劳动力的流动连续进行统计，从统计结果看，截至2012年底，美国的劳动力流动率总体上在3%到4%之间。[①] 其中统计的劳动力（labor）并没有排除公务员，因此可以推知，美国公务员的辞职流动情况应该也在3%到4%的范围内。美国流动率最高的是与政党共进退的政务官，每4年或者8年一换。美国政府政务上任命的最高层的政府管理人员的服务期限是相对较短的。就部长助理而言，平均不超过18个月，也就是一年半。[②] 相比于政务上任命的高级文官而言，大部分常任高级文官从政府内部提拔上来，流动性比较低，但权威数据显示，除去正常离职现象，在某些情况下，常任高级文官的离职率事实上并不低。在高级文官制度创建的头两年，其离职率达到了两位数，并且在1985年和1986年，其离职率分别达到了9.3%和10.2%（见表6-3）。[③] 这说明美国高级公务员的辞职流动率高于一般公务员的辞职流动率。

表6-3 联邦政府常任高级文官的离职情况（1980—1987年）

年　份	常任高级文官数量	离职数量	离职比例（%）
1980	6437	926	14.4
1981	6198	633	10.2
1982	6044	484	8.0
1983	6164	391	6.3
1984	6254	433	6.9
1985	6208	580	9.3
1986	6113	623	10.2
1987	6180	372	6.0
平均	6189	555	9.0

资料来源：美国联邦人事管理办公室。

---

① 美国劳动部（USDL），http：//data.bls.gov/timeseries/JTS00000000TSR，最后访问时间：2013年3月2日。
② 〔美〕格雷厄姆·T.奥尔森：《公共管理学研究讨论会会议记录》，1979年11月19~20日。彭和平、竹立家等编译《国外公共行政理论精选》，中共中央党校出版社，1997，第331~346页。
③ 龙宁丽：《美国高级文官的回应性研究》，博士学位论文，中国人民大学公共管理学院，2008，第111页。

2. 法国公务员的辞职传统

"欧战以后，因为经济的关系，中上级的员吏往往不愿意继续服务而到工商实业界去活动，以求得较优良的地位和较丰富的进款，这是在法国的行政上一个很大的问题。邮电部在一九一三年中辞职者有一百五十人，一九二〇年有五百人。财政部的商标印花处，一九一三年的员吏总数为四六一三人，辞职者一人；一九一九年总数为四九七一人，辞职者九十八人；一九二六年总数为二六四八人，辞职者为二十七人，参政院自一九一八年至一九二〇年辞职者仅四人，但自一九二一年至一九二二年却增至十七人。其他如教员，工程师及各部之处长等，辞职之数亦有增加。"[①]

3. 新公共管理运动时期的公务员辞职

新公共管理运动中，各国的公务员规模都实现压缩，人数总数减少了。英国从1974年的70.6万人减少到2006年的55.4万人，大约减少了21.5%。导致公务员人数减少的主要原因可以概括为：私有化和合同外包，特别是在技术和生产领域的私有化和合同外包；政府部门提供公共服务方式的转变；监狱人员的膨胀、国际旅游及避难等因素导致相关工作人员的变动；政策的变化引发政府功能的重新定位等。[②] 1975年澳大利亚的联邦政府共有公务员27.75万人，到2002年公务员总数降到12.35万人，下降率超过了50%。其原因是政府结构的重组、政府职能的转变及公共部门人员的迁调等。比如，随着邮政和电信职能分解，约有12.1万人离开了联邦政府；1996年到1999年，由于实行更大力度的政府职能裁减或向市场转移，以及提高行政效率等政策，公务员数量又从约14.3万人降为11.35万人。[③] 与20世纪80年代中期相比，日本公务员人数减少了近1/3。当然这种减少主要源于行政改革中的民营化。例如，仅邮政行业民营化一项改革就减少了28.6万名国家公务员。此外，国立大学法人化减少13.3万人，独立行政法人化减少7.1万人。日本地方公务员数

---

① 龚祥瑞、娄邦彦：《欧美员吏制度》，世界书局，1934，第102~103页。
② 吴志华：《当今国外公务员制度》，上海交通大学出版社，2008，第41页。
③ Australian Public Service Commission, "The Australian Experience of Public Sector Reform," 2003, p. 54, http://www.apsc.gov.au/publication/index.html#s. 转引自吴志华《当今国外公务员制度》，上海交通大学出版社，2008，第159页。

量经历了20世纪90年代初的增长后也开始回落,但是其总体水平还是高于70年代。到2006年底,日本公务员总数约为398.7万人,其中国家公务员约为94.5万人,地方公务员约为304.2万人。①

不难看出,在新公共管理运动中,各国的民营化改革推动了很多公务员主动辞职离开公务员队伍。有的是整个机构退出政府,推向市场,因此原来公务员的身份随之转变为企业雇员。

4. 受经济不景气影响的辞职现象

公务员辞职率会随着经济不景气而上升。2011年,新加坡受到劳工市场紧缩的影响,公务员的辞职率也随即攀升。据报道,新加坡公务员的辞职率从2009年的3.5%,上升到2010年的4.7%。其中刚大学毕业的执行级公务员的辞职率更是高达17%。其原因是公务员的薪金降低。整体看,2011年的薪金恢复到2008年的水平。②另据2012年新加坡《联合早报》报道,因受到全球金融危机波及,为减少政府开支,挽救国家破产的危机,非洲岛国塞舌尔政府呼吁2000个公务员辞职,这数字超出公务员总数的10%。③

(二) 公务员辞职的管理措施

1. 公务员辞职管理的法律依据

大多数国家的法律都允许公务员辞职,以下列举一些典型国家的公务员辞职法律依据。

英国。英国是世界上第一个实行公务员制度的国家。英国公务员辞职的法律依据有《英国公务员管理法》,其中11.1.8款规定:公务员可以辞职,但"部门和机构可以决定其职员辞职时应给予部门和机构的最短通知期。职员没有权力撤回其通知,但经部门或机构同意的除外"。④

---

① 吴志华:《当今国外公务员制度》,上海交通大学出版社,2008,第249~251页。
② 《新加坡劳工市场紧缩,公务员辞职率上升》,中新经贸合作网,http://www.csc.mofcom-mti.gov.cn/article/inviteinvestment/tosingaporeemployee/201710/139732.html,最后访问时间:2019年7月30日。
③ 《非洲岛国塞舌尔面临破产 政府令2000公务员辞职》,中新网,http://www.chinanews.com/gj/ywdd2/news/2008/11-03/1434458.shtml,最后访问时间:2019年7月30日。
④ 孔昌生主编《外国公务员法选编》,中国政法大学出版社,2003,第596页。

龚祥瑞、娄邦彦认为："英国员吏的任期是最稳固的；他们的任期是永久的，既不会因党争而罢免，又不会因私仇而撤职，除了下列四种情形之外，英国员吏是断不会离职的：（一）自动辞职；（二）重病死亡；（三）到了法定年龄；（四）重大过失。"①

法国。法国公务员有辞职的权利与自由。《法国公务员权利与义务总章程》第 24 条规定，"合法的并且得到认可的辞职"是允许的，其结果是"该公务员将失去公务员的身份"。②

日本。在《职员的任免》中有关于辞职的规定："辞职是指职员按其意愿进行退职"；"任命权者在职员以书面提出辞职申请时，只要没有特别影响，应予接受"。③

澳大利亚。《澳大利亚公务员法》第 32 条规定，公务员为了竞选可以辞职，竞选未成功，可以要求再次返回公务员队伍，这是参选候选人的一项权利。"参选候选人再次返回公务员队伍的权利"："本条适用于以下人员：为了参加有关规章条例规定的竞选而辞职的雇员；辞职生效日不早于竞选提名结束日前 6 个月的人员；已成为竞选候选人但竞选失败的人员。""依据有关的规章条例并在规定的时间之内，以上人员有权再次受聘为公务员。"④

瑞士。《联邦公务员总章程法》规定："在和平期间，公务员可自由提出辞职。"

泰国。《泰国公共服务条例》第 113 条：除了本条第 4 款所述的情形外，普通公务员要求辞职的，应向其直接上级递交辞职信。然后，由其直接上级递交第 52 条规定的人事任命部门进行审议。⑤

乌克兰。《乌克兰国家公务员法》第 31 条规定："辞职是指第一或第二类国家公务员书面申请终止其职务。"⑥

---

① 龚祥瑞、娄邦彦：《欧美员吏制度》，世界书局，1934，第 42 页。
② 孔昌生主编《外国公务员法选编》，中国政法大学出版社，2003，第 111 页。
③ 谭健主编《外国人事法规选编》，劳动人事出版社，1985，第 41 页。
④ 孔昌生主编《外国公务员法选编》，中国政法大学出版社，2003，第 11 页。
⑤ 孔昌生主编《外国公务员法选编》，中国政法大学出版社，2003，第 388~389 页。
⑥ 孔昌生主编《外国公务员法选编》，中国政法大学出版社，2003，第 407 页。

2. 公务员辞职的管理措施

(1) 美国公务员辞职管理

美国对公务员辞职行为的管理比较规范。美国公务员的纪律中规定：公务员不得参加竞选活动，不得担任政党的候选人，否则必须辞去行政官职。①

公务员辞职的方式。在《公务员辞职制度与联邦雇员辞职制度手册》(*CSRS and FERS Handbook*, 1998) 中，列出了美国公务员辞职的方式：第一，非自愿离职前的辞职 (Resignation before Involuntary Separation)；第二，获得合理的职位后的辞职 (Resignation after Receiving Reasonable Offer)；第三，未收到通知，提前辞职 (Resignation before Receiving Notice)；第四，先到新岗，再辞职 (Resignation after Entering New Position)；第五，所主张的行为被取消后辞职 (Resignation after a Proposed Action has Been Canceled)。

公务员辞职的法律及程序。在《人事行为处理指南》(*The Guide to Processing Personnel Actions*) 的第 31 章中，列出了 23 条与公务员辞职相关的规定。②

辞职后的从业限制。1978 年，《政府职业道德法》规定"文官离开先前的政府职位以后，在一定时期或者永远不允许以企业代理的身份与先前供职的联邦政府部门打交道"；"一旦文官退休或辞职离开联邦政府职位以后，禁止他们再对他们曾经有决策权的政府部门政策施加影响"。③

(2) 法国公务员辞职管理

在法国，"辞职虽可由个人的意志决定之，但他同时也应提出相当的理由，才能获得上峰的允准。至于民选的员吏如市集长等，是不能随便辞职的。他们决不能在辞职呈文提出后就可以离职，上峰往往可以延迟批准：第一是因为继任人选尚未定当，故让他暂时维持原职，以免疏忽

---

① 谭健主编《二十国人事制度》，辽宁人民出版社，1987，第 209 页。
② 美国联邦政府人事管理局 (OPM) 网，http://www.opm.gov/oca/pay/HTML/severance_pay.asp，最后访问时间：2013 年 3 月 4 日。
③ Perry Moore, *Public Personnel Management*: *A Contingency Approach* (Lexington Massachusetts: DC Heath and Company, 1985), p. 302.

公职；第二是因为在批准其辞职前，须先调查他是否已尽了应尽的义务，或是否犯有其他过失"。①

同时，为了防止公务员轻率离职，对辞职规定较严。《法国公务员总章程》第七篇第 50 条规定，"按规定已被接受的辞职和由此成为不能更改的事实"将"导致丧失公务员的资格"。② 公务员辞职，必须写辞职报告，并经主管领导批准。在批准前，须查明辞职的原因和理由。若情况不符合事实或理由不足，则申请辞职者要受到严厉处分，或撤职，或取消退休金。

集体辞职被视为违法。"法国刑法第一百二十六条禁止员吏联合的辞职。"集体辞职是触犯法令的，因为政府的公务会因此而停顿，使官民都感受到极大的不方便。③

法国允许公务员参加竞选活动，还为他们提供假期。④

（3）德国公务员辞职管理

德国公务员能够较为充分地行使辞职权利。德国《联邦公务员法》第 31 条第 1 款规定："官员可以随时要求辞去职务，但必须以书面形式向所在部门或单位的领导说明辞职的理由。官员可在递交辞职书后的两星期内，在还没有接到辞职的命令之前，可以收回辞职声明；在得到辞职的单位同意的情况下，即使在两星期之后，也可以收回辞职声明。"⑤ 主管单位可以按照申请的日期宣布免职，也可以推迟至官员按照规定处理完他的分内工作时宣布免职，但推迟宣布的时间最迟不得超过三个月。公务员辞职后，可重新谋取职位，不过更换后的职位不得享受更高的退休金和更高的级别。

《德国公务员法》在公务员的义务中规定：一是公务员当选为联邦议员时，必须辞去他的职务；二是"公务员应当对其在业务活动中所了解

---

① 龚祥瑞、娄邦彦：《欧美员吏制度》，世界书局，1934，第 102～103 页。
② 《法国公务员总章程》，转引自吴国庆《法国政府机构与公务员制度》，人民出版社，1959，附录。
③ 龚祥瑞、娄邦彦：《欧美员吏制度》，世界书局，1934，第 102～103 页。
④ 曹志主编《资本主义国家公务员制度概要》，北京大学出版社，1985，第 255 页。
⑤ 曹志主编《各国公职人员退休退职制度》，中国劳动出版社，1990，第 698 页。

的事情保守机密,即使在官员任期结束后,也应如此"。① 这意味着辞职后从事其他职业也不能利用泄密来获取利益。

(4) 瑞士公务员辞职的管理

瑞士公务员在和平期间可自由提出辞职。《瑞士联邦公务员法》第53条和瑞士《联邦公务员总章程法》都有类似的规定:"任期届满的公务员,如果不愿继续任职,应在任期届满前三个月告知任命单位。公务员如在行政任期届满申请辞职,任命机关应在提出申请三个月内接受请求,条件是联邦的重要利益不受影响。在爆发战争或有战争危险,以及面临总动员的情况下,联邦委员会可将任命单位的辞职批准权交有关局行使。"②

辞职后的从业条件较为宽松。"公务员辞职后,可在企业担任董事,或在学校任教;可担任各种社会工作,有的可参加联邦委员会的'智囊团'充当顾问;有的可作为特派代表,处理某些难题;有些大使退休后,可继续从事力所能及的社会公益活动,或担任各种协会的主席。其大使衔位,作为荣誉称号,可终身保留。"③

(5) 英国公务员辞职管理

第一,英国禁止公务员兼任国会议员,如果公务员要竞选国会议员,必须先辞职。④ 第二,《英国公务员行为规范》第13条规定:"公务员不应当以放弃或拒绝执行由各位大臣或国民大会或大会秘书长做出的各项决议和行动方案,从而破坏政府部门的各项政策、决策或行动方案。如果按照第11条和第12条⑤的程序解决问题的结果,公务员不能接受,那

---

① 谭健主编《二十国人事制度》,辽宁人民出版社,1987,第285~286页。
② 曹志主编《资本主义国家公务员制度概要》,北京大学出版社,1985,第252~257页;曹志主编《各国公职人员退休退职制度》,中国劳动出版社,1990,第703~704页。
③ 王建邦:《瑞士政府机构与公务员制度》,人民出版社,1984,第62~63页。
④ 曹志主编《资本主义国家公务员制度概要》,北京大学出版社,1985,第255页。
⑤ 第11条:"凡是公务员认为他或她被要求做事的方式,——是非法的、不适宜的或不道德的;——违反宪法规则或职业道德的;——可能导致管理不善的;——与该行为规范不一致的其他情形;他或她应按照内阁部与执行机构指定的行为准则或部门指导原则中的适当程序进行汇报。公务员还应当就其他人的犯罪迹象和非法行为向有关部门报告;如果他或她发觉其他与本行为规范相悖的违反行为,或被要求按照他或她认为严重有违良心的方式行事,也应当按照相关的程序进行汇报。"第12条:"公务员已经按照相关的程序就第11条中涵盖的事件进行汇报后如果认为其回应答复不合理,他或她可向伦敦 SWIP 3AL Horse Guards 路的公务员专员进行书面汇报。"

么，公务员要么执行赋予他或她的指令，要么辞去公务员职务。离开王室的岗位后，公务员应继续遵守其保密义务。"① 第三，属于"政治自由"② 范畴的公务员作为未来候选人时，不要求其辞职。但为防止其当选无效，当他们同意被提名时，要按照议会选举规则提前递交辞职书。③

(6) 日本公务员辞职管理

在《日本公务员法》中，公务员必须遵守的纪律中规定：公务员不得做选举公职的候选人；不得兼任商业、工业、金融业等以营利为目的的私营企业、公司和其他团体的负责人、顾问或评议员，也不得自办营利企业；职员离职后两年内，不得在营利企业内担任与其离职前五年期间任职的国家机关有密切关系的职务；对于因为有股份关系和其他关系参加营利企业经营并获得地位的职员，人事院有权要求职员就股份关系和其他关系提出报告。"人事院认为和企业继续保持全部或部分关系不利于职员完成工作时，可以把意见通知该职员。"该职员必须"在人事院规定的期限内，断绝他和企业的全部或部分关系，或者辞去其官职"。④

(7) 加拿大公务员辞职管理

《加拿大公共服务的价值和伦理规范守则》的第三部分对公务员辞职后的行为进行限制，主要目的是尽力避免如下损害公共利益的行为发生：一是避免公务员辞职后寻找其他就业机会时，造成潜在的或明显的利益冲突；二是避免公务员利用辞职前履行公务时获得的保密信息为自己谋求私利。故公务员在辞职前有义务报告将来的就业意向，并与副部长讨论潜在冲突。

限制公务员辞职后从业行为的具体措施包括三部分：辞职前审查制度、辞职后的违禁处理制度和时限制度。

公务员辞职前的审查制度具体包括三点：①不准在履行职责时谋求或

---

① 孔昌生主编《外国公务员法选编》，中国政法大学出版社，2003，第561页。
② 《公务员行为规范》4.4.2，各个内阁部与执行机构应该允许产业或非政府机关级别的公务员自由参加各种政治活动，这些职员被称为"政治上自由"的一类。参见孔昌生主编《外国公务员法选编》，中国政法大学出版社，2003，第565页。
③ 《公务员行为规范》4.4.20，转引自孔昌生主编《外国公务员法选编》，中国政法大学出版社，2003，第567页。
④ 谭健主编《二十国人事制度》，辽宁人民出版社，1987，第237页。

接受公司雇用；②应该书面向副部长报告所有可能使其处于利益冲突地位的工作邀请；③兼职工作的公务员应立即书面向副部长及其上级报告。

公务员辞职后的违禁处理制度包括：①原公务员不应向其当事人提供咨询；②提供公众尚不知道的原单位或部门的计划或政策；③提供其在任职期满一年前，曾有直接或实质性关系的部门计划或政策。

公务员时限制度（限制时间为2年）是指公务员在辞职后的一年内，不得在其曾有直接的和重要利益关系的实体董事会中任职，或受雇于该实体，或者代表任何个人或实体向其曾有直接和重要官方关系的部门提出意见。①

（8）新加坡公务员辞职管理

新加坡的相关辞职规定出现在《退休年龄法案》(Retirement Age Act)里，该法第4条规定，新加坡的法定退休年龄为62岁。除了个人提出辞职、身体状况不佳等特殊情况以外，任何单位不得解雇60岁以下的员工，否则将会被罚款5000新元或被判监禁6个月或两者并施。② 如果公务员选择自动辞职，则必须在预期的离职日期前至少一个月递交辞职书。自动辞职的公务员必须符合以下条件才被允许辞职：①目前未触犯纪律而受处罚；②从未因行为不忠诚而受新加坡法庭的处罚；③对他们各自服务的部门没有任何财政责任；④目前未与政府部门签署任何合同；⑤目前未卷入任何刑事诉讼等。对工作绩效差的公务员，将被通知必须在6个月内改进工作绩效。如果在半年内绩效没有改善，上层将给予最后的机会，让该公务员在3个月内证明自己的能力，如果还是不能达到要求，该公务员将被解雇。③

新加坡是世界上少数在保持经济高速增长的同时有效控制贪污行为的国家之一。新加坡早期也遇到过反贪部门缺乏民众支持、反贪成效不大等难题。1959年人民行动党掌握政权以后，对贪污官员采取了强硬的取缔措施，许多贪污官员被撤职，也有的官员自动辞职以避免遭受调查。对我国的启示是允许问题官员自动辞职，对问题不太严重又主动配合调

---

① 吴志华：《当今国外公务员制度》，上海交通大学出版社，2008，第113~114页。
② Retirement Age Act (2000 Revised Edition, Article 4).
③ 吴志华：《当今国外公务员制度》，上海交通大学出版社，2008，第300页。

查的官员，可以免予法律责任追究。[1]

根据新加坡《公务员惩戒规则》规定，处于被调查期间的公务员，在调查结束以前，未经公务员委员会准许，不得辞职或离开新加坡。[2]

(9) 泰国公务员辞职管理

《泰国公共服务条例》第104条规定："对于重大违纪行为应根据严重程度的不同分别给予解职或开除的纪律处罚。即使存在减轻处罚的情形，最轻也不得轻于解职。""根据本条的规定被解职的人员可以照常获得退休金或养老金，如同辞职。"[3]

第112条规定：辞职被接受，或根据113条的规定辞职的，普通公务员的劳动合同即行终止。

第113条规定：除了本条第4款所述的情形外，普通公务员要求辞职的，应向其直接上级递交辞职信。然后，由其直接上级递交第52条规定的人事任命部门进行审议。

如果人事任命部门为了维护政府的公共利益，在必要时可以在一段宽限期之内不批准该公务员辞职，但宽限期不得超过90日，自辞职信提交之日起算。此时，人事任命部门应通知递交辞职信的公务员，说明不允许其辞职的理由。在这种情况下，该公务员的辞职应自上述宽限期届满日起生效。

如果第52条（该条规定了不同级别的公务员由相应的部门任命）所规定的人事任命部门不批准该公务员的辞职，也不给予第2款所述的宽限期，则该公务员的辞职自递交辞职信之日起生效。

如果该公务员辞职是为了担任另外的政治职位，或参加国会选举，或担任地方议员或地方官员，则其辞职应自递交辞职信之日起生效。

上述第1款、第2款和第4款中所述的辞职、批准或延期批准，应按照公务员委员会（CSC）指引中规定的规则和程序办理。[4]

---

[1] 吴志华：《当今国外公务员制度》，上海交通大学出版社，2008，第331页。
[2] Public Service (Disciplinary Proceedings) Regulations (Recised Edidion, 1996).
[3] 1992年3月29日颁布《泰国公共服务条例》，参见孔昌生主编《外国公务员法选编》，中国政法大学出版社，2003，第385页。
[4] 孔昌生主编《外国公务员法选编》，中国政法大学出版社，2003，第388~389页。

(10) 乌克兰公务员辞职管理[①]

《乌克兰国家公务员法》中辞职是指第一或第二类国家公务员书面申请终止其职务。辞职原因有：第一，与国家机关或领导的决定有原则分歧，或对从事国家公务有民族歧视；第二，所在国家机关或领导强迫公务员执行违反现行法律，给国家、企业、组织、公民团体和公民造成物质或精神损失的决定；第三，健康状况妨碍履行公务员职责（经过医疗机构诊断）。

接受或拒绝公务员辞职的决定由任命其担任此职务的国家机关或领导做出。接受或拒绝公务员辞职的决定必须在1个月内做出。如辞职申请被拒绝，公务员应继续履行职责，同时有权按《乌克兰劳动法》规定的程序辞职。

提出辞职但未达到退休年龄，同时也未达到相应工龄标准（男25年、女20年），任职时间不少于5年的第一类或第二类公务员，国家每月向其支付与其级别、工龄相对应的职务工资的85%，直至其达到退休年龄。

如国家公务员因犯罪受到审判，则停止发放退休金和前述对有关公务员的安置费用。已达到退休年龄的公务员辞职后，按退休国家公务员待遇发放退休金。

(11) 埃及公务员辞职管理

埃及公务员的辞职权利保障程度较大，有以自动离职按辞职对待的规定。《埃及国家文职工作人员法》第94条规定，"辞职"是"退职"的形式之一。第97条规定："工作人员有权提出辞职，但需书面提出。接受辞职的决定下达后，工作人员即可离职。如果工作人员没有提出任何条件或要求，辞职要求应在提出30天内解决。如果工作人员在辞呈中提出要求，则应在接受其辞职的决定中对其要求做出答复后才可退职。妇女出于工作原因，可推迟接受辞职，并通知本人。除上面提到的30天外，推迟期限不得超过两周。在法院受审的工作人员，只能在法庭做出非开除公职或勒令退休的判决后，才可接受辞职。工作人员在收到批准辞职的通知之前或推迟批准辞职期间应继续工作。"

[①] 孔昌生主编《外国公务员法选编》，中国政法大学出版社，2003，第407页。

三种情况按照辞职对待。该法第 98 条规定："①连续缺勤 15 天以上，而在以后的 15 天内又提不出正当理由，在这种情况下，如其本人有存假的话，主管部门可以不扣发其缺勤期间的工资。否则，应予扣发。如无故缺勤而又提不出正当理由，则从缺勤之日起按辞职处理。②未经行政部门允许，全年累计缺勤 30 天的工作人员，自缺勤的第 31 天起按辞职处理。③未经阿拉伯埃及共和国政府允许，擅自到任何一个外国机构任职，到外国机构任职之日起按辞职处理。如果工作人员由于中止工作或到外国机构任职，而在次日受到纪律处分，则在任何情况下都不能看作辞职。"第 99 条规定："根据工作人员要求而辞职，其工资可以发至批准之日。"①

（三）国外公务员辞职管理的经验借鉴

通过以上的梳理和分析发现，各国公务员辞职管理存在共性。国外公务员辞职管理中遇到的问题在中国也存在，认真总结各国公务员辞职管理的经验有利于我国避免走其他国家走过的弯路，并借鉴国外的有益经验。通过认真分析，本章总结了四个值得我国借鉴的国外公务员辞职管理的经验：一是公务员辞职是有条件的辞职，损害公共利益的辞职是要受到限制和惩罚的；二是各国对公务员辞职的管理重点是限制辞职后的从业行为，避免损公肥私等腐败行为的发生；三是西方国家普遍限制公务员参加政治活动，这点不适合中国国情，但是其原理是值得借鉴的，即如何防止公务员既当裁判员，又当运动员，多重角色交叉造成混乱的问题；四是突破科层制定律，即法律法规的目的是稳定公务员，不希望公务员辞职，在这种制度困境下，实现公共部门人力精简和畅通公务员辞职的出口渠道有难度。

1. 公务员辞职是有条件的辞职

各国对公务员辞职的管理措施主要是基于两个目的。第一个目的是保证公共服务能顺利进行，公共利益有保障；第二个目的是保证公务员应享有的权利，可以自由流动。因此公务员辞职是有条件的辞职，必须

---

① 谭健主编《外国人事法国选编》，劳动人事出版社，1985，第 310～311 页。

在不妨碍公共利益的前提下才准许其辞职，损害公共利益和国家利益的辞职要受到惩罚，比如法国的公务员集体辞职。同时公务员辞职后有义务保守国家秘密。这几条几乎是各国长期管理公务员辞职的经验，值得我国认真总结和借鉴。

2. 管理重点都放在限制辞职后的从业行为

各国公务员法规定，公务员禁止参与商业行为。公务员在职时，手中掌握了一些决策机密、商业机密或国家机密，在其辞职后容易被企业利用来换取利润和经济利益。因此多数国家以法律条款的形式对公务员辞职后的从业行为进行规范，尽力避免与公共利益产生冲突。这些经验有利于规范当前我国公务员辞职中的一系列从业行为。

3. 西方国家普遍限制公务员参与政治活动

为了保证公务员公共服务的质量，西方国家的公务员基本被要求保持政治中立，对公务员参与政治活动进行限制，规定要参与政治选举的公务员，必须辞去一头。这条不适合中国国情，但其不准兼职的原理值得借鉴。比如公务员不得兼任经营性组织的身份，否则必须辞去一头。党政领导干部在人大、政协中的比例应该合理限制，否则无法实现对行政的异体监督。

4. 突破科层制定律

以科层制为组织原则的各国公务员法由于同时规定了公务员享有辞职的权利和"无过失不受开除处分"的职业保险以及较好的福利待遇，因而公务员主动辞职的情况并不多见。这为各国在新公共管理运动中的公共部门精简造成极大麻烦。在美国，由于"辞退"政府雇员很难，管理人员容忍无能之辈的办法是"调动他们或者用提升的办法把他们弄走"。[①] 同时会"采用提前退休、经济补偿等优惠措施作为刺激雇员自愿离开公共部门的手段"。[②] 西方各国在新公共管理运动中，也是迫于政府部门膨胀、冗员激增、服务效率下降、财政难以为继等形势，才采用了

---

① 〔美〕戴维·奥斯本、特德·盖布勒：《改革政府——企业家精神如何改革着公共部门》，周敦仁等译，上海译文出版社，2006，第85页。
② 〔美〕戴维·H. 罗森布鲁姆、罗伯特·S. 克拉夫丘克：《公共行政学：管理、政治和法律的途径》（第五版），张成福等译，中国人民大学出版社，2002，第255页。

民营化、服务外包等方式,促使多余的公务员离职。并采用聘用制公务员来取代"永业制"公务员,以达到控制人员、提高服务效率的目的。我国在公务员部门人员裁减的过程中,各地同样运用到以上西方曾经用过的精简办法,说明采用经济补偿、聘用制和改变部门性质等方法有利于突破科层制困境,实现政府"瘦身"和提高绩效的目的。

二　国外高官辞职及其管理措施

（一）高官辞职类型及原因

1. 国外高官辞职的类型

（1）不信任案导致的内阁总辞职。在英国、日本等实行内阁制的国家,内阁是最高决策机关,首相是内阁的首脑,内阁由议会选举中获胜的多数党或者政党联盟组成,多数党领袖担任首相。[①] 然而,"在政治系统内,内阁是政府受到的许多外部压力的主要目标"[②],内阁组成政府进行统治,议会进行严密监督,议会的监督权中最严重的就是提出对内阁的不信任案。根据英国的内阁责任制,内阁必须得到议会下院的支持和信任,如果下院不信任内阁,就会提出不信任议案,该议案如果获得通过,内阁就必须总辞职。[③] 英国1924年麦克唐纳因此辞职;日本20世纪90年代以来,首相辞职普遍,轮换频繁,也是由内阁责任制设计所致。

（2）总统制国家的弹劾制导致政府首脑或高官辞职。像美国、法国等实行三权分立的总统制国家,为了权力监督和制衡,设立了弹劾制。例如法国从1958年至1996年,国民议会共提出过44起弹劾案,其中1962年10月蓬皮杜总理领导的政府因国民议会弹劾案的通过而辞职。[④] 美国自1789年以来,众议院共对62名联邦官员提出过弹劾动议,最终受到弹劾的有17人。这其中有14人的弹劾案受到了参议院的审理,另外3

[①] 张立荣:《中外行政制度比较》,商务印书馆,2002,第301页。
[②] 〔英〕约翰·格林伍德、戴维·威尔逊:《英国行政管理》,汪淑钧译,商务印书馆,1991,第62~63页。
[③] 张立荣:《中外行政制度比较》,商务印书馆,2002,第307页。
[④] 张立荣:《中外行政制度比较》,商务印书馆,2002,第320页。

人在审理之前辞职。① 1974年8月9日，美国总统尼克松因为"水门事件"遭到弹劾，他在众议院表决前提出辞职，成为美国历史上第一位因过失而辞职的总统。②

（3）失去信任的高官辞职。西方资本主义国家的政务官类由总统或者首相任命，如果政务官与最高领导出现分歧，政务官的职务就做到头了，必须提出辞职，否则就会被免职。比如，日本内阁是合议体，实行会员一致、共同负责的原则。如有大臣不赞成总理大臣的结论，要么自己辞职，要么被免职，因为内阁不允许有不同意见存在。③

2. 国外高官辞职的原因

国外高官可能会出于多种原因辞职。如表6-4所示，有因重大事故辞职的，如英国运输大臣斯蒂芬·拜尔斯；有因治理不善辞职的，如日本首相安倍晋三在他的上一任任期内因"国家治理不善"而辞职；有因涉嫌贿赂辞职的，如日本农林水产大臣大岛理森；有因性丑闻辞职的；有因在法庭上做伪证辞职的；有因假学历辞职的；等等。总之不被信任、能力不足、职责未履行好、道德欠缺、不诚实的行为等都是可能导致辞职的因素。

表6-4　国外部分高官辞职情况

序号	时间	国别	姓名	辞去的职务	辞职原因
1	1972年	美国	理查德·尼克松	总统	水门事件
2	2002年	英国	斯蒂芬·拜尔斯	运输大臣	铁路系统接连发生重大事故
3	2002年	日本	大岛理森	农林水产大臣	其秘书收受贿赂嫌疑
4	2002年10月	波黑塞族共和国	斯洛博丹·比利奇	国防部部长	卷入军售事件

---

① "Impeachment," http://www.senate.gov/artandhistory/history/common/briefing/Senate_Impeachment Role.hmt#4. 参见周琪、袁征《美国的政治腐败与反腐败——对美国反腐败机制的研究》，中国社会科学出版社，2009，第213页。
② 〔美〕施密特、谢利、巴迪斯：《美国政府与政治》，梅然译，北京大学出版社，2005，第285页。
③ 张立荣：《中外行政制度比较》，商务印书馆，2002，第328页。

续表

序号	时间	国别	姓名	辞去的职务	辞职原因
5	2003年	挪威	谢尔·克兰	体育协会主席	当年出现了巨大财政赤字
6	2003年	挪威	瓦尔·埃格贝格	挪威奥委会秘书长	
7	2003年5月	澳大利亚	霍林沃斯	总督	40年前的性丑闻
8	2003年8月	法国	吕西安·阿本哈伊姆	卫生总局局长	对夏天酷热气候造成的社会危害应对不力
9	2004年	日本	古贺润一	众议院议员	虚报学历
10	2004年	韩国	尹永宽	外交通商部长	受到对外交政策未尽到指挥和监督职责的批评
11	2007年	日本	安倍晋三	首相	国家治理不善
12	2006年	韩国	李海瓒	总理	高尔夫球风波
13	2009年	日本	中川昭一	财务大臣兼金融大臣	在重要会议上口齿不清、精神恍惚、频频失言、被怀疑饮酒过量
14	2012年	美国	约翰·布赖森	商务部部长	涉嫌交通肇事逃逸
15	2014年8月	英国	马克·西蒙兹	外交部政务次官	每年近12万英镑的收入没办法负担一家人在伦敦的生活
16	2017年2月	美国	弗林	总统国家安全事务助理	因"通敌丑闻"辞职
17	2017年3月	日本	务台俊介	内阁府政务官	2016年9月视察岩手县台风灾区时没穿雨鞋,被职员背着过水塘
18	2018年11月	美国	杰夫·塞申斯	司法部部长	在"通俄门"事件的调查上引起总统不满,应总统要求辞职
19	2018年12月	美国	詹姆斯·马蒂斯	国防部部长	与总统意见不一致
20	2019年5月	美国	希瑟·威尔逊	空军部部长	原因不明
21	2019年4月	日本	冢田一郎	国土交通副大臣	说错话
22	2019年3月	加拿大	简·菲尔波特	联邦财政委员会主席	不满执政自由党处理SNC-Lavalin事件的手法
23	2019年5月	乌克兰	赫里察克 波尔托拉克	国家安全局局长、乌克兰国防部部长	新总统泽连斯基就职,要求在两个月内解雇二人

资料来源:根据媒体的报道整理。

（二）高官辞职的管理措施

对于国外高官辞职的管理，主要有政务官辞职和高级公务员辞职两大类，笔者主要介绍具有代表性的美国和日本的制度设计。美国弹劾制度的设计直接与辞职相关，而日本高级公务员的退职管理也具有典型意义。

1. 美国的高官辞职管理

（1）弹劾制度的设计与辞职

谁可以行使弹劾权？

《美利坚合众国宪法》（以下简称《宪法》）第2条规定："众议院应选举该院议长（speaker）和其他官员，并享有单独的弹劾（impeachment）权力。"

《宪法》第1条第3款规定："参议院享有审理一切弹劾案的全权。因审理弹劾案而开庭时，参议员应进行宣誓或作郑重声明。合众国总统受审时，应由最高法院首席大法官主持审判。无论何人，非经出席参议员2/3人数同意，不得被定罪。"[①] 因此美国《宪法》规定，弹劾权由众议院提出，参议院审理，最高大法官主持。

谁会被行使弹劾权？

《宪法》第2条第4款规定如下："合众国总统、副总统和所有文职官员，因叛国、贿赂或其他重罪与轻罪而受弹劾并被定罪，应予免职。"[②] 1799年在参议院的一起弹劾案中，产生了一名参议院议员是否是宪法含义中的合众国的"文职官员"的争议，投票结果为14票对11票，确认了议员也是"文职官员"。从此议员也是"文职官员"，也是被弹劾的对象。

因此被弹劾的对象有合众国总统、副总统和所有文职官员，包括议员；受到弹劾的罪名有"叛国、贿赂或其他重罪与轻罪"；弹劾定罪的结果是免职。约瑟夫·斯托里对免职的结果评论道："说弹劾是一种纯粹的政治性程序，也有一定道理。它不是用来制裁违法者，而是要确保国家避免公务上的公然不良行为。它既没有触及他的人身，也没有触及他的

---

① 〔美〕詹姆斯·M. 伯恩斯、杰克·W. 佩尔塔森、托马斯·E. 克罗宁：《民治政府》，陆震纶、郑明哲等译，中国社会科学出版社，1996，第1254~1255页。
② 〔美〕约瑟夫·斯托里：《美国宪法评注》，毛国权译，上海三联书店，2006，第256~257页。

财产,仅仅是剥夺他的政治地位。"①

总统辞职后权力移交给谁?

总统在受到弹劾的时候,可以提出辞职,避免无休止的调查和资源浪费,同时可以寻求对自身的赦免权利。《宪法》在关于总统的条款中提到"辞职"(Resignation of office)。《宪法》的条文是:"如遇总统免职、死亡、辞职或丧失履行总统权力和职责的能力时,该项职务应移交给副总统;在总统与副总统均为免职、死亡、辞职或丧失履行总统权力和职责的能力时,国会得依法律规定宣布某一官员代行总统职权,该官员即为总统,直至总统恢复任职能力或新总统选出为止。"《宪法》初始的方案中没有包括对任何副总统的任命,在总统死亡、辞职或者丧失任职资格情况下,参议院议长将履行总统职务。任命副总统的(方案)由10州对1州通过。国会根据这里所授予的权力已经规定,在总统和副总统被免职、死亡、辞职或者丧失任职能力的情况下,参议院议长暂时代行总统职务,如果没有参议院议长,则由众议院议长临时代行,直到总统恢复任职能力或者选举出新总统。什么是总统或副总统辞职,或者他们拒绝接受该职务的恰当证据,《宪法》对此没有规定,应是在某种书面文件中做出如此内容的宣布并由当事人签署后递交到国务卿(the secretary of state)办公室。②

(2)高官遭弹劾与辞职

①尼克松辞职。1972年美国总统选举中发生了著名的"水门事件",即1972年6月17日,在华盛顿水门公寓民主党全国委员会总部查获的窃听事件,目的是帮助尼克松窃听信息,在选举中获胜。有5人在现场被捕,他们戴着手套,持有电筒和复杂的偷听工具。1972年,众议院司法委员会就理查德·尼克松和他在"水门事件"中的角色展开调查。经过几个月的取证,发现了其在椭圆形办公室中谈话的录音带,众议院委员会通过了对尼克松的3项弹劾条款,指控他妨碍司法、滥用权力和对该委员会的传票置若罔闻。1974年7月8日,6位共和党人和委员会中的民主党人一同投票赞成了这些条款,最高法院以8票对0票通过了对尼克松

---

① 〔美〕约瑟夫·斯托里:《美国宪法评注》,毛国权译,上海三联书店,2006,第257页。
② 〔美〕约瑟夫·斯托里:《美国宪法评注》,毛国权译,上海三联书店,2006,第450~451页。

不利的裁决。与此同时，报纸社论发出要他辞职的舆论，国会也不停地呼吁，要对他进行弹劾。尼克松确信，他没有多少希望免遭参议院的审判。1974年8月9日，他在众议院全体议员表决这些条款之前辞职。1个月之后，尼克松被新总统福特赦免一切与"水门事件"有关的罪名。[①] 尼克松成为美国历史上第一位因过失辞职的总统。

②众议院议长吉姆·赖特辞职。自从吉姆·赖特成为众议院议长后，佐治亚州共和党议员纽特·金里奇就不断指责他，要求众议院道德委员会对其进行调查。1988年6月9日，在赖特本人的要求下众议院道德委员会开始对他进行正式调查。在10个月的调查后，众议院道德委员会1989年4月17日指控赖特从一个老朋友得克萨斯州发展商乔治·马里克那里接受了不正当的礼品。该商人付给赖特的妻子贝蒂1.8万美元的年薪，并允许她使用一辆公司轿车和一套公寓，据众议院道德委员会的估计其价值总额在10年内约为14.5万美元。众议院道德委员会还指控赖特安排了对自己的著作《公众人物的反思》的批量销售，以逃避众议院对议员院外收入的限制。众议院道德委员会据此认为，赖特在过去10年中违反了众议院规则。在院内、院外压力之下，1989年5月31日赖特在对众议院的讲话中宣布打算辞职，认为自己是"党派斗争的受害者"，他于当年6月6日辞去众议院议长职务，6月30日辞去众议院议员职务。[②] 由于不再是议员，众议院道德委员会终止了对他的调查。比起等待国会的弹劾或继续受到无止境的调查和指责，赖特选择辞职无疑是从事件中解脱出来的最快方法。赖特是美国现代史上第一位因过失被迫辞职的议长。

尼克松和赖特的辞职看起来很像是"引咎辞职"。实质上是在强大的弹劾压力、舆论和公众压力之下做出的理性选择——被迫辞职。

如果预计弹劾结果不会出现时，被弹劾的官员是不会选择辞职，主动放弃来之不易的权力的。再看看另外两位被弹劾者，就明白了在美国

---

① 〔美〕施密特、谢利、巴迪斯：《美国政府与政治》，梅然译，北京大学出版社，2005，第285页。
② Robert N. Roberts and Marion T. Doss Jr.，"From Watergate to Whitewater the Publ ic Interity War，"p. 137. 转引自周琪、袁征《美国的政治腐败与反腐败——对美国反腐败机制的研究》，中国社会科学出版社，2009，第149页。

有"咎"不一定会辞职。

①对安德鲁·约翰逊的弹劾。[①] 在亚伯拉罕·林肯总统遇刺身亡后，副总统安德鲁·约翰逊继任总统。他在激进的共和党人看来对南方各州过于仁慈。当国会通过了一项否定总统对内阁官员的解职权的法律时，约翰逊将陆军部长解职，以表示对这一法律的蔑视。众议院投票决定弹劾他，并将11项弹劾条款交给参议院，但表决结果是约翰逊被判无罪。有7名共和党人确信这些弹劾条款背后有政治动机，他们超过了党派界限，投票支持约翰逊无罪。

②对比尔·克林顿的弹劾。[②] 比尔·克林顿是美国第二位遭到弹劾但未被判决有罪的总统。1998年，由于卷入莱温斯基性丑闻，克林顿遭到了独立检察官的立案调查。该年9月，独立检察官肯尼斯·斯塔尔向国会提交了对克林顿做伪证和妨碍司法的指控调查结果。接着，众议院中占多数的共和党人开始策划弹劾克林顿，将一些文件透露给了公众。在共和党人失去了5个众议院席位的1998年大选结束后，众议院司法委员会向众议院提交了供考虑的4项指控。众议院批准了两项对克林顿的指控：就其和莫妮卡的关系向大陪审团撒谎（228票对206票）和妨碍司法（221票对212票）。另两项指控被众议院否决。

1999年，参议院从众议院收到了弹劾条款。大法官威廉·伦奎斯特主持了审理，但他其实无权做出任何程序性或实质性决定。在众议院的指控方和总统的辩护方做了公开陈述之后，有人主张因缺乏证据应撤销这些指控。当43名参议员和所有的民主党人投票赞成撤销时，大家都明白，达到在参议院获定罪所需的2/3票数已经不可能。众议院的指控方申请传唤证人的权利，参议院也不愿意对其进行完全限制，故允许他们利用录像带和录音带来询问证人，这些也在参议院大厅中播放了。

在审理期间的若干场合和最后表决的前三天，参议院进行了关门辩论。尽管很多自由派人事和媒体机构指责这种封闭性，但公众的抗议并

---

① 〔美〕施密特、谢利、巴迪斯：《美国政府与政治》，梅然译，北京大学出版社，2005，第284~285页。
② 〔美〕施密特、谢利、巴迪斯：《美国政府与政治》，梅然译，北京大学出版社，2005，第285~286页。

未出现。最后，在1999年2月12日，参议院对弹劾条款进行了表决：指控做伪证的第一条以45票对55票的表决被推翻，指控妨碍司法的第二条则以50票对50票被推翻（未达到2/3）。在两项表决中，共和党参议员和民主党人联手推翻了指控。于是，克林顿被判无罪。

但在任职的最后一周，克林顿与独立检察官罗伯特·雷达成了一项解决协议，撤销了克林顿在莱温斯基事件和其他被调查的问题上的所有法律责任。为换取免受检控的待遇，克林顿承认保拉·琼斯提供了错误的证词（琼斯是阿肯色州知府的一名雇员，她对克林顿提起公诉，指控他在担任阿肯色州州长时对她进行性骚扰）。他同意将其律师执照吊销5年，并向阿肯色州律师协会缴纳2.5万美元的罚款。

约翰逊蔑视法律、克林顿的性丑闻和在法庭做伪证都是法律事实，本应该提出辞职（引咎辞职），但是当他们预计到议会启动的弹劾结果将不会使自己被判有罪时，便不会主动引咎辞职。这个结果证实了公共选择理论的假设，即每个人包括政治家，都是理性的经济人，其决策的出发点是个人利益最大化。因此限制权力最好的方式就是制度设计和民主监督。

（3）美国政务官辞职

非职业的高级行政职员、有一定任期的高级行政职员和为了应付紧急需要而任命的高级行政职员，随时可以被命令离职（相当于中国领导干部的责令辞职），无权向功绩制保护委员会申诉。职业的高级行政职员，除因考绩成绩不理想，可以被命令离开高级行政职业外，其余离职的原因受到一定限制，和一般文官辞职的条件基本相似。[①]

政务官辞职通常是反腐败设计的结果。

"水门事件"中20名自认为是代表总统采取行动的总统下属人员都被定了罪，一系列高官因涉及事件先后辞职。[②]

1973年4月30日，白宫的办公厅主任霍尔德曼被控是授权闯入水门大厦行窃的主谋人，为保全总统而辞职。

[①] 王名扬：《美国行政法》（第二版），中国法制出版社，2005，第214页。
[②] 《尼克松水门事件》，人民网，http：//www.360kuai.com/pc/9299ceb26fa8ce6ca? cota = 4&tj_ url = so_ rec&sign = 360_ 57c3bbd1&refer_ scene = so_ 1，最后访问时间：2019年7月30日。

1973年4月30日，总统的内务顾问埃利希曼被认为是授权闯入水门大厦行窃的主谋人，为保全总统而辞职。

1973年3月底，总统法律顾问约翰·迪安不仅说出了白宫几名重要人物与5名窃贼潜入水门大厦民主党总部一案有关，而且坦白了案发后的一系列掩饰真相的企图。他公开表示，白宫的办公厅主任霍尔德曼、总统的内务顾问埃利希曼以及他自己，都卷进了此案，有"阻挠司法的举动"，4月底辞职。

同时，总统连任委员会主席、前司法部部长米切尔辞职。原因是被麦科特指控应对他们潜入水门大厦民主党总部行窃一案负责。

1973年4月，司法部部长克兰丁斯特辞职，是因为他的一些亲密同事可能"与违反美国法律的某些行为有牵连"。

1973年10月10日，副总统斯皮罗·阿格纽也因为被控在任马里兰州州长和副总统期间接受贿赂，害怕被判罪而辞职。10月10日，阿格纽公开表示不再为这一次逃避所得税的指控做辩护，并提出辞职，以此作为撤销对他进一步追究起诉的条件。他辞职后共和党人福特被提名担任副总统，尼克松辞职后，福特根据《宪法》的规定当上了总统。

1973年10月20日，原来的国防部部长、接替克兰丁斯特任司法部部长的埃利奥特·理查森辞职，原因是尼克松要求司法部部长理查森解除独立检察官考克斯的职务，从而停止他对水门事件的调查。理查森拒绝执行总统的指令。与此同时，司法部副部长拉克尔肖斯也辞职不干了。

"水门事件"中涉及美国高官辞职（引咎辞职）的三种类型。第一类是害怕被指控罪行或被弹劾治罪而辞职，以换取司法赦免，比如副总统斯皮罗·阿格纽、总统尼克松及众议院议长吉姆·赖特。第二类是出事后，在总统还未做出解职决定之前，为了保全总统和政府形象，自己承担责任，主动辞职，比如白宫的办公厅主任霍尔德曼和总统的内务顾问埃利希曼等。第三类是坚持原则，不与总统合作，被迫辞职。如司法部长理查森和副部长拉克尔肖斯。

2. 日本的高级公务员退职管理与辞职

日本在1985年以前没有公务员退休制度，公务员到了一定年龄，就劝其退职，因此在日本高级公务员中，提前退职是一种惯例。提前退职的高级公务员往往在公务员机构中已经没有晋升的空间，但是年龄在55岁左右，还没有达到退休年龄（1985年开始实行的退休制度规定，公务员60岁退休）。他们退职后还会从事其他职业（"下凡"），因此这种退职管理更类似于本书讨论的辞职及其管理方式。其目的也是要畅通出口，让年轻的公务员有更多上升的空间和机会。从法律上讲，这种鼓励退职的做法实际上是建立在本人意愿基础上的辞职。但是各省厅在鼓励退职方面的做法不一，很难开展有计划的退职管理。不同省厅在实施时的具体做法不同，多数省厅有鼓励担任省厅课长以上的职员提前退职的习惯做法。①

日本高级公务员多出身于"合格族"②，长期以来实行同届晋升、论资排辈的做法。但越往上，职位的数量越少，当升至次官时，在同届的同事中，只有一个人能获得晋升（晋升次官的年龄大约是55岁），于是，当同届"合格族"同事中有一人当上次官时，其他人便相继退职。此时他们的年龄大约也是55岁。日本高级公务员与民间相比，晋升的速度快，退下来也快。这种年纪并不大，就退位让给后面的公务员的提早退职的惯例，从二战前就开始有了，类似于辞职让贤。

公务员退职可以领取退职金。据《日本经济新闻》透露，在20世纪80年代初，工龄为22年、年龄在45岁左右、级别为课长的公务员退职金约为1574万日元；工龄为33年、年龄在56岁左右、级别为局长的公务员退职金约为6286万日元；工龄为34年、年龄在57岁左右、级别为事务次官的公务员退职金可以达到8347万日元。③

总之，不管是在晋升竞争中败北、于课长职位时退职，还是在晋升竞争中获胜、继续升迁，对公务员的退职年龄、退职金以及"下凡"后的收

---

① 郑励志、臧志军：《日本公务员制度与政治过程》，上海财经大学出版社，2001，第76～79页。

② 所谓"合格族"是指经由国家公务员录用资格Ⅰ类考试（或过去的高级甲等考试，应试者必须具有大学以上学历）合格被录用的公务员；与之相对应的"非合格族"则是指通过国家公务员录用资格Ⅱ（应试者具有大专以上学历）或Ⅲ类考试（应试者具有高中以上学历）被录用的公务员。但是，随着大学学历的普及，大学学历其至研究生学历参加Ⅱ类以后的考试，造成了与Ⅰ类考试差别很大的结果，导致这种分类考试的合理性受到了质疑和挑战。

③ 郑励志、臧志军：《日本公务员制度与政治过程》，上海财经大学出版社，2001，第380～381页。

人都有重大影响,由此会带来公务员终身就业收入之间的极大差距。为了在后期晋升竞争中获胜,获得那份悬挂在前方的诱人的退职金,"合格族"们不得不长期努力、发奋工作。"非合格族"的情况大致与"合格族"相同。同期经同类考试合格录用的"非合格族"的收入,在晋升至一定级别以前,实行的是同期同时晋升的原则。随着考核材料的累积及领导、同事对个人印象的最后形成,过了一段时间、到达一定级别后,职位之间出现差距。到退职时,同期进来的人员之间的差距已经相当明显。[1]

日本公务员退职后所从事的职业如下。

(1) 到企业就职

这是被鼓励退职"下凡"后的多数退职者的选择,大致有以下两种。第一,去民间企业再就职。去民间企业再就职的人数在再就职人数中占的比例最大。第二,去特殊法人企业再就职。特殊法人的设置目的多为使其承担政府行政的部分工作,或是其业务内容虽然属于民间企业的业务范围,但是由于其活动的影响较大等需要由政府机关实行控制。不管是哪种原因,所有的特殊法人都是接收政府机关退职人员的大容器。尤其是前者,几乎成了公务员退职体系的一个组成部分(详见表6-5)。

表6-5 日本人事院认可的往民间企业的"下凡"人数

单位:人

省厅名	1969—1971年(平均)	1979—1981年(平均)	1989—1991年(平均)
大藏省	40.7	47.7	58.7
通产省	25.7	22.0	25.7
运输省	20.7	25.7	17.7
邮政省	9.7	16.0	19.3
建设省	17.3	26.7	25.3
劳动省	2.3	1.3	1.3
农水省	18.3	22.3	23.3
厚生省	4.0	6.3	3.3
文部省	0	5.3	11.0

资料来源:日本政府人事院编《公务员白皮书》(1969—1991),引自 T. Inoki, *Japanese Bureaucrats at Retirement* (World Bank, 1993)。引自村松歧夫《日本的行政》,中央公论社,1994,第63页。转引自郑励志、臧志军《日本公务员制度与政治过程》,上海财经大学出版社,2001,第422页。

---

[1] 郑励志、臧志军:《日本公务员制度与政治过程》,上海财经大学出版社,2001,第381页。

（2）进入政党参加选举政务类公务员

日本近代政党和近代科层制都是在明治维新之后产生和发展起来的，但是明治维新后的天皇专制统治从一开始就排挤和限制日本近代政党的发展，而全力巩固和发展官僚体制。① 政党活动的空间仅限于国会，权力仅限于提出预算案、政府法律草案等，并作为审议机关。其他权力归天皇。而官僚体制是天皇统治的基础。这一时代政党要发展，必须求助官僚体制的支持。

日本高级公务员辞职后的一条重要出路是加入政党，摇身变为政务官，甚至成为首相。从二战后到中曾根时代，日本前后经历了14位首相，其中13位是自民党或作为其前身的保守党的议员。这其中有8位首相属于高级公务员出身，非高级公务员出身的仅为5位。另外，据统计，从自民党建党到1966年7月的11年间，在自民党的核心干部中，即通常被称为"党三役"的干事长、总务会长和政务调查会长，前后共有干事长8人，其中官僚出身者3人，占37.5%；总务会长11人，其中官僚出身者4人，占36.4%；政务调查会长12人，其中官僚出身者6人，占50%。② 在总共31名"党三役"人员中，官僚出身者有13人，占41.9%。进入自民党的公务员这一时期主要以年长的高级公务员为主，后来逐步向年轻的公务员转化。

（3）成为"族议员"

所谓"族议员"是指"在以省厅为基本单位形成的某个政策领域内，经常行使强影响力的中坚议员集团"。③ "族议员"体制和组织基础是自民党的政务调查会和其所属的部会、调查会和特别委员会，以及这些组织与政府各省厅及其官僚所形成的稳定的协调、交流与合作关系。"族议员"一般是在党内、官界、财界有影响力、有势力的议员，他们任职经历丰富，对"政策、人脉和利权"都比较熟悉和了解，能对省厅的政策提出和政策执行产生影响。在20世纪80年代的日本，"族议员"这个称

---

① 郑励志、臧志军：《日本公务员制度与政治过程》，上海财经大学出版社，2001，第276页。
② 郑励志、臧志军：《日本公务员制度与政治过程》，上海财经大学出版社，2001，第279~280页。
③ 〔日〕佐藤诚三郎、松崎哲久：《自民党政权》，中央公论社，1986，第92页。

呼已成为表明议员的实际政治地位和政治影响力的象征,议员们都想成为"族议员",竞争激烈。一般议员要成为"族议员"必须具备三个条件:当议员的次数;任职的经验;任职的能力。① 从表6-6可以看出,高级公务员担任过次官是成为"族议员"的条件之一。而且,"族议员"与有关省厅的官僚往往有密切关系。日本官僚比较强烈的从政志向也起了重要的促进作用,对于官僚来说,这些有影响的"族议员"是他们从政并在未来政界上有所作为的重要依靠力量。②

表6-6 日本"族议员"任职经历

单位:人,%

族	族议员	次 官	相关官厅出身议员
商工族	41	16 (39.0)	3 (7.3)
农林族	37	19 (51.4)	3 (8.1)
水产族	9	2 (22.2)	2 (22.2)
运输族	27	8 (29.6)	7 (25.9)
建设族	32	14 (43.8)	9 (28.1)
厚生族	24	11 (45.8)	4 (16.7)
劳动族	18	4 (22.2)	5 (27.8)
文教族	21	11 (52.4)	1 (4.8)
邮政族	32	11 (34.4)	5 (15.6)
大藏族	22	8 (36.4)	13 (59.1)
国防族	21	4 (19.0)	1 (4.8)

注:一个"族议员"有多项任职经验者按其多项任职统计;括号内的数字是占"族议员"的比例。

资料来源:猪口孝、岩井奉信,《"族议员"研究》,日本经济新闻社,1987,第178、179页。

日本高级公务员的提前退职已经成为公务员管理的一个重要环节,但在当前遇到了阻力。一是日本经济已经进入成熟阶段,在确保公正的

---

① 〔日〕猪口孝、岩井奉信:《"族议员"的研究》,日本经济新闻社,1987,第120~122页。
② 〔日〕中顿章、竹下让:《日本的政策过程——自民党·在野党·官僚》,梓出版社,1989,第16页。

市场原理下,企业已经不需要依靠官员保护才能生存,因此民间企业并不那么积极接收提前退职的公务员,这造成再就业的难度增加。二是日本的养老金制度已经做了修改,65 岁以下的人,要靠部分工资和部分养老金维持生活,这样,无论公务还是民间,雇用 65 岁以下的"半老人",也成为一大社会性课题。

(三) 国外高官辞职管理的经验借鉴

1. 美国

(1) 与辞职相配套的制度设计合理

美国弹劾制度设计体现了"全面明智",将弹劾权归于众议院是找对了地方,"由人民的代表拥有属于他们的权力"。"审判由拥有极大尊严、能力和独立的机构进行,它拥有高效行动、公平审理指控必需的知识和坚定。受这种审判约束的人士是全国政府的官员;所针对的违法行为直接或者间接影响了被指控者以其政治或公务上的身份而与公众相对的权利、职责和关系。适用在一般审判中所适用的法律和证据的普遍规则,以保护当事人免受荒唐的压迫和专断的权力。最后的判决限于解除职务和剥夺任职资格。"[①] 在比较理性的弹劾制度面前,高官会做出明智的选择。

然而,这种制度启动后所耗费的人力、物力和财力巨大,而且容易演变成政治斗争和权力交易。因此至今弹劾制度多为一把高悬的明剑,使用率并不高,尤其没有对中低层级的公务员使用过。

(2) 媒体和公众监督到位

在每一次高官辞职的个案中,均可看到媒体和公众的身影。媒体打头阵,公众做后盾。议会的质询导致调查的介入,最后让问题高官明白自己的选票基础没有了,如果一天不辞职,就不会有一天安宁的日子。

(3) 政务官的任期制使官员坦然面对辞职

政务官与政党共进退。一届任期若没出任何问题就是 4 年。然而,很多官员是不会任满任期的。据统计:20 世纪 70 年代,美国的部长助理

---

① 〔美〕约瑟夫·斯托里:《美国宪法评注》,毛国权译,上海三联书店,2006,第 262 页。

平均任职期不超过 18 个月;[①] 英国内阁大臣的平均任期情况是 1951—1964 年为 2 年零 4 个月、1964—1970 年为 2 年零 8 个月、1974—1979 年为 2 年零 5 个星期。[②] 这些高官不是被免职就是自己辞职。因此他们不像永业类公务员那样可以终身任职。有的为总统或首相避风头、担责任,保全本党的最大利益。有的为正义、公理而辞职,会得到社会的认可。如"水门事件"中的独立检察官理查森仍然以其坚持正义而受到后来政府的重用。因此他们面对辞职也比较坦然。

美国经验的借鉴价值是在中国建立和完善异体监督的中国公务员弹劾制度,从而增强领导干部辞职的压力机制,畅通领导干部辞职的渠道。

2. 日本

(1) 退职管理的优点在实践中得到显现。第一,腾出高级职务岗位,减少了该类职位的人事停滞现象。第二,加快职员新陈代谢,保持组织活力,使低职务职员看到了晋升的希望。它保证每一个高级职位都有几个竞争者,竞争中失败的几位"下凡",把下一次的晋升机会让给下一批。第三,职员提早退休后,有丰厚的退职金,由人事当局介绍再就业("下凡"),职员不必担心退职后的生活,在职时更能安心工作。退路的安排较为合理,"下凡"的高级公务员心理上也能接受。

日本退职管理的思路是值得借鉴的。公务员领导干部的岗位总是无法满足公务员晋升的需要,如果能够尝试同一岗位晋升淘汰制,失败的官员合理退出,将会给年轻公务员带来更多的晋升机会,并激励他们为公共利益和福祉努力工作。

(2) 退职管理缺点也比较明显。第一,达到高等职位的优秀人才过早退职,使其长期积累的能力没有得到充分发挥,造成公务员机构人才浪费。第二,提早退职后的职员,往往会去与原来机关业务密切的行业再就业,造成政企不分以及与限制性法规的冲突。第三,高级公务员即使退了职,仍然会被民间企业看成"上面来的人",高薪聘请他们,从而

[①] 〔美〕格雷厄姆·T. 奥尔森:《公共管理学研究讨论会会议记录》,1979 年 11 月 19~20 日;彭和平、竹立家等编译《国外公共行政理论精选》,中共中央党校出版社,1997,第 339 页。

[②] 张立荣:《中外行政制度比较》,商务印书馆,2002,第 304 页。

引起国民的不满。与我国各地鼓励公务员辞职"下海"的政策一样,既有可能与公务员法限制辞职从业的条款冲突,又有可能利用权力的影响力与民争利,扰乱正常的竞争秩序。退职管理对我国的辞职管理是一把双刃剑,必须谨慎借鉴,切不可乱用。

第七章 中国公务员辞职的管理对策

中国公务员辞职是公务员制度系统中的一个重要环节。健全和完善科学合理的公务员辞职管理制度对有效实施公务员制度意义重大。中国公务员辞职是一个有机的系统，包括辞去公职和辞去现职。本章以《公务员法》为基础，在借鉴中国各历史时期和国外公务员辞职管理的有益经验的基础上，尝试提出"中国公务员辞职管理对策体系"（见图7-1），完善中国公务员辞职管理。"中国公务员辞职管理对策体系"的目标是规范对辞去公职和辞去现职的管理，其治理工具包括应该遵循的基本原则、总体思路、具体对策三大组成部分。基本原则是指公务员辞职应该坚持的三个原则，即公共利益优先、保护个人权利和法治原则。总体思路是指完善公务员辞职的保障机制、压力机制和支持机制。公务员辞职管理的具体对策思路包括两个有机组成部分。第一是公务员辞去公职管理的具体对策：加强辞职后从业限制的执法力度；对辞职者的职业选择加强政策引导；辞职中"逆向选择"的治理途径；加强研究与预测。第二是党政领导干部辞去现职的对策：通过严格实行党政领导干部任期制和制定合理的限制条件，逐步规范因公辞职；依法审查批准和合理安排去向，规范党政领导干部自愿辞职；通过实施"公众全程参与的引咎辞职流程"，规范党政领导干部引咎辞职制度；对党政领导干部责令辞职则建议修改为"责令离职"或"免职"，并规范权力救济。

美国政治学家、政治系统论的创立者戴维·伊斯顿认为政治是"价值的权威性分配"，并提出一般政治系统理论[①]，认为政治系统和内外环

[①] 胡杰：《戴维·伊斯顿和"西方政治学革命"》，《政治学研究》1985年第1期。

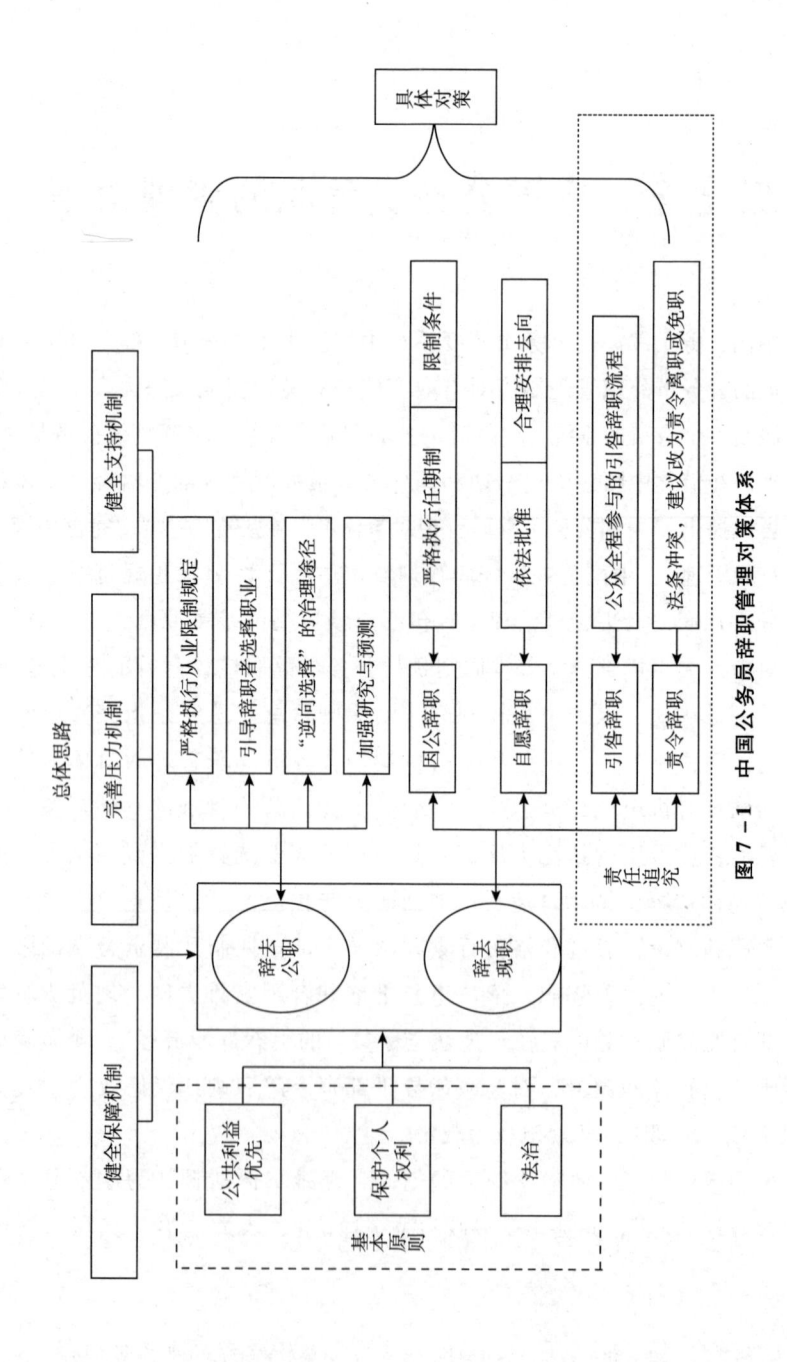

图 7-1 中国公务员辞职管理对策体系

境之间形成互动的联系，系统持续不断从外部输入信息、诉求，输出处理结果，将对象的信息反馈回系统，再输入过程实现系统的不断运转和完善。作为政治系统的一部分，公务员辞职管理对策体系也是一个开放的系统（见图 7-2）：第一步，公务员辞职管理系统从政治、经济、社会、政府管理、公务员制度等大系统输入和接收信息、诉求等；第二步，对各种信息进行分类和整理，然后启动各管理子系统进行处理；第三步，向各大外围大系统输出处理结果及信息；第四步，将信息反馈给各个大系统。接着进行新一轮运作，周而复始，全面系统地管理好公务员辞职的各种问题。

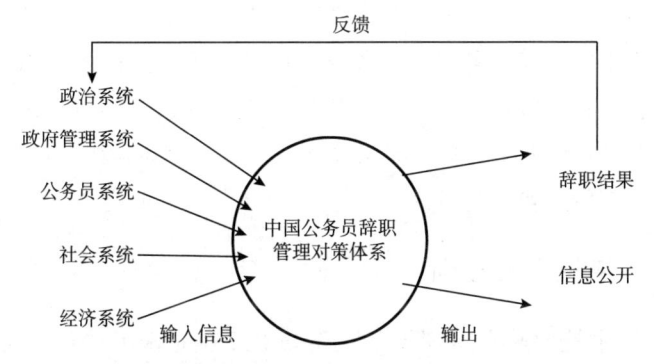

图 7-2 公务员辞职管理对策体系与相关系统之间的互动

本章将依据"中国公务员辞职管理对策系统"的要求展开论述。

一 管理公务员辞职的基本原则

中国公务员一方面行使着公共权力，把党和政府的各项政策法规贯彻落实到位，为社会提供公共服务。另一方面，他们也是国家的公民和普通一员。他们应该享有普通公民拥有的各项权利，包括职业的选择权和辞职权。因此管理公务员辞职应该坚持三个原则：公共利益优先；保护个人权利；法治。

（一）公共利益优先

公务员所从事的职业是公共管理和公共服务，其基本的价值追求是

211

最大化地实现公共利益。公共人事中的公共利益，按照美国学者罗纳德·克林格勒的观点理解，笔者认为就是要求公共部门的公务员追求四大价值，即政治回应性、组织效率、个人权利保护和社会公平。[①] 政治回应性要求政府能够积极地反应并回答通过民选官员表达出来的公民意志。而公务员作为政府实施公共管理的执行者，是能否实现回应性的前提和基础。组织的效率和效能表现为在任何管理过程中的投入和产出之比，以最小的投入最大化地实现公共利益。个人权利强调公民个人免受政府官员不公正行为的侵害，因此保护公民权利是公共利益的题中之义。维护社会公平是指通过公务员的工作努力实现政策目标，即维护社会公平。

当公务员个人的权利和公共利益要求发生冲突时，公务员的个人权利就要受到限制。因此各国对公务员辞职都给予一定限制，如至少不能泄露国家机密；不能用公共权力去换取个人利益；不能擅自离职。因此在我国的公务员辞职中，首要的原则就是公共利益必须摆在优先的位置。公务员辞职不能违背公共利益。

（二）保护个人权利

每个人的社会角色是多重的。公务员在机关是国家和政府的代言人，手中掌握着或多或少的公共权力。但他们也是国家的公民、家庭里的成员，他们也有权利设计自己的人生，有根据自身的条件选择职业的权利，一次职业选择不合适，可以辞职再次选择。在东西方文化的差异中，个人主义和集体主义的倾向成为最明显的差别。著名跨文化管理学者吉尔特·霍夫斯泰德的研究显示，中国大陆的个人主义排序是56—61位，而美国排第1位。[②] 中国传统文化的特征显示，中国属于集体主义倾向的国家。[③] 因此在中国的立法中也会不自觉地把国家和政府置于强势地位，当

---

① 〔美〕罗纳德·克林格勒、约翰·纳尔班迪：《公共部门人力资源管理：系统与战略》，孙柏瑛等译，中国人民大学出版社，2001，第6~7页。
② 〔荷〕吉尔特·霍夫斯泰德、格特·杨·霍夫斯泰德：《文化与组织：心理软件的力量》（第二版），李原、孙健敏译，中国人民大学出版社，2010，第84页。
③ Li Yongkang, Yan Xiong, *The Difference between Chinese and American Culture and Advices for Cross - Cultural Management—Based on Hofstede's Research* (Theproceedings of ICIII 2012, Sanya, China, October 2012), p. 375.

个人权利与集体利益发生冲突时，法律的审判往往倾向于维护集体。然而，从当今各国的宪法来看，都有保护个人权利的条款，中国也不例外。公务员作为公民的一员，其辞职的权利在《公务员法》中做出明确规定，只要在不违背公共利益的前提下，其"申请辞职"的权利应该得到法律的充分尊重和保障。

（三）法治

法治是一种用法律和制度治理政府和权力的理念。实行法治的意义在于，公民个人能有效地保护自己的权益，不让掌权者任意摆布。与法治相对的是人治。人治的表现是一个政府能不经公众讨论就制定或废止一项法律；一个公民被剥夺了为自己辩护的机会，不经审判就可以被投进监狱；一位法官只能在行政权力的恫吓和阴影中进行审判；一项法律在执行过程中，可以根据政治的需要或个人的好恶而随意变化。我国自中共十五大提出"依法治国"理念以来，国家推进法治工作取得了明显成效。十八大报告继续提出我国进一步推进"法治"的目标，即"法治是治国理政的基本方式。要推进科学立法、严格执法、公正司法、全民守法，坚持法律面前人人平等，保证有法必依、执法必严、违法必究"[①]。

虽然中国的立法速度较快，但在法律的执行过程中存在一些问题。有些法律法规制定出来后宣传不到位，违法成本低，执法阻力大。一些违背法治原则的现象在当今中国一定范围内仍然存在。中国公务员辞职法规特别是党政领导干部引咎辞职和责令辞职的执行，事实上是要收回党政领导干部手中的行政职务和公共权力，如果没有严格的法律制度和程序做保障，就会给国家和社会带来不稳定因素。因此，中国公务员辞职必须严格实行法治。

二 管理公务员辞职的总体思路

我国公务员辞职管理中存在的主要问题总体上有三个方面：一是公

[①] 《坚定不移走中国特色社会主义道路 夺取中国特色社会主义新胜利》，中国共产党第十八次全国代表大会政治报告，2012年11月。

务员辞职制度本身还有待完善；二是公务员辞职的压力机制不够，特别是领导干部引咎辞职和责令辞职的压力不足；三是公务员辞职的配套改革滞后，支持机制缺失。因此中国公务员辞职管理必须坚持系统管理和战略管理的理念，从战略高度科学设计总体思路。具体而言，中国公务员辞职管理的总体思路包括三个方面：一是健全公务员辞职的制度保障机制，如健全公务员辞职的法规体系；二是完善公务员辞职的压力机制，如弹劾制度、离职审计制度等；三是改进公务员辞职的支持机制。

（一）完善公务员辞职的制度保障

目前，公务员辞职的法规体系基本建立，即"一法二规"。这是公务员辞职最基本的制度保障。"一法"即《公务员法》；"二规"指《党政领导干部辞职暂行规定》和《公务员辞去公职规定（试行）》。另外还有多个党规从其他角度提到了公务员辞职的某一个环节。比如2002年的《党政领导干部选拔任用工作条例》中有6条涉及党政干部辞职的条款，是最早完整地呈现党政干部辞职的党规。2009年的《关于实行党政领导干部问责的暂行规定》中有3条涉及党政干部引咎辞职和责令辞职的条款，主要是明确两种辞职方式是问责的方式，以及辞职后的工作安排、复出的时限和申诉权限等。2010年的《党政领导干部选拔任用工作责任追究办法（试行）》第十六条："引咎辞职和受到责令辞职、免职处理的，一年内不得重新担任与其原任职务相当的领导职务，两年内不得提拔。"这是最新的关于问责干部重新任用的时限规定。"一法二规"和相关党规构成了公务员辞职管理的基本法规体系，使中国公务员辞职管理有法可依，基本做到了规范管理。

公务员辞职管理的法规仍然有几个方面有待完善。

1. "辞职辞退"合为一章有待商榷

1993年的《国家公务员暂行条例》和现在的《公务员法》都专门用一章来规范公务员的"辞职辞退"管理。辞职和辞退虽然在管理的一些环节上有交叉，然而，二者的区别较为明显。而且辞职制度由于包含了党政干部辞职的内容，使得二者在法规上放在一起，实际操作中容易造成混淆。这个问题已经部分得到纠正。2009年中组部和人社部分别印发了《公务员辞去公职规定（试行）》和《公务员辞退规定（试行）》。这有利于实现公务员辞去公职和党政干部辞去现职的整合，从而形成完整的公务员辞职制度和法规体系。鉴于此，建议全国人大在修改《公务员法》的部分条款时，把"辞职"和"辞退"分开，进一步促进公务员辞职制度走向完善。

2. 对引咎辞职和责令辞职干部的复出时限，不同规定存在冲突

2002年的《党政领导干部选拔任用工作条例》第六十二条："引咎辞职、责令辞职、降职的干部，在新的岗位工作一年以上，实绩突出，符合提拔任用条件的，可以按照有关规定，重新担任或者提拔担任领导职务。"重新担任或提拔担任领导职务的时限是"一年以上"。2009年的《关于实行党政领导干部问责的暂行规定》第十条规定："引咎辞职、责令辞职、免职的党政领导干部，一年内不得重新担任与其原任职务相当的领导职务。引咎辞职、责令辞职、免职的党政领导干部一年后如果重新担任与其原任职务相当的领导职务，除应当按照干部管理权限履行审批手续外，还应当征求上一级党委组织部门的意见。"2010年的《党政领导干部选拔任用工作责任追究办法（试行）》第十六条："引咎辞职和受到责令辞职、免职处理的，一年内不得重新担任与其原任职务相当的领导职务，两年内不得提拔。"

三个不同时间的党规对引咎辞职和责令辞职干部的复出时限有所不同。本章认为，2010年的《党政领导干部选拔任用工作责任追究办法（试行）》更加符合实际情况。应以其为标准，统一另外两个党规的复出时限，避免在辞职干部的复出工作中造成混乱。

3. 引咎辞职的党政领导干部同时提出辞去公职的处理方式

《党政领导干部辞职暂行规定》第二十七条规定："引咎辞职、责令辞职的干部同时提出辞去公职的，应当符合本规定第十二条所列的条件①。其中，责令辞职的干部同时提出辞去公职的，须按自愿辞去公职的程序办理。"这条的第二句设想的是规定执行中责令辞职的干部可能会存在辞去公职的情况。但是，引咎辞职的干部是否也存在这样的可能性？

---

① 该条规定党政领导干部不得辞去公职的三种情况。

西方政务官辞职后通常会离开政府重操旧业。中国当前也有专家型的党政领导干部，也有可能出现"引咎辞职"后同时提出"辞去公职"的现象。因此笔者认为，"引咎辞职干部同时提出辞去公职的，须按自愿辞去公职的程序办理"也应写入《党政领导干部辞职暂行规定》第二十七条。

（二）强化公务员辞职的压力机制

1. 推动公务员财政申报，严格进行离职审计

早在2004年，《党政领导干部辞职暂行规定》第二十四条就明确规定："党政领导干部辞职，按照有关规定需进行经济责任审计的，党委（党组）及其组织（人事）部门应当委托审计机关进行经济责任审计。"2005年的《公务员法》第八十六条也规定："公务员辞职或者被辞退，离职前应当办理公务交接手续，必要时按照规定接受审计。"2009年的《公务员辞去公职规定（试行）》第七条再次规定："经批准辞去公职的公务员，离职前应当办理公务交接手续，必要时按照规定接受审计。"三个法规都明确规定公务员辞职要接受离职审计。但是"按照有关规定""必要时按照规定"等模糊性的词语往往会使离职审计形同虚设，或者走过场，存在较大的自由裁量空间和随意性。建议把这些模糊的词语修改为"必须依法"这个明确的法律用语。只有严格进行离职审计，才能及时发现问题，采取补救措施。同时解除外界的怀疑，增强人民对党和政府选拔用人制度的信任度。

另外，公务员财产申报制度的健全和完善将会极大地推进公务员离职审计工作。公务员尤其是党政领导干部的财产公开了，离职审计工作的最大障碍就被清除了。离职审计的重点就转移到核实财产申报的真实性和准确性上。当前公务员财产申报制度成为热门话题，2010年7月通过的《关于领导干部报告个人有关事项的规定》首次明确副处级以上公务员须报告收入、房产及投资情况，包括婚姻变化、配偶子女移居国外及从业情况。2012年12月23日至25日，中国官方媒体新华社播发习近平、李克强、张德江、俞正声、刘云山、王岐山、张高丽7位中共中央政治局常委的人物特稿，他们的工作和生活旧照同时播发。通过新闻报道，人们得以知悉中共高层领导的重要生活经历、施政理念、工作作风，

甚至家庭情况和个人业余爱好等。有专家评论说，中央政治局常委公开自己家庭情况，有利于推动各级领导干部逐步公开家庭情况，便于全党全社会在各层面进行监督，为今后的官员财产公开做出前期探索。① 因此，推动公务员财产申报工作将极大促进公务员离职审计工作的开展。

2. 建立公务员弹劾制度

弹劾是指一系列有关免除不称职者公职的法律程序。弹劾制度是西方国家的一项基本的官员监督制度，最早起源于英国，之后美国、法国、德国和日本等国纷纷效仿，至今有60多个国家以法律形式确立了弹劾制，受理弹劾案，其中美国最为典型。② 几百年来，弹劾制使用的频率并不高，被弹劾的官员也屈指可数，但它是悬挂在官员头上的一把利剑，没有官员敢忽视它的存在。这一制度对民选官员尤其具有明显的监督功能。1962年10月，法国总理蓬皮杜所领导的政府因为国民议会弹劾案的通过而辞职；③ 1974年8月，美国的尼克松总统因为"水门事件"遭到弹劾，成为美国历史上第一个因过失而辞职的总统④。

我国古代也存在弹劾官员的制度，全称叫监察弹劾制度，即对官员违法失职行为进行监督、检举活动。我国自秦汉开始，就有了对官吏的监察弹劾制度，由皇帝设立专门的监察机构和监察官吏对百官进行监督和弹劾。⑤ 古代负责弹劾的官吏具有参奏百官的权力，并且可以"风闻奏事"，如果不能定期参奏官员，他本人将受到处分。参奏弹劾的结果由皇帝本人进行裁决。虽然我国的监察弹劾制度比西方国家要早上千年，但是两者存在本质上的区别。监察官员是为皇家的利益而监察弹劾官员，是少数人监督多数人，结果是一人说了算。而西方弹劾制度却是作为代议制的议

---

① 张蔚然：《专家称中共高层家事披露为官员财产公开作前期探索》，中国新闻网，http://news.cri.cn/gb/27824/2012/12/26/2225s3972185.htm，最后访问时间：2019年7月30日。
② 张爱军、韩睿：《西方发达国家弹劾制及对中国的启示》，《甘肃社会科学》2010年第1期，第207页。
③ 张立荣：《中外行政制度比较》，商务印书馆，2002，第320页。
④ 〔美〕施密特、谢利、巴迪斯：《美国政府与政治》，梅然译，北京大学出版社，2005，第285页。
⑤ 张序：《我国古代官员监察弹劾制度之演变》，《政治学研究》1987年第5期。

会对官员进行监督，要求举证，严格执行弹劾程序，结果由议员投票决定，充分体现了民主政治的特点，既要保护公共利益，又要保护官员个人权利。另外，中国古代官员被弹劾的结果是不确定的，可能被贬官、免职、流放，乃至杀头等。而西方弹劾制度的结果仅是剥夺官员的职务。

孙中山领导的"辛亥革命"成功后，也曾效仿西方在中国建立过弹劾制度，但因为革命的反复和国家的不稳定，几乎没有发挥作用。改革开放后，邓小平在1980年发表的题为《党和国家领导制度的改革》的讲话中曾经指出"要健全干部弹劾制度"。[①] 现行的《公务员法》中没有公务员弹劾制度，但是规定了对领导干部进行问责，并在2009年颁发的《关于实行党政领导干部问责的暂行规定》中把"引咎辞职、责令辞职"列入其中。问责制与弹劾制度的区别是，西方的弹劾制度强调政治层面的制度，强调议会行使弹劾权，弹劾的对象包括从总统、议长到一般文职官员和议员，弹劾的目的止于剥夺官员的职务。我国的行政问责制度则是更加侧重于党委和党组对干部的监督管理，以及对有问题的官员进行问责，而非直接处罚。行政问责制强调领导干部要对党负责，是否问责取决于党委的决定。民意在其中不易受到重视。弹劾制度与引咎辞职和责令辞职的关系是，弹劾制度是官员头上高悬的利剑，为问题官员引咎辞职制造了强大的压力氛围。问责制中，官员可以找领导说情改变决定；而弹劾制中，面对几百号议员或人大代表，只得听天由命。因此，当问题官员只得在被弹劾下台和主动辞职两者中进行选择时，官员毫无疑问会选择辞职，体面下台。

针对我国当前官员引咎辞职的氛围不够、压力不足的现状，有必要尝试建立中国公务员弹劾制度。我国公务员弹劾制度的内容体系包括以下几方面。①弹劾的权力机关是中国共产党各级代表大会及其常务委员会（对应党的职务）、各级人民代表大会及其常务委员会（对应一府两院的职务及人大的职务）、各级政协代表大会及其常务委员会（对应政协的职务）。②调查取证权力赋予党的各级纪委或各级人民检察院。③弹劾的对象是我国《公务员法》所界定的所有公务员，侧重点是选任类的领导干部。④弹劾的行为应包括叛国卖国、失职渎职、贪污腐败、严重违反

---

① 徐颂陶、孙建立主编《中国人事制度改革三十年》，中国人事出版社，2008，第273页。

官员职业道德和公民道德等。⑤弹劾的方式是根据调查取证的结果,交由相应的党的代表大会及其常务委员会、人民代表大会及其常务委员会、政协代表大会及其常务委员会表决,2/3以上票数为弹劾生效。⑥弹劾的结果止于剥夺公务员的党政职务。其他法律责任则在弹劾案之后移交法院另案裁决。⑦被弹劾的官员被剥夺党政职务及其相应待遇,保留一般公务员身份及相应待遇。如有更严重的违法行为,被处以开除以上处分的,则按处分规定进行管理。

注重公务员弹劾制与公务员辞职制度的衔接。由于弹劾的程序复杂、过程较长、费时费钱费力,因此允许问题官员在弹劾的实施过程中提出引咎辞职,官员辞职后,弹劾自行终止。引咎辞职的官员按照《党政领导干部辞职暂行规定》进行管理。引咎辞职后的官员如有其他违法违纪行为,除了依法可以得到豁免的情况外,交由其他党纪政纪和法规进行处理。

弹劾制度将实行全程信息公开和听证制度,接受新闻媒体和人民大众的举报、听证和公开监督。保护官员的合法权益,保护公民的正当参与和监督权利,禁止打击报复,并严惩打击报复的实施主体。

通过实施官员财政公开制度、严格执行官员离任审计制度和建立实行公务员弹劾制度,为问题官员制造强大的压力氛围,迫使领导干部有咎必辞,使引咎辞职逐步形成一种文化和惯例。

(三) 改进公务员辞职管理的支持机制

2014年以前公务员不敢轻易辞去公职的一大障碍是公务员养老保险制度不予支持,如果公务员在退休前主动选择辞去公职,其退休后的福利待遇将面临失去保障的危险。这就造成部分公务员熬日子,工作缺乏积极性,有辞职的想法,也不敢落实在行动上。2005年广西一名工龄长达21年的公务员辞职后受聘于企业,向财政局要求一次性养老保险补贴遭到拒绝,理由是公务员从机关调入企业可以获得一次性基本养老保险补偿,而从机关"辞职"再受聘于企业的行为却不能获得。[①] 由于这一现象引起争议,少数地方逐步进行试点,福建省社保局《关于公务员辞去

---

① 蒋桂斌:《辞职公务员养老保险官司开庭》,《北京晨报》2005年10月25日。

公职或被辞退以后有关养老保险问题的复函》（闽人社函〔2009〕288号）规定："公务员辞职、辞退重新就业，并参加企业职工基本养老保险后，辞职辞退前原在机关可计算连续工龄的工作年限，可视同缴费年限，并与实际缴费年限合并计算。"多数地方则是依据人力资源和社会保障部、财政部关于《城镇企业职工基本养老保险关系转移接续暂行办法》，这个办法适用于参加城镇企业职工基本养老保险的所有人员，但对于职业之间流动的养老保险问题，比如从公务员辞职流动到企业或者企业流动到公务员行列的问题，却只字未提。[①]

针对公务员辞职中的支持机制缺乏问题，多数地方选择在制定鼓励公务员辞职创业的地方性法规中提出特殊的鼓励措施，比如湖北省武汉市 2002 年曾经为"辞职创办实业的公务员提供物质上的补偿"；江苏省 2004 年规定"党政机关和事业单位工作人员辞职创办民营企业或到民营企业就业的，将给予一定补偿"；湖南省 2003 年规定"机关、事业单位工作人员辞去公职从事民营经济的，可一次性发给不超过本人 5 年基本工资的辞职金"；山西省 2004 年规定"经批准自愿离职到非公有制企业工作的，3 年内原单位发给基本工资"等。这些地方法规曾经鼓舞了一批公务员辞职创业或为非公企业工作，在当时的经济发展中发挥过重要作用。然而，最近几年各地制定的类似的法规，纷纷遭到媒体和社会的批评。如 2008 年以来，河南商丘制定了《关于扩大对外开放促进全民创业的若干规定》，商丘市"鼓励机关事业单位干部带头创业"，公务员辞职创业，可按照其本人"工龄×5×上年度月平均工资"的标准给予一次性经济补偿。[②] 昆明市制定了《昆明市人事局关于支持服务非公有制经济发展的实施细则（试行）》，其中明确规定了对辞职创业的国家机关公务员和事业单位工作人员，除一次性发给相当于本人 5 年基本工资的辞职金外，工龄 20 年以上的，发给一次性奖励金 20 万元；工龄 10—20 年的，发给一次性奖励金 15 万元；工龄 6—10 年的，发给一次性奖励金 10 万元。[③] 有学

[①] 杜文戈:《解决公务员辞职养老保险有利于精兵简政》,《民主与法制时报》2010 年 1 月 25 日。
[②] 吴兢、白龙:《公务员"下海"，政府该鼓励，还是中立?》,《人民日报》2008 年 7 月 2 日。
[③] 王江:《昆明奖励公务员下海制度被叫停：舆论影响决策》，新华网，http://news.sina.com.cn/c/2008-10-17/155316474695.shtml，最后访问时间：2019 年 7 月 30 日。

者批评这是对公共资源的乱用，会严重损害市场经济的公平竞争。市民则认为，精简机构是好事，但是如果简单地通过发钱让公务员辞职来办非公企业的话，对低收入人群来说不公平，因为和公务员相比，低收入人群更需要这些资金来生活和工作。

然而毫无争议的是，公务员在政府部门工作的工龄必须与各种保险和待遇挂钩。如果公务员辞职到企业就业，能按照法规把其相应的五险一金转移到新的单位或相应的社保局，其退休后的社会福利待遇不会受到辞职的影响，那么其选择辞职就没有后顾之忧了。

2015年，终于迎来了国家层面推进公务员社会养老保险与社会其他行业的社会养老保险接轨的政策，扫除公务员辞职和退出的障碍，变公务员辞职的阻力为公务员辞职的支持机制。国务院发布《国务院关于机关事业单位工作人员养老保险制度改革的决定》（国发〔2015〕2号）（以下简称《决定》），改革现行机关事业单位工作人员退休保障制度，逐步建立独立于机关事业单位之外、资金来源多渠道、保障方式多层次、管理服务社会化的养老保险体系。从此，个人工资中开始扣除养老保险金，其目的是与全国的企业一样，打破机关事业单位退休金的"铁饭碗"，在机关事业单位实行基本养老金社会化发放。《决定》规定："要做好养老保险关系转移接续工作。参保人员在同一统筹范围内的机关事业单位之间流动，只转移养老保险关系，不转移基金。参保人员跨统筹范围流动或在机关事业单位与企业之间流动，在转移养老保险关系的同时，基本养老保险个人账户储存额随同转移，并以本人改革后各年度实际缴费工资为基数，按12%的总和转移基金，参保缴费不足1年的，按实际缴费月数计算转移基金。转移后基本养老保险缴费年限（含视同缴费年限）、个人账户储存额累计计算。"这一改革原则上打破了公务员辞职的最大障碍，为公务员在企事业单位之间自由流动提供了初步的支持机制。

总之，公务员辞职管理关系到公务员制度建设的"出口"、政府管理的效率以及责任政府建设，推进公务员辞职管理的制度衔接机制、压力机制和支持机制建设是完善公务员辞职管理的关键。

三 公务员辞去公职的管理对策

(一) 严格执行从业限制规定

防止官商勾结的有效办法是严格依法监督"公务员辞去公职后的从业限制"条款的有效执行。香港也存在离职公务员的"期权腐败"现象,香港政府为此制定了有关"过冷河"的条款。"过冷河"是指在公务员离职后的法定期限内,限制其从事特定职业或发生特定行为,以达到遏制"期权腐败"的法制设定。香港的"过冷河"条款,包括规制期限、规管内容、权利救济、惩处措施和信息公开五个层面[①]。该条款的实施在香港取得了良好效果。值得借鉴的香港政府的管理经验有以下三个方面。一是要严格规范和限制离职官员经商行为,从制度上防范权力的寻租行为。二是要对辞职从商者进行公正、公开的监督,发现问题就严肃处理。三是在惩处措施方面严格到位,提高干部离职经商的违法违规成本,从而令"期权腐败"者得不偿失。另外各国不同程度地对辞职后的经商行为有所限制,并严格执行,取得较好效果。

我国 2009 年的《公务员辞去公职规定(试行)》第十五条规定:"公务员辞去公职的,原系领导成员的公务员在离职三年内,其他公务员在离职两年内,不得到与原工作业务直接相关的企业或者其他营利性组织任职,不得从事与原工作业务直接相关的营利性活动。公务员辞去公职后有违反前款规定行为的,由其原所在机关的同级公务员主管部门责令限期改正;逾期不改正的,由县级以上工商行政管理部门没收该人员从业期间的违法所得,责令接收单位将该人员予以清退,并根据情节轻重,对接收单位处以被处罚人员违法所得一倍以上五倍以下的罚款。"条款中非常明确地规定了受限制的对象、受限制的年限、哪些组织和企业受到限制、哪些行为受到限制、违反后的处罚措施等。剩下的任务就是要严格执法。从目前存在的经商行为的系列违法行为看,问题不是没有制度

---

① 金杭庆:《"香港遏制'期权腐败'的'过冷河'条款及其启示"》,《党政论坛》2010年第 10 期,第 52~54 页。

和规定，而是有法不依、执法不严。根据基金公司公开的招募说明书统计，已先后有近 50 名证监会官员辞去公职，到基金公司担任高管职务，这些前官员分布在国内 30 多家基金公司。[①] 这些现象都发生在党规和法规实施之后，《党政领导干部辞职暂行规定》附则中明确规定："县级以上党委、政府直属事业单位和工会、共青团、妇联等人民团体的领导成员辞职，适用本规定。"加强执法是对辞职后经商行为进行规范管理的关键。

（二）引导辞职者的职业选择

当前，辞职官员倾注于教育事业、公益事业等的现象开始出现。这是一种良好的开端，打破辞职的官员不是做官就是赚钱的传统套路。由于入口的竞争加大，门槛提高，公务员中的高学历和高职称者越来越多，博士和教授通过公开选拔被选为领导干部的现象也屡见不鲜。高级人才的特点是好奇、爱思考、追求多元化、兴趣容易发生转移。在他们的志趣爱好发生转移，或者职务晋升遇到"天花板"现象，或者快要到退休年龄的时候，他们极有可能想继续用自己渊博的知识和丰富的阅历为社会做贡献。管理部门应该疏通他们辞职去高校或者 NGO 组织工作的管道。比如身为博士或教授的领导干部辞职去高校教书，他们能否作为高校引进人才的指标，享受引进政策，光明正大地拿到奖励。当然同时要限制他们用权力换取利益，但是公平竞争应该得到允许和鼓励。这样对政治生活感到疲惫的专家型官员退路宽广，可以辞职去高校做学问，引导他们把自己的丰富经验与研究结合起来，便于管理知识的传承；有较广的社会关系的官员可以去公益组织，为社会事业贡献自己的一份力量；当然擅长经济的公务员在不违背限制条件的前提下完全可以自主选择去企业工作。这使他们辞职后的出路可以多处开花，辞职后的工作生活更加丰富多彩。同时他们的辞职也为年轻公务员的晋升留出空间。类似于日本的高级公务员退职管理。

---

① 袁名富：《证监会官员下海 如何防火与灭火》，《南方周末》，http://money.163.com/12/1019/10/8E60ECDV00253B0H.html，最后访问时间：2019 年 7 月 30 日。

(三) 避免"逆向选择"和留住人才的途径

本节要回应前文的几个部分。一是第四章的公务员辞职的原因，特别是个人原因，提出防止公务员辞职，留住精英的对策；二是第五章的公务员辞职中存在的"逆向选择"现象，也称"逆淘汰"现象。尽管公务员保持一定辞职率和流动率在所难免，而且是有益的，有利于畅通组织的"入口"和晋升的"楼梯口"。然而，在各个领域竞相保持人才这一核心竞争力的背景下，要尽可能避免政府机关公务员辞职中的"逆向选择"现象。要保证有效执行公务员辞职制度的同时，又不至于对政府机关造成人才过多流失，公务员管理部门需要多管齐下。

1. 合理增加报酬的水平及公平性

报酬能否降低雇员离职率一直存在争议。[1] 一方面，有证据表明，提供最有吸引力报酬计划的雇主的人员缩减率要低于那些报酬较差的雇主[2]，许多组织是用报酬率作为他们保留雇员的主要武器[3]。另一方面，有一个以问卷为基础的证据显示，员工在决定放弃职位的时候并不会更重视报酬的多少[4]。比如那些从企业考入政府部门的新公务员，他们坦言，工作的变动反而降低了薪水，但是他们成为公务员这一身份的成就感使得他们不会太在乎工资是否降低了。在专门从事雇员保留的研究中，多数人认为报酬是获得满意度的重要因素，但当其他因素促使雇员离开职位的时候，报酬通常不会产生作用。当人们已经对工作感到满意的时候，

---

[1] 〔英〕德里克·托林顿、劳尔·霍尔、史蒂芬·泰勒：《人力资源管理》（第六版），邵剑兵等译，经济管理出版社，2008，第144页。

[2] L. Gomez – Mejia, and D. Balkin, *Compensation*, *Organization Strategy and Firm Performance* (Cincinnati, Ohio: South Western College Publishing, 1992).

[3] P. Cappelli, "A Market – driven Approach to Retaining Talent," Harvard Business Review1/2 (2000): 103 – 111; IRS., "Employee Retention 1 – the tools and techniques," Employee Development Buletin118 (2000a): 6 – 10; IRS, "Retention 2 – effective methods," Employee Development Buletin129 (2000b): 6 – 16.

[4] S. Bevan, L. Barber, and D. Robinson, *Keeping the Best: A Practical Guide to Retaining Key Employees* (Brighton: Institute for Employment Research, 1997); J. – M. Hiltrop, "The Quest for the Best: Human Resource Practices to Attract and Retain Talent", European Management Journal4 (1999): 423 – 431.

提高报酬水平也会产生更高的工作满意度，但不会阻止不满意的员工离职。Sturges 和 Guest 在他们有关毕业生的离职决策研究中总结道："至于他们所关心的，当挑战性工作与报酬一致时，报酬就根本无法让他们去完成令人烦恼的和没有刺激性的工作。"[1] 这些研究进一步印证了赫茨伯格的观点，他在其"双因素"理论中提出"保健因素"和"激励因素"，而报酬属于"保健因素"而非"激励因素"[2]。这意味着报酬是产生工作不满意的因素，但不能产生积极的工作满意度。人们如果认为报酬很低，他们会选择离开，但一旦他们对报酬表示满意了，额外的报酬增加不会有什么影响。

中国公务员的报酬在当前存在的问题是与经济增长水平和物价上涨水平相比较，其显性报酬水平普遍偏低。从公务员和社会平均劳动力的教育投入成本与平均智商相比较，最近10年入职的公务员均是通过当前竞争性最强的公务员考试层层选拔出来的，他们的智商和学历都明显高于社会的平均劳动力水平，然而公务员的显性工资收入水平与社会劳动力的工资水平大体一致。这就导致看似公平的结果包含不公平的对待。同时，不同地区或者不同部门的公务员薪酬水平事实上存在差异，进一步加深了部分公务员的不公平感和受挫感，其结果是多数公务员会降低公务员投入水平，部分公务员会把手伸向灰色收入地带，部分专业紧缺和能力较强的公务员会在高收入的诱惑面前做出政府机关担心的"逆向选择"，辞职离开。这就是当前公务员系统中律师、会计师、审计师等岗位辞职率高的真实原因。

通过报酬减少"逆向选择"现象和留住人才的措施有如下几点。第一，及时贯彻《公务员法》规定的工资水平增长机制要求，根据经济发展水平和物价水平，合理增长公务员工资。从稳定公务员队伍的角度，消除公务员队伍的整体不满意感。第二，对少数专业性较强的公务员，由于岗位的特殊性，他们的职务晋升反而受到限制，因此影响其收入和待遇。对这样的岗位，可以考虑实施岗位选拔和聘任制，对岗位做出明确的专业要求，同时对其工资制度，可以参考企业高管的年薪制，或者

---

[1] L. Sturges, and D. Guest, *Shall I Stay or Should I Go?* (Warwick: Association of Graduate Recruiters, 1999).
[2] 〔美〕弗雷德里克·赫茨伯格、伯纳德·莫斯纳、芭芭拉·斯奈德曼：《赫茨伯格的双因素理论》，张湛译，中国人民大学出版社，2009。

事业单位的特殊人才引进的待遇水平来确定。总之，这类人才不害怕竞争，却害怕其工作得不到认可，或遭遇不公平的待遇和对待。

2. 推广大学生政府机关实习制度

有研究表明，如果潜在职员到职前能够获得"真实工作预览"，组织将因此而受益。这样做的目的是确保新职员进入组织的时候已经对组织有所了解，且不会发现工作无法满足他们的预期。对工作不满意也是直接导致辞职率上升的原因，是新职员的高预期与现实之间冲撞所造成的，即不如预想中的那样令人满意和充满刺激。Wanous、Hom 和 Griffeth 等几位研究人员注意到雇用最初的几个月中这样的做法在降低离职方面的影响。招募阶段中需要发出完全积极的信息和发出真实的信息之间的平衡。不能误导候选人对未来所需从事工作性质的认识。①

公务员的录用考试竞争非常激烈。被录用的公务员可能会对自己的岗位寄予很高的预期，有的新入职的公务员在试用期还未满之前就辞职走人，增加了政府部门的考录成本，并且影响了工作的正常开展。因此较为妥当的办法是用人单位在面试时更为诚实的介绍情况，同时向未来愿意考公务员的大学生提供一段时期的工作实习。这主要是针对要考公务员的毕业生（特别是硕士或者博士），如果有一段时期的实习，他们在报考公务员时，就会对这一工作有充分的认识和了解。避免考上后又很快因不适宜而辞职，对部门工作造成损失，给个人发展造成影响。

对于大学生实习或见习，很多地方的政府机关都根据实际和需要接收过一些大学生实习，但没有形成制度。最近，国内部分地区开始学习美国的"实习生"制度，逐步建立起实习制度，比如 2012 年陕西省政府第 12 次常务会议审议通过了《大学生假期到政府机关见习制度》，四川成都市成华区建立了"大学生人才实验室"等。② 只是这些地方的实习制度仍然对实习的生源即规模有着严格的限制，其实效性有待时间的检验。不可否认的是，这一制度将有利于准公务员在入职前对公务员职业有一个合理的预期，减少入职后的"逆向淘汰"现象。中央政府可以在总结

---

① 〔英〕德里克·托林顿、劳尔·霍尔、史蒂芬·泰勒：《人力资源管理》（第六版），邵剑兵等译，经济管理出版社，2008，第 146 页。

② 严伍虎、张淑琴：《陕西省政府来了见习生》，《决策》2013 年第 4 期，第 58～60 页。

各地学生实习制度试点的基础上适时出台相关办法,确保该制度的合理性、广泛性和长效性。

3. 建设工作导入系统

工作导入的目的大致如下。第一,可以有效地帮助新入职公务员从感情上适应新的工作环境。为新的公务员理解工作内容提供机会,知道当无法确定做什么的时候该向哪些人询问,并理解他们在组织中的作用。第二,工作导入帮助提供了一个传递组织基本信息的平台。包括组织目标、使命陈述以及所面临的关键问题的信息。第三,导入过程还可以被用来向新公务员传达重要的文化信息,告诉他们组织的期望及公务员的期望。

对公务员的导入大多采用信任公务员培训和岗位轮流的方式来完成。我国《公务员法》规定新任公务员有一年的试用期,这些都是为了进一步考察和培训新入职的公务员,看其是否适应公务员的工作环境,能够稳定下来工作。同时公务员部门通过进一步观察确定新入职人员是否符合机关的需要。我国新入职公务员存在在试用期辞职离开的现象。工作导入系统有利于减少此类辞职现象。

4. 开展家庭友善的人力资源活动

英国的《劳动力调查》统计数据显示,5%—10%的雇员辞职是"家庭或个人的原因"[①],Hom 和 Griffeth 引用美国人的研究指出,33%的女性放弃工作的原因是将更多的时间投入家庭。[②] 中国的小家庭在结婚生子、照顾孩子的这个时期往往也是让夫妻疲惫不堪、困难重重的时候,尤其是夫妻双方都没有跟双边父母生活在同一个城市时,更是如此。在中国,公务员因为家庭原因辞职的现象是存在的。笔者在某省做访谈时,一位省人大的副处长告诉我,他很少听说本单位辞职的现象,有影响的只有一例。某省人大法规处某女性公务员,法律专业硕士,发展前途较好。但是一次偶然的车祸导致其男朋友死亡,她在现在的环境中,经常触景

---

① IRS, "Benchmarking Labour Turnover: Annual Guide 1999/2000," *Employee Development Bulletin*118 (1999).
② P. Hom, and R. Griffeth, *Employee Turnover* (Ohio: South Western College Publishing, 1995). 转引自〔英〕德里克·托林顿、劳尔·霍尔、史蒂芬·泰勒《人力资源管理》(第六版),邵剑兵等译,经济管理出版社,2008,第146~147页。

生情，长期陷于悲痛之中。最后不得不辞职离开这个让她悲伤的环境，开始新的生活。① 这个个案中，离职的原因跟工作、待遇等都没有关系，完全是家庭的变故造成的。其他家庭原因如夫妻两地分居、夫妻离异、父母需要照顾等家庭原因都可能导致公务员辞职。这类辞职现象有的是不可避免的，但是组织及其工会若及时发现公务员的困难，并分类实施援助计划及心理辅导等，将会避免这类潜在的辞职现象，并增加其对组织的信任感和凝聚力。比如，帮助解决公务员子女入托和入学问题、家庭两地分居问题等。

5. 合理利用培训与开发

关于培训干涉和公务员辞职行为之间的关系，存在两个清晰表达但完全相反的观点。正方的观点认为，培训机会增强了个体对组织的承诺，其辞职可能性比没有获得培训的情况下的辞职可能性低。反方的观点认为，培训使人们更具有可雇用性，因此更可能辞职以寻求到其他地方开拓自己的职业生涯。②

在公务员的培训中，政府安排的各类培训均可以提升公务员的忠诚度和工作能力，极少导致辞职。而公务员自身寻求的深造和学习会导致公务员辞职现象发生。这种学习和深造有几个特点：一是学历提高，如读硕士或者博士；二是脱产学习；三是需要公务员承担部分或者全部学费。因此公务员的辞职也有两种情况。第一，拿到入学通知书后就辞职离开公务员单位，档案调走，毕业后再就业。第二，在职学习的过程中转变看法，认为自己更适合从事科研教育工作，因此，毕业后就辞职，赔偿原部门相关费用后到科研院所工作。例如，小肖，原来是公务员，考上中央民族大学博士后辞职，毕业后去了高校；小万，本科毕业后到县级税务局当公务员，考上四川大学的硕士研究生后辞职，毕业后到高校工作。

培训与开发中的"逆向选择"的部分原因是政府机关对人才的激励机制不够。比如与组织派出的培训不一样，这可能是对其进行栽培，是提拔前的培训。而通过自身努力提升能力的公务员回到机关后，并没有

---

① 个案访谈，2012年6月。
② 〔英〕德里克·托林顿、劳尔·霍尔、史蒂芬·泰勒：《人力资源管理》（第六版），邵剑兵等译，经济管理出版社，2008，第147页。

增加晋升的机会，反而因为读书增加了成本和失去了可能的晋升机会。但是他们重新选择的机会却增加了。避免这种"逆向选择"和人才流失的方法是政府出台内部人才培养和选拔机制，明确对个人提升学历和能力的公务员的跟踪培养机制和激励机制。把个人的学历提升和能力提升变成政府部门人才培养的有机组成部分。

6. 重视领导科学与艺术的学习

公务员辞职的原因之一是辞职公务员和其上级领导的人际关系紧张。产生矛盾的原因有下属公务员的自身原因，也有上级领导的领导方法不妥或领导能力不足等。避免此类公务员辞职的主要办法就是要不断改善直接领导的管理水平和领导能力。被提升到管理和领导岗位的某些公务员在一定程度上存在经验不足等问题。组织部门往往认为，他们提拔的干部是有能力的管理者，具备领导的潜力。而被提拔的干部往往过于关注自己的工作而没有有效回应下属的感受，甚至习惯于将自己的意志强加给下属而造成工作损失。提高领导者水平的方法是认真落实公务员任职培训，提高领导者的领导水平与艺术。

同时要注重公务员对"领导科学与艺术"的学习。提升公务员与上级、平级和服务对象的语言规范和表达能力；科学处理上下级关系；做好副职和助理工作的艺术、沟通和协调的艺术等。做好公务员离不开领导科学与艺术的知识，知识的储备是能力获得的前提，同时增加领导者与被领导者之间的相互理解，提升工作的默契度和服务水平。

专业性较强的公务员增加了领导科学的知识储备，也就增加了他们在政府机关发展的平台，同时提升了组织认同感，尽可能减少"逆向选择"和人才流失。

7. 采用"合作者"的方式管理政府机关中的"知识工作者"

现代管理学之父彼得·德鲁克在其90岁高龄写作了《21世纪的管理挑战》，其中提出了"知识工作者"概念及其管理理念的转变问题。德鲁克认为，"20世纪，企业最有价值的资产是生产设备；21世纪，组织（包括企业和非营利性组织）最有价值的资产将是知识工作者及其生产率"。"知识工作者掌握生产资料，即他们大脑中存储的知识，是完全可以带走的。而且是巨大的固定资产。由于知识工作者掌握生产资料，因此他们是易于流动的。"① 也就是说，他们的辞职或者流动将会转移组织的"固定资产"，给组织造成巨大损失。我们在第四章所分析到的税务总局和证监会等被企业挖走的专业型领导干部就属于此处提及的"知识工作者"。如何减少他们的"逆向选择"意义深远。

对于如何管理组织中的"知识工作者"，尽管道格拉斯·麦格雷戈提出过 Y 理论②，亚伯拉罕 H. 马斯洛在其 1962 年出版的《优儿管理》（1995 年再版改名为《马斯洛论管理》）中否定了麦格雷戈③，认为组织"需要采取不同的方式管理人"④。基于"管理的目标是充分发挥和利用个人的优势和知识"的认识，德鲁克认为，知识工作者的工作任务和质量主要取决于知识工作者本人，而非管理者，因此，组织应该采取管理"合作者"的方法来管理"雇员"，而合作者（partnership）的定义指出，在地位上，所有合作者都是平等的。而且不能向合作者发号施令，他们需要被说服。⑤ 因此，应该采取平等的、参与的、合作的方式来管理公务员队伍中的"知识工作者"，才能充分调动他们的工作积极性，并减少辞职和流失率。

8. 加强对公务员辞职现象中的突出问题的研究

（1）少数系统和基层单位人才流失严重

首先是法院系统及基层业务能力较强的公务员流动太快。某县法院的统计显示，该法院近三年来，有一人辞职，另有一人正在申请辞职，辞职现象并不严重。然而，2003 年至 2015 年 5 月 12 日，招录的 51 名公务员中，有 23 人通过组织调动、考试选调、辞职等方式离开县法院，离职率达到 45%。2003 年至 2010 年招录的 30 人中，仅有 7 人还在该法院工作，77% 的骨干力量离开了该法院。法院的工作人员只剩下上了年纪、专业基础较为薄弱，或者 2011 年以后刚入职、办案经验不足的新公务员，每一个法庭仅仅能保证一名经验相对丰富、已经结婚、家在本地的法官。

---

① 〔美〕彼得·德鲁克：《21 世纪的管理挑战》，朱雁斌译，机械工业出版社，2009，第 119、131 页。
② 〔美〕道格拉斯·麦格雷戈：《企业的人性层面》，韩卉译，中国人民大学出版社，2008。
③ 〔美〕亚伯拉罕 H. 马斯洛：《马斯洛论管理》，邵冲、苏曼译，机械工业出版社，2013。
④ 〔美〕彼得·德鲁克：《21 世纪的管理挑战》，朱雁斌译，机械工业出版社，2009，第 15 页。
⑤ 〔美〕彼得·德鲁克：《21 世纪的管理挑战》，朱雁斌译，机械工业出版社，2009，第 19 页。

对于公务员管理体系而言，公务员在系统内部的正常调动并不算辞职，然而，对于具体的单位而言，就像一个具体的企业一样，各种形式的职员离开行为实质上均是离职行为，都会给具体单位工作造成影响。

其次，偏远县市很难招到和留住所需人才。西部一个民族县招录公务员，所有程序均完成，新录用公务员到县里报到，看见该县太偏僻，交通太落后，第二天早上就不辞而别。偏远基层单位招人难，留人更难成了普遍现象。

最后是同时出现公务员缺员和超员的怪象。由于基层单位年轻的公务员多流向高层公务员机构，因而就会出现在公务员总数不变的情况下，有的部门缺人，而有的部门臃肿、人浮于事的现象。

（2）信息不公开

从国外惯例看，欧美各国的人事部门网站每年均公开发布公务员总数、新录用、退休、辞退、开除、辞职等重要信息和数据。这一方面保证了公众的知情权和监督权；另一方面，有利于进行学术分析和研究，改善政府的人力资源开发和管理。然而，我国公务员的相关数据大多不会公布在相关人事部门网站上，学者通过申请信息公开，得到的数据经常残缺不全，管理部门常常以保密为借口拒绝提供相关数据。在这种背景下，专家学者的学术性研究由于缺乏对实际情况的了解，其研究成果很难与公务员管理工作产生互动与共鸣，没有有效的办法帮助政府部门提升人力资源开发和管理质量。

（3）公务员辞职及管理的异化现象

一是个别公务员辞职的异化现象。有个别公务员组织法制观念淡化，不打招呼就离开单位。或者递交了申请后，没等组织批准就离开，这些都是违反组织管理程序的做法。二是公务员辞职管理的异化现象。公务员辞职是《公务员法》的重要组成部分，是公务员系统的正常出口，让那些职业选择有误、本人无心于公共职业的人员正常退出政府部门。然而在实际管理中，个别领导由于认识不足，认为申请辞职的公务员是在跟单位和自己作对，因此变公务员的正常辞职为单位开除，侵犯公务员的合法权益。

在公务员辞职现象逐步成为常态的大背景下，加大对以上突出问题的研究力度，借鉴国外公务员辞职管理的有益经验，逐步依法加大公务员信息公开力度，采取针对性较强的措施解决部分领域人才流失过多问题，依法管理公务员辞职现象等将成为我国公务员管理的重要议题。

（四）加强研究和预测

1. 美国经验

美国人事管理办公室网站提供的数据非常详细，完全对外开放，公众和研究者可以自由访问并下载作为了解和研究分析用。表7-1显示2000年到2013年，美国联邦公务员的总数、加入人员数、退出人员数情况。我们依据其提供的基础数据可以计算出辞职人数占退出人数的比例和占联邦公务员总数的比例，从而动态掌握公务员辞职的变化情况。统计显示14年间，联邦公务员辞职人数占退出人数的比例平均值达到36.38%，占退出人数的1/3，因此非常值得关注。同时，公务员辞职人数在联邦公务员总数比例的平均值是4.36%。辞职率总体在减少。

表7-1 美国联邦公务员进入和退出的情况（2000—2013年）

财政年度	公务员总数	加入人员（accessions）		退出人员（separations）		辞职人员占公务员总数的比例（%）
		总数	新雇佣人数	总数	辞职人数（quit）	辞职占退出的比例（%）	
2000	1762559	240403	226471	237938	94127	39.56	5.34
2001	1772533	255570	242051	231921	89668	38.67	5.06
2002	1819297	290991	280311	222571	78417	35.23	4.31
2003	1848378	431120	257925	394189	82377	20.90	4.46
2004	1856441	246086	235969	235652	83688	35.51	4.51
2005	1860949	247584	234461	234697	91123	38.83	4.90
2006	1852825	249050	237086	228219	91643	40.16	4.95
2007	1862404	263997	241193	224495	90161	40.16	4.84
2008	1938821	319178	303520	221938	89870	40.49	4.64
2009	2038183	322969	309162	192763	74774	38.79	3.67
2010	2113210	305926	291862	208791	75261	36.05	3.56
2011	2130289	260829	240516	222215	76769	34.55	3.60
2012	2110221	218539	205834	219953	76214	34.65	3.61
2013	2067262	185130	173452	210085	75146	35.77	3.64

资料来源：依据美国人事管理办公室，http://www.fedscope.opm.gov 提供的数据整理。

第七章 中国公务员辞职的管理对策

表7-2显示，美国联邦公务员退出的类型有辞职、退休、裁员、辞退或开除、死亡、其他离职等，2005年至2013年数据齐全。图7-3显示了9年来，辞职、退休、裁员、辞退或开除、死亡、其他离职的基本趋势。2009年辞职、退休、裁员等均有一个低谷，公务员退出情况总体呈下降趋势。

表7-2 美国联邦公务员退出情况（2005—2013年）

单位：人

年份	辞职	退休	裁员	辞退或开除	死亡	其他离职	退出联邦的总数
2005	91123	61860	1912	76465	3073	264	234697
2006	91643	60253	1872	71101	3141	209	228219
2007	90161	62366	927	67760	3076	205	224495
2008	89870	58913	1322	68518	3125	190	221938
2009	74774	46100	414	68273	3134	68	192763
2010	75261	52660	368	77179	3258	65	208791
2011	76769	64238	979	76783	3373	73	222215
2012	76214	69319	912	70126	3314	68	219953
2013	75146	65229	575	65801	3275	59	210085

资料来源：美国人事管理办公室，http://www.fedscope.opm.gov。

图7-3 美国联邦公务员退出趋势（2005—2013年）

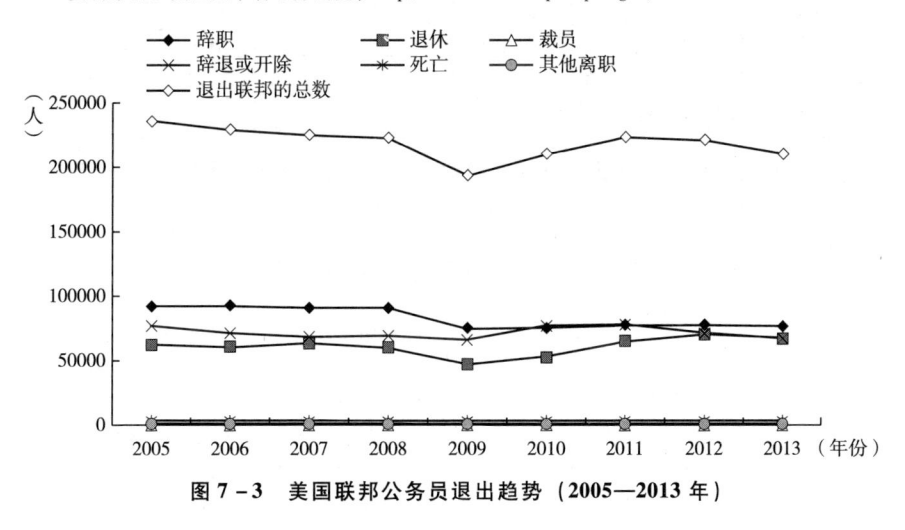

图7-4显示，联邦公务员辞职在不同年龄段的变化趋势，20—24岁

是联邦公务员辞职的高峰，之后不断降低，因此入职初期是公务员职业不稳定期，退出的成本比较小，因此辞职率较高。表7-3显示的是不同服务年限公务员辞职的变化趋势，入职2年以内是联邦公务员辞职的高峰，与年龄的辞职变化趋势相互印证。另一篇研究显示，美国在2006年到2008年间有1/4的服务年限在两年内的联邦雇员离职，2/3的服务年限不到5年的联邦雇员从联邦机构辞职。也证实了以上统计分析的可信度。

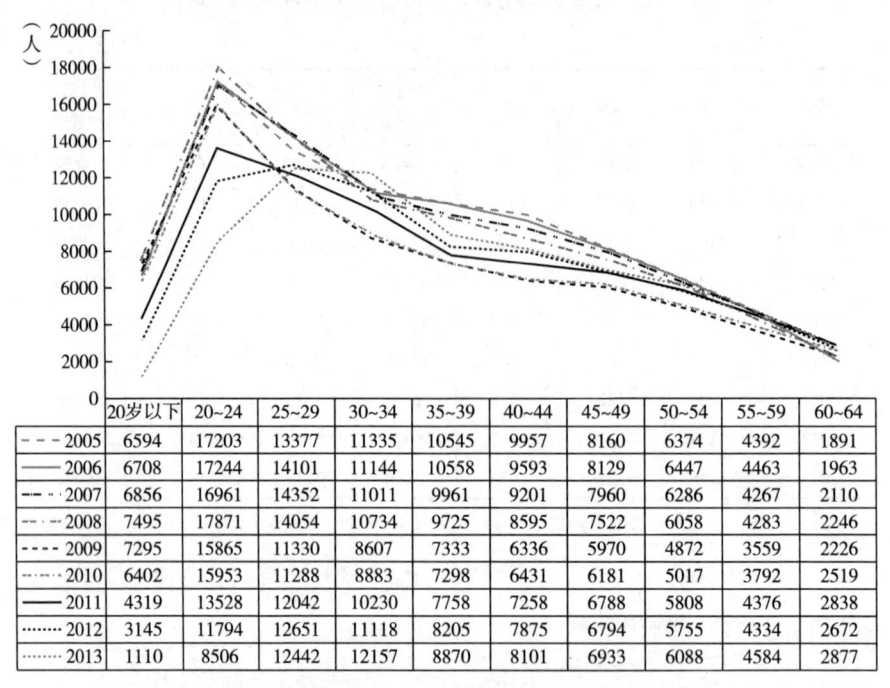

	20岁以下	20~24	25~29	30~34	35~39	40~44	45~49	50~54	55~59	60~64
2005	6594	17203	13377	11335	10545	9957	8160	6374	4392	1891
2006	6708	17244	14101	11144	10558	9593	8129	6447	4463	1963
2007	6856	16961	14352	11011	9961	9201	7960	6286	4267	2110
2008	7495	17871	14054	10734	9725	8595	7522	6058	4283	2246
2009	7295	15865	11330	8607	7333	6336	5970	4872	3559	2226
2010	6402	15953	11288	8883	7298	6431	6181	5017	3792	2519
2011	4319	13528	12042	10230	7758	7258	6788	5808	4376	2838
2012	3145	11794	12651	11118	8205	7875	6794	5755	4334	2672
2013	1110	8506	12442	12157	8870	8101	6933	6088	4584	2877

图7-4 美国联邦公务员辞职年龄分布（2005—2013年）

资料来源：美国人事管理办公室，http://www.fedscope.opm.gov。

表7-3 美国联邦公务员辞职服务年限分布（2005—2013年）

服务年限 \ 年份	2005	2006	2007	2008	2009	2010	2011	2012	2013
不到1年	32709	32899	33616	37327	33127	33022	28167	24431	20832
1—2年	23207	20848	19377	19069	16543	19085	21620	22539	19681
3—4年	11352	12919	11937	9788	7188	7297	9304	11493	13153
5—9年	12021	13252	13924	13430	10105	8980	9885	10582	12393
10—14年	5470	5279	5216	4623	3555	3139	3357	3594	4380

续表

服务年限 \ 年份	2005	2006	2007	2008	2009	2010	2011	2012	2013
15—19 年	3654	3551	3178	2761	1915	1449	1430	1370	1421
20—24 年	1696	1781	1786	1736	1167	1129	1194	1027	1071
25—29 年	578	674	720	642	589	535	817	532	548
30—34 年	214	271	265	313	319	332	514	321	288
35 年及以上	110	122	129	169	252	279	413	348	388
不明情况	112	47	13	12	14	14	8	4	1
总　数	91123	91643	90161	89870	74774	75261	76709	76241	74156

资料来源：美国人事管理办公室，http：//www.fedscope.opm.gov。

图 7-5 显示，不管蓝领还是白领的联邦公务员，在 2008 年到 2009 年之间辞职人数下降幅度均增大，印证了美国次贷危机发生后，工作比较难找的社会现实。

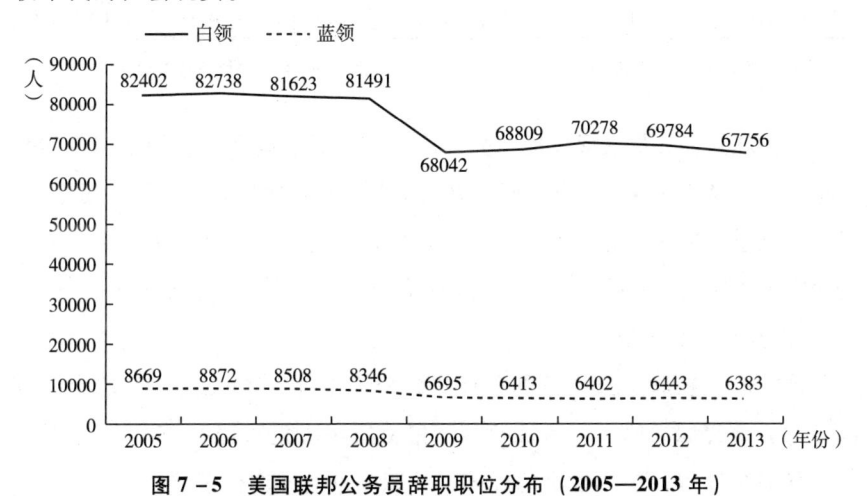

图 7-5　美国联邦公务员辞职职位分布（2005—2013 年）

资料来源：美国人事管理办公室，http：//www.fedscope.opm.gov。

另外，美国劳工部（USDL）对全美国劳动力流动率进行跟踪调查。网站里可以查到 2000 年至 2013 年的劳动力流动数据。这里的流动率和辞职率大体一致。通过表 7-4 清楚地看到美国近十年的员工辞职率情况大体在 2.9% 到 4.0% 之间变动，即使 2008 年美国金融危机期间劳动力的流动率也并没有明显增加。这些数据为劳工部乃至政府的相应决策提供了翔实可信的依据。

表 7-4 2002—2012 年美国雇员流动率调查

单位：%

年度	1月	2月	3月	4月	5月	6月	7月	8月	9月	10月	11月	12月
2002	3.9	3.9	3.6	3.9	3.8	3.7	4.0	3.7	3.8	3.6	3.7	3.9
2003	3.7	3.7	3.6	3.6	3.6	3.7	3.6	3.6	3.6	3.6	3.5	3.7
2004	3.6	3.6	3.8	3.7	3.5	3.7	3.7	3.8	3.7	3.6	3.9	3.8
2005	3.8	3.7	3.9	3.7	3.9	3.8	3.7	3.8	3.9	4.0	3.7	3.8
2006	3.7	3.8	3.8	3.6	4.0	3.8	3.8	3.7	3.7	3.8	3.9	3.8
2007	3.7	3.7	3.7	3.8	3.7	3.8	3.7	3.8	3.7	3.7	3.7	3.6
2008	3.6	3.6	3.5	3.7	3.5	3.6	3.4	3.6	3.5	3.6	3.5	3.6
2009	3.7	3.6	3.5	3.2	3.2	3.2	3.2	3.1	3.1	3.1	3.0	3.0
2010	3.0	3.0	3.1	3.0	3.0	3.3	3.2	3.1	3.0	2.9	3.0	3.1
2011	2.9	3.0	3.0	2.9	3.2	3.1	3.1	3.1	3.1	3.1	3.1	3.0
2012	3.0	3.1	3.1	3.1	3.4	3.2	3.1	3.3	3.0	3.1	3.2	3.0 (P)

资料来源：美国劳动部（USDL），http：//data.bls.gov/timeseries/JTS00000000TSR。

美国联邦公务员数据收集与公开的丰富经验值得我国各级组织部门和人保部门借鉴和学习。要贯彻好习近平总书记的"把权力关进制度的笼子"设想，就要依法依规对公务员的大众化数据进行公开，从而为公务员辞职的研究提供翔实的基础数据，实现学术研究更好地服务于管理实践。

2. 澳大利亚经验

澳大利亚在雇用公务员的程序中，就有对于一些关键信息的专门询问，如先前辞职的原因、绩效问题、相关的违法犯罪情况和未决的控诉、可能妨碍到职责行使的健康问题等。辞职问题的质询位于首位。[①]

通过访问澳大利亚政府和公共服务网站了解到，该政府网站设计了与公务员利益和政府公共管理密切相关的一系列问题对各地和各个部门的公务员进行在线调查，以了解公务员对这些问题的态度。笔者从中挑选了几个与公务员辞职相关的问题及其调查结果，以供分析公务员的未来打算及预期（详见表 7-5）。

---

① 吴志华：《当今国外公务员制度》，上海交通大学出版社，2008，第 198 页。

表7-5 澳大利亚公共部门对职员是否辞职的调查

问题：近两年，你打算离开你的部门吗？	NSW（%）	APS（%）
是的，要退休	6	5
是的，在其他APS机构中另找一份工作	13	17
是的，在APS以外的机构中另找一份工作	8	9
是的，要学习	0	0
是的，其他原因	4	5
不	48	42
不肯的	24	25

单位：%

问题：请排列未来两年中，下面的每一个让你决定离开你的机构的重要性权重		非常重要	有些重要	不重要	不肯定	不适用
（1）我盼望迁移	NSW	19	18	39	4	19
	APS	17	19	41	2	20
（2）我盼望获得更多的经历	NSW	55	30	7	2	5
	APS	50	33	11	1	6
（3）我渴望尝试另一种不同类型的工作或寻求职业变化	NSW	47	35	11	1	6
	APS	43	35	16	1	6
（4）我的兴趣与我当前的工作的职责不匹配	NSW	34	24	22	3	17
	APS	29	29	23	2	18
（5）我当前的工作缺少工作创新或前沿项目的机会	NSW	39	28	20	2	12
	APS	33	29	23	1	14
（6）我目前的部门缺少未来职业发展机会	NSW	68	20	7	1	4
	APS	54	24	13	1	9
（7）我当前的机构中对做好一份工作缺少识别能力	NSW	37	30	21	1	10
	APS	32	31	22	1	14
（8）在我目前的部门中，晋升通常不是基于公平和透明的招募流程	NSW	40	19	16	8	17
	APS	30	22	20	7	21
（9）我当前的部门的高级领导的素质不高	NSW	36	23	19	6	16
	APS	32	26	21	4	18
（10）我目前的薪酬水平	NSW	33	38	20	1	9
	APS	29	31	28	1	11
（11）其他	NSW	39	3	2	19	36
	APS	38	3	4	5	50

问题：如果你打算离开 ASP，将来你愿意考虑回到 ASP 来工作吗？	NSW（%）	APS（%）
是的	44	43
不会	10	8
不确定	22	21
不适用—我在接下来的两年不打算离开 ASP	24	28

注：NSW 是 New South Wales（新南威尔士），APS 是 Austria Public Service（公共服务机构）。
资料来源：http://www.apsc.gov.au/publications-and-media/current-publications/state-of-the-service/employee-survey-results/nsw。

3. 对我国的借鉴价值

近年来，我国对公务员研究的投入不断增加，媒体披露的研究成果和调查证明了这一点，然而官方网站的统计信息和数据更新严重不足。这不利于管理部门对公务员辞职趋势的总体把握。美国和澳大利亚的经验给我国提供的有益经验是：做好公务员辞职的调查研究及信息发布工作意义重大。这既保证了公众的知情权，又为研究人员提供了及时的信息参考，在新的研究中提出政策建议和方案为实践部门解决新问题提供咨询，形成良性循环。

一方面，国家公务员局和各地的公务员局可以尝试寻找合作研究机构，由研究机构成立研究团队，持续关注公务员辞职率和流动趋势，并通过网站向社会公布。另一方面，中纪委的年度工作报告中，对党政领导干部的处理数据应更加详细，比如除了办理了多少案件、处理了多少领导干部等数据外，可以尝试通过统计表格形式精确反映各类问责方式和各种处分形式的党政领导的数据。各地纪委的年度报告也按照同一种形式进行统计。这样有利于促进干部管理工作与社会的良性互动，特别是有利于学者进行研究，从而推动公务员辞职制度的完善。

四 公务员辞去领导职务的管理对策

（一）因公辞职

1. 进一步明确因公辞职的限制性条件

目前的法律和党规对因公辞职都没有制定限制性条款，中组部应该进一步明确提出各地党政领导干部因公辞职中的限制性条件。比如不能与任期制的要求相违背；不能影响原任职部门的工作；因公辞职要严格向选举和任免机关当面提出申请和说明情况，干部选举和任免机关严格行使审查和批准权。对因公辞职的行为进一步规范和管理。

2. 尽量减少任期内的因公辞职

因公辞职是管理过程的流动性和变化所致。比如有领导干部退休、生病、意外死亡等，都会造成领导职位空缺。有的岗位不能缺人，只好在任期内进行干部选拔和调整，必然涉及被调整干部的因公辞职。由于工作需要出现的因公辞职等现象在所难免。

然而从党政领导干部职务任期制的角度看，它为领导干部设置了一个合理的年限，可以让领导干部在任期内从熟悉工作到出成绩有足够的时间。因此如果随意在任期内调整领导干部，会不利于管理工作和经济建设工作的开展，而且还会造成用人上的随意性和违反党政领导干部职务任期制规定的情况。建议尽量减少职务任期未满的领导类公务员的因公辞职，以保证领导工作的相对稳定性。

（二）自愿辞职（现职）

首先，对自愿辞去领导职务的申请，组织部门应该慎重查明实情，重点关注是否有因失职渎职或腐败等违法违纪行为而逃避问责的情况。在不违背限制性条款的前提下，选举和任免机关应同意辞职请求。这既照顾了辞职者的要求，又为年轻公务员腾出了晋升空间。新提拔的有热情、有能力的党政领导干部的绩效一般会胜过勉为其难的继续留任者。

其次，要科学区分自愿辞职和因公辞职。第一要看辞去现职的原因是源自领导干部本人还是组织部门。如果是领导干部本人提出辞去现任职务申请，应该属于自愿辞职。而因为组织部门进行工作变动，需要领导干部个人提出辞职申请的，应属于因公辞职。第二，因公辞职常常伴随职务的变动，尤其是晋升。而自愿辞职常常伴随辞去公职。

最后，在批准领导干部辞职的同时应该合理安排工作。其中两点值得关注。其一，要慎重安排自愿辞职的干部到人大、政协机关工作。目前人大、政协里退居二线的老领导干部较多，年龄配置不合理，因而，影响年轻公务员的工作积极性,对有效发挥人大、政协的职能和作用有一定程度的影响。因此,在安排自愿辞职的领导干部岗位时,要慎重考虑年龄的合理配置。其二,积极引导自愿辞职者利用自己的专业和管理经验为科研教育事业和社会福利事业做一些力所能及的工作。合理的方法是让自愿辞职的领导干部转任非领导序列的职务,如调研员、巡视员等,以保障其待遇,同时引导他们以调研员、巡视员的身份为科研教育事业和其他公共事业服务。当然,前提条件是他们有相应的专业背景和专长。

(三) 引咎辞职

引咎辞职是对党政领导干部进行问责的方式之一,是要求其有自知之明和责任感。完善引咎辞职制度的管理对策是建立公众全程参与的引咎辞职流程,进一步规范引咎辞职的标准和完善复出机制。

1. 公众全程参与的引咎辞职流程

通过前面相关章节的分析,笔者发现,当前的引咎辞职法规和实践流程中,社会公众的参与力度远远不够,甚至有被所披露的官员所在的地方政府压制、威胁等现象。当前中共中央的相关法规中明确提出,要引导和用好网络与媒体监督等新型反腐工具。这说明党中央和社会公众的出发点是完全一致的。基于党中央的精神,本章试提出"公众全程参与的引咎辞职流程"(详见图7-6),把社会全程参与设计到引咎辞职及其复出的四大流程中来。第一阶段,事故发生。这里的事故是一个统称,可以包括《党政领导干部辞职暂行规定》中的9条,也包括公众认为应该辞职的其他情况。第二阶段,事故发生后的公众参与和部门介入,如媒体网络报道、公共舆论监督形成的社会公众施压;同时有关部门依法介入调查,认定相关领导的责任,其中主要领导是否负有重要领导责任,责任人是否向公众致歉,并引咎辞职。第三阶段,引咎辞职干部的考察阶段。按照相关规定,一年内不得重用,两年内不得提拔。组织部门应将考察的意向和该干部的工作表现在一定范围内向公众公开,并在一定范围内举行听证,听证人员由人大代表、新闻媒体代表和公众代表等组成,被考察者要接受公众的质询。由听证会代表讨论形成是否同意复出的意见,反馈给组织部门,组织部门参考公众意见做出相应决定。未通过考察的干部，组织部门继续跟踪考察。连续三次考察不通过的，转任非领导职务。第四阶段，复出或不再复出。并不是每个引咎辞职的领导干部都有复出的机会。是否复出取决于第三阶段的考察结果。总之，引咎辞职的干部有复出机会，但要通过相关程序严格控制不符合要求包括公众不同意的复出。通过"公众全程参与的引咎辞职流程"为引咎辞职的干部提供复出的机制安排，通过组织考察与公众考察相结合，考察过程公开透明，增强公众对党和政府的信任度。

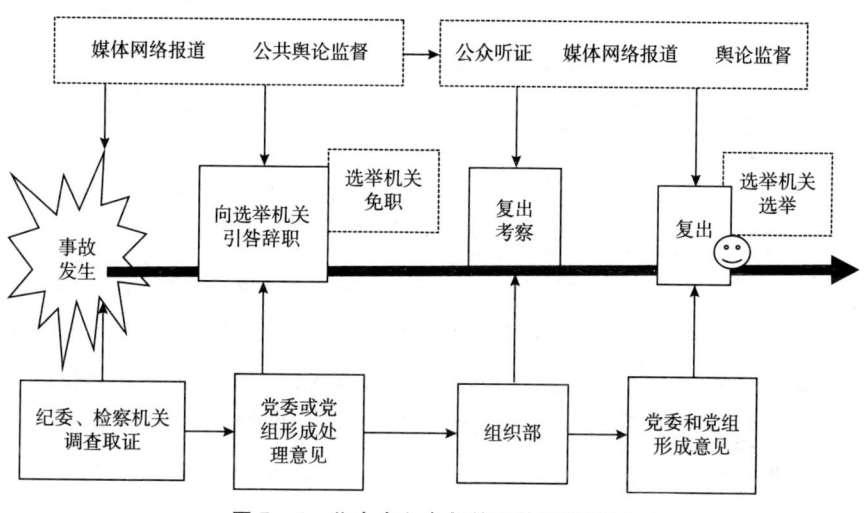

图 7-6 公众全程参与的引咎辞职流程

2. 引咎辞职的标准

关于引咎辞职的标准，组织部门适用的主要是《党政领导干部辞职暂行规定》中明确提出的 9 条。然而该 9 条明显缩小了应该引咎辞职的范围。实际上引咎辞职的标准在公众心中，应该依具体事例而论。近十年来所发生的一系列事故或群体事件等迫使负有主要领导责任的党政干部辞职，使公众感到引咎辞职制度的进步意义。但是，引咎辞职的标准在实际执行中存在把握不准的现象。因未调查清楚事故原因和责任认定而存在滥用或乱用引咎辞职的现象，这样不但会失去优秀的党政干部，也会给党和政府的形象带来负面影响。比如，有的意外事故发生了，主要领导为此引咎辞职，群众并不认同是该干部的责任，反而同情该干部。2004 年吉林市中百商厦发生特大火灾事故，市长刚占标引咎辞职。当地

241

有群众认为这种事故是天灾，跟市长没有关系，因而同情他的辞职。另外，我国每年发生的各类事故很多，公众很痛心，管理机关也对相应的责任人进行了处理，而为此主动引咎辞职者却寥寥无几。有学者为此提出了引咎辞职可能导致"劣币驱逐良币"的担忧。这种现实情况也说明硬性的引咎辞职条件在遇到心中只有官本位、没有廉耻感的干部时，引咎辞职的条件就形同虚设，只能寄希望于他律的问责方式。

与9条引咎辞职条件相对的是，其他如言论失当、违反道德规范、无所作为等标准也逐步进入公众视野，出现了个别因网络反腐或媒体曝光而辞职的现象。如2008年派警察到京城抓记者的"最牛县委书记"辽宁省铁岭市西丰县原县委书记张志国最后被"引咎辞职"；"局长电话普通群众不能打"的"最牛局长"福建省长乐市环保局原局长陈桂光被"勒令辞职"[①]；2011年5月28日，骂群众"臭不要脸"的"最牛官腔局长"辽源市环保局原局长郭东波引咎辞职。[②]

综观引咎辞职的例子发现一个共同点，就是公共舆论的推动力起了重要的作用。如网络或媒体曝光引发的引咎辞职。这类辞职的情况，没有规定的9条那么具体，但毫无疑问，领导因被曝光而辞职确实令社会公众人心大快。笔者认为，规定的9条标准要严格执行，"其他"标准则在人民心中。因此，要密切关注公众的舆论监督在引咎辞职流程中的重要作用。

3. 完善复出机制

多数研究者和公众能接受对引咎辞职的官员不能一棍子打死，对于那些已经认识到错误，并有执政能力的官员应该给他们以出路，允许其复出。[③] 有学者甚至认为，"要在制度上解决引咎辞职后官员的生存空间以及东山再起的可能性问题"，[④] "让德才表现突出却因突发事故引咎辞职的官员适时以适当方式复出，用人之长、给人出路，从某种意义上说，可以视为一种政治理性"。[⑤]

---

① 《最牛局长采访视频》，福建电视台公共频道，2011年8月4日。
② 《骂群众"臭不要脸"的最牛官腔局长引咎辞职》，《南方都市报》2011年5月29日。
③ 黄凤兰：《"问责官员"复出机制研究》，《中州学刊》2010年第1期，第22页。
④ 毛寿龙：《引咎辞职、问责制与治道变革》，《浙江学刊》2005年第1期，第47页。
⑤ 李松：《"问题官员"凭什么"东山再起" 厘清"官员复出"机制是关键》，《决策探索》（上半月）2008年第10期。

第七章 中国公务员辞职的管理对策

对包含引咎辞职和责令辞职在内的问责干部如何复出问题，学者给出了一些建议。

有人认为，完善复出机制：一要制定完备的官员复出法律法规，明确规定官员复出的条件、时间以及职位，分类安排不同责任官员的复出；二要制定严格的官员复出程序，对官员复出申请、复出调查、公布提名、复出论证、复出公示以及复出任职试用等几个方面加以详细规定；三是政府与社会协作，要积极引入社会力量的监督，确保复出的公正性。①

有学者提出了复出的原则。一是"复出例外"原则：认为可以复出，但要严格控制复出。二是"复出的差异化"原则：包括复出条件差异化、复出职务差异化及复出时间差异化。三是复出的公开原则：被问责官员的复出必须以一定形式，特别是公示的内容要更加详细，除了正常的官员公示内容外，还应当包括复出的依据、理由，如被问责官员是否改过自新、是否做出了新的业绩，甚至复出官员的推荐人等均应当公示。经公示无异议，有关部门在做出复出决定后，必须向全社会公开，通过报纸、电视和网络等媒体正式向公众公布复出任命书。②

有学者提出要完善包括引咎辞职在内的问责官员复出中的异体参与机制。所谓"异体参与"，主要指发挥权力机关、司法机关、政治组织、社会力量在决定问责官员是否复出过程中的作用。相对于党政组织内部的"同体问责"，"异体问责"决定问责官员复出更有意义，也更具操作性。一方面，复出官员这一对象特定，容易锁定，这就有利于"异体"行使决策权。另一方面，在决定复出问题上，举证责任倒置，由复出官员所属部门提供依据，"异体"则更多的是分析研判、做出决定。要着重强调人大机关的参与，积极发挥各民主党派、人民团体的作用。③

笔者认为，如果领导干部的问责超越了引咎辞职和责令辞职，比如被开除党籍和公职，那这位领导干部可能就没有复出的机会了。但是如

---

① 胡春艳、李贵：《"行政问责"专题——30个官员问责与复出典型事例分析》，《行政管理改革》2012年第5期，第39页。
② 周亚越：《被问责官员：无原则复出和复出的原则》，《北京航空航天大学学报》（社会科学版）2012年第5期，第1~6页。
③ 耿相魁、高猛：《我国问责官员复出机制的构建问题研究》，《中国行政管理》2012年第5期，第17~18页。

果领导干部的问责止于引咎辞职和责令辞职,则他负的是间接或较轻的责任,应该给予其复出的机会。按照"公众全程参与的引咎辞职流程"要求,复出中应注意以下几个环节。

(1) 复出的时限。2014年的《党政领导干部选拔任用工作条例》第五十九条规定:"引咎辞职、责令辞职和因问责被免职的党政领导干部,一年内不安排职务,两年内不得担任高于原任职务层次的职务。同时受到党纪政纪处分的,按照影响期长的规定执行。"2009年的《关于实行党政领导干部问责的暂行规定》第十条规定:"受到问责的党政领导干部,取消当年年度考核评优和评选各类先进的资格","引咎辞职、责令辞职、免职党政领导干部,一年内不得重新担任与其原任职务相当的领导职务","引咎辞职、责令辞职、免职的党政领导干部,一年后如果重新担任与其原任职务相当的领导职务,除应当按照干部管理权限履行审批手续外,还应当征求上一级党委组织部门的意见"。

2010年的《党政领导干部选拔任用工作责任追究办法(试行)》第十六条规定:"引咎辞职和受到责令辞职、免职处理的,一年内不得重新担任与其原任职务相当的领导职务,两年内不得提拔。"很明显2014年规定的"一年内不安排职务,两年内不得担任高于原任职务层次的职务"更加严格和明确,但前两个规定与之不完全符合,需要进行修订和统一。

(2) 工作安排的合理性。2004年的《党政领导干部辞职暂行规定》对引咎辞职的干部,根据辞职原因、个人条件、工作需要等情况予以适当安排。在引咎辞职后的两年之内,根据该领导的专业及长处合理安排任务和工作,当前的安排通常是去工程或者项目指挥部,因为这种职位不太引人注意,同时又容易出成绩,增加复出的考察分量。此外,也可以安排助理类的工作,或送出学习等。总之,要避免公众质疑较大的"带薪休假",熬满时间后又悄悄复出的现象。

(3) 严格考察和复出程序。一年以后,严格考察该领导的工作学习表现,如果工作表现突出,学习效果优秀,则可以启动复出的考察,严格实行公众或有学者提出的"异体参与"[①] 程序。第一,引咎辞职的官员

---

① 黄凤兰:《"问责官员"复出机制研究》,《中州学刊》2010年第1期,第22页。

复出程序启动后,应向公众通报,满足公众的知情权。第二,公众参与考察听证,对拟复出的官员进行评价,并最终提出同意复出或不准予复出的建议,组织部门以此为依据做出相应的决定。如果考察通过,则交由任免机关和选举机关做最后的决定。如果未得到通过,组织部门继续考察,三轮考察不通过,转为非领导职务系列。第三,引咎辞职官员复出后应继续接受公众的监督。如发现问题,可以继续曝光,启动新的舆论压力。当然如果该领导成绩显著,也应该给予肯定性报道,协助组织部门用对干部。

(4) 社会影响恶劣的事件中引咎辞职的领导复出要谨慎。媒体大肆报道过的社会影响恶劣的事件,往往会在受害者或者公众的心中留下极深的伤痕。因此对于此类事件中引咎辞职的领导干部的复出问题,要照顾公众的感受,最好让这些领导复出到不太受公众关注的岗位或者领域,一方面依法给予引咎辞职的领导将功补过的机会,另一方面避免刺激受害者和公众。

(四) 责令辞职

建议对责令辞职进行相应调整。按照国际惯例和《公务员法》的规定,基本达成公务员辞职是一种"权利"的共识。然而党政领导干部的"责令辞职"作为"辞职"的一种类型却是被"责令"的,是带有命令性质的。西方国家的高官也会被迫辞职,舆论也会要求某官员下台。然而,是否辞职的行为还是官员主动做出的决定。而我国的"责令辞职"明显不是党政领导干部的主动行为。这与《公务员法》(2018修订)第十五条第七项的公务员享有"申请辞职"的权利存在冲突。为此,笔者提出三种处理思路。

第一种思路是将"责令辞职"的问责归入"免职"问责的范畴。2009年6月中共中央办公厅、国务院办公厅印发的《关于实行党政领导干部问责的暂行规定》第七条明确提出"对党政领导干部实行问责的方式分为:责令公开道歉、停职检查、引咎辞职、责令辞职、免职"。其中引咎辞职、责令辞职和免职都是对党政领导干部进行问责的方式。笔者认为对应该引咎辞职而不辞的,可以通过任免机关进行"免职",而不是

"责令辞职"。这样既达到了问责的效果，又避免了同一部法律中的前后矛盾。

第二种思路是将"责令辞职"改为"责令离职"，因为"离职"是一个中性词，并不涉及权利的保护问题。这样改的结果是"责令离职"退出了党政领导干部辞职的范围，但是它仍然是对党政领导干部实行问责的方式之一，这种问责设计的初衷仍然可以从法律上得到保证。但是要防止被问责的干部把"责令离职"变成不办理移交手续的"擅自离职"，责令离职仍然要得到任免机关的批准，进行免职程序，并办理工作移交，其复出的条件及时限与"责令辞职"等同。而"擅自离职"按照有关规定还要给予相应的党纪政纪处分。

第三种思路是突破"辞职权利"观的瓶颈。就像"受教育"和"劳动"在法律上"既是一种权利，又是一种义务"一样，可以把《公务员法》界定的"辞职"是一种单纯的权利发展为"辞去公职是公务员享有的一项权利；辞去现职是不称职领导干部应尽的义务"。从《公务员法》法条中明确规定辞职是一种权利义务的统一，而非单纯的权利，从而有效避免同一部法律中前后规定的自相矛盾。

通过本章的理论探讨和研究，不断健全和完善公务员辞职制度及管理是关乎国家政治体制改革成功和国家社会经济健康发展的一个重大问题。为此，本书认为，在公务员辞职法规和制度方面的理论研究、法治建设、制度完善及其执行过程中，必须坚持公共利益优先、保护个人权利和法治原则；把握三大总体思路，并分别对辞去公职和辞去现职提出科学可行的管理对策，以提升政府绩效管理的水平。在我国公务员队伍建设中不断消除引咎辞职和责令辞职等带来的社会负能量，不断增强公务员公共服务水平的社会正能量，不断创新公务员辞职管理理念，健全公务员管理体制，提高公务员辞职管理的科学化水平，使中国公务员辞职及其管理在理论和实践中逐步走向成熟。

参考文献

（一）中文文献

〔英〕艾德里安·弗恩海姆、约翰·泰勒：《负面工作行为分析与应对》，李东、雷雯译，中国劳动社会保障出版社，2006。

〔美〕安东尼·唐斯：《官僚制内幕》，郭小聪等译，中国人民大学出版社，2006。

〔美〕彼得·德鲁克：《21世纪的管理挑战》，朱雁斌译，机械工业出版社，2009。

毕重增、黄希庭：《中学教师成就动机、离职意向与倦怠的关系》，《心理科学》2005年第1期。

〔美〕B.盖伊·彼得斯：《官僚政治》（第五版），聂露、李姿姿译，中国人民大学出版社，2006。

蔡尚思：《蔡元培》，江苏人民出版社，1982。

蔡沈：《书经集解》，中国书店，1984。

曹志主编《各国公职人员退休退职制度》，中国劳动出版社，1990。

曹志主编《苏联东欧国家人事制度概要》，北京大学出版社，1985。

曹志主编《中华人民共和国人事制度概要》，北京大学出版社，1985。

曹志主编《资本主义国家公务员制度概要》，北京大学出版社，1985。

陈海：《九二派："新士大夫"企业家的商道和理想》，中信出版社，2012。

〔西晋〕陈寿：《三国志·诸葛亮传》，大众文艺出版社，2005。

陈鑫：《公务员心理健康"求关注"》，《健康时报》2015年2月。

程燎原、王人博：《权利及其救济》，山东人民出版社，1998。

《辞海》，上海辞书出版社，1989。

崔鹏:《党报称潜规则破坏社会公平 民众因无权无势焦虑》,《人民日报》2011年8月11日,第18版。

〔美〕戴维·奥斯本、特德·盖布勒:《改革政府——企业家精神如何改革着公共部门》,周敦仁等译,上海译文出版社,2006。

〔美〕戴维·H. 罗森布鲁姆、罗伯特·S. 克拉夫丘克:《公共行政学:管理、政治和法律的途径》(第五版),张成福等译,中国人民大学出版社,2002,第255页。

〔英〕德里克·托林顿、劳尔·霍尔、史蒂芬·泰勒:《人力资源管理》(第六版),邵剑兵等译,经济管理出版社,2008。

邓政阳、袁宁:《陶渊明彭泽辞官"畏罪潜逃"辨——兼与耿宝强先生商榷》,《内江师范学院》2004年第1期。

董进:《魏征辞职的联想》,《领导科学》1987年第1期。

杜文戈:《解决公务员辞职养老保险有利于精兵简政》,《民主与法制时报》2010年1月25日。

范宏云、金玲:《深圳法治建设大事》,海天出版社,2008。

方振邦:《管理思想百年脉络——影响世界管理进程的百名大师》,中国人民大学出版社,2007。

冯树鉴:《一首诗使人辞官归田》,《前进论坛》1994年第5期。

〔美〕弗雷德里克·赫茨伯格、伯纳德·莫斯纳、芭芭拉·斯奈德曼:《赫茨伯格的双因素理论》,张湛译,中国人民大学出版社,2009。

高光宇:《完善辞职辞退制度 建立公务员正常退出机制》,《中国人才》2009年第17期。

高国舫:《"引咎辞职":现状、问题与对策》,《中州学刊》2005年第5期。

高国舫:《党政干部淘汰机制研究》,中共中央党校出版社,2005。

高平叔编《蔡元培全集》(第三卷),中华书局,1984。

高秦伟:《"引咎辞职"与公务员"退出机制"的完善》,《重庆行政》2001年第6期。

高中华、吴春波:《从引咎辞职制度看政府激励约束机制》,《中国人才》2010年第3期。

〔美〕格雷厄姆·T. 奥尔森：《公共管理学研究讨论会会议记录》，1979年11月。

耿相魁、高猛：《我国问责官员复出机制的构建问题研究》，《中国行政管理》2012年第5期。

龚祥瑞、娄邦彦：《欧美员吏制度》，世界书局，1934。

郭蓉：《深圳公务员辞职人数增多》，《中国人才》1998年第7期。

郭少峰、谢言俊：《赵启正任人大新闻学院院长欲培养政府新闻官》，《新京报》2005年11月20日。

《国务院严肃处理两起重大交通事故 接受铁道部长丁关根辞职请求 给予民航局长胡逸洲记大过处分》，《劳动保护》1988年第4期。

《汉语大词典》，汉语大词典出版社，1989。

郝金红：《陈寿辞职》，《文史月刊》2012年第2期。

贺日开：《〈公务员法〉引咎辞职制度之忧思》，《法律科学（西北政法学院学报）》2007年第6期。

胡春艳、李贵：《"行政问责"专题——30个官员问责与复出典型事例分析》，《行政管理改革》2012年第5期。

胡杰：《戴维·伊斯顿和"西方政治学革命"》，《政治学研究》1985年第1期。

黄凤兰：《"问责官员"复出机制研究》，《中州学刊》2010年第1期。

黄仁宗：《"辞官下海"的制度分析》，《安徽决策咨询》2001年第10期。

〔荷〕吉尔特·霍夫斯泰德、格特·杨·霍夫斯泰德：《文化与组织：心理软件的力量》（第二版），李原、孙健敏译，中国人民大学出版社，2010。

纪宝成主编《中国古代治国通论》，中国人民大学出版社，2006。

贾华斐：《基金法昨日三审 证监会官员下海或受限》，《第一财经日报》2012年12月25日。

《坚定不移走中国特色社会主义道路 夺取中国特色社会主义新胜利》，中国共产党第十八次全国代表大会政治报告，2012年11月8日。

姜明安：《政府官员"下海"的是非评说》，《法制资讯》2008年第

Z1 期。

蒋桂斌：《辞职公务员养老保险官司开庭》，《北京晨报》，2005 年 10 月 25 日。

蒋云根：《从制度上完善官员引咎辞职的动力机制》，《天津行政学院学报》2005 年第 1 期。

〔美〕杰伊·M. 沙夫里茨、艾伯特·C. 海德、桑德拉·J. 帕克斯编《公共行政学经典》（第五版），中国人民大学出版社，2010。

金杭庆：《"香港遏制'期权腐败'的'过冷河'条款及其启示"》，《党政论坛》2010 年第 10 期。

《决胜全面建成小康社会　夺取新时代中国特色社会主义伟大胜利》，中国共产党第十九次全国代表大会政治报告，2017 年 10 月 18 日。

康淼、乌梦达：《公务员辞职潮传闻调查：辞职者数量增加但未成潮》，《瞭望》2015 年 5 月 22 日。

孔昌生主编《外国公务员法选编》，中国政法大学出版社，2003。

孔靓：《官员"下海"与我国公务员退出机制的完善》，《党政干部论坛》2004 年第 12 期。

〔美〕莱斯利·里普森：《政治学的重大问题：政治学导论》（第十版），刘晓等译，华夏出版社，2001。

〔美〕雷蒙德·A. 诺伊、约翰·R. 霍伦贝克、巴里·格哈特、帕特里克·M. 赖特：《人力资源管理：赢得竞争优势》（第五版），刘昕译，中国人民大学出版社，2005。

李安定、黄奉初：《不在其位　顾问其政——访几位主动辞职的副部长》，《瞭望》1982 年第 2 期。

李春光：《中国人事史话》，中国人事出版社，2005。

《李长江复出，公众不应最后一个知道》，《燕赵晚报》2009 年 12 月 28 日。

李金：《新世纪推行公务员辞职辞退制度的挑战与创新》，《科技进步与对策》2004 年第 5 期。

李敬欣、余勇：《王明义、贾连朝、李新民辞去河南省副省长职务》，《大河报》2006 年 1 月 19 日。

李俊清：《移植与嬗变——论现代文官制度在中国的创建》，《政治学研究》2006年第12期。

李俊清：《现代文官制度在中国的创构》，生活·读书·新知三联书店，2007。

李松：《"问题官员"凭什么"东山再起" 厘清"官员复出"机制是关键》，《决策探索》（上半月）2008年第10期。

李文永：《〈论语〉、〈孟子〉和行政学》，宣德五、沈仪琳等译，东方出版社，2000。

李晓玉、高冬东、高峰：《党政干部工作倦怠、离职意向、自我效能感、工作绩效关系研究》，《中国健康心理学杂志》2007年第7期。

李雪卿：《我国国家公务员辞职辞退制度存在的问题及对策分析》，《云南行政学院学报》2004年第2期。

梁丽芝：《公务员流动机制与绩效管理研究》，湖南人民出版社，2007。

林虎英：《陶渊明仕隐之述评》，《语文学刊》2011年第3期。

刘辉：《中国官员下海现象二十年回顾》，《时代人物周报》2005年8月8日。

刘俊生：《公务员权利规范及保障制度》，博士学位论文，中国人民大学，2004。

刘俊生：《中国人事制度概要》，清华大学出版社，2009。

刘俊生编著《公共人事制度》，中国人民大学出版社，2009。

刘俊生：《公共人事制度》，河南人民出版社，2003，第203页。

刘明辉：《魏晋士人政治心态类型研究》，博士学位论文，南开大学，年份。

刘睿娟：《引咎辞职制度对构建责任型政府的有效性研究——以省部级高官引咎辞职为研究视角》，《运城学院学报》2011年第3期。

刘熙瑞、刘金程：《中国特色社会主义行政管理体制的内涵》，转引自王澜明主编《中国特色社会主义行政管理体制研究》，新世界出版社，2010。

刘星、谢亚乔、易舒冉：《公务员辞职潮来了吗》，《中国青年报》2015年4月3日，第5版。

刘耀臣、王健编《公职人员压力管理策略》，中国人事出版社，2011。

龙宁丽：《美国高级文官的回应性研究》，博士学位论文，中国人民大学公共管理学院，2008。

龙太江、博岚岚：《公务员辞职后的利益冲突问题》，《探索与争鸣》2007年第6期。

卢丹：《中国公务员退出机制研究》，博士学位论文，中国人民大学，2011。

〔法〕卢梭：《社会契约论》，何兆武译，商务印书馆，2003。

〔美〕罗伯特·B.登哈特：《公共组织理论》（第三版），扶松茂、丁力译，中国人民大学出版社，2003。

〔美〕罗纳德·克林格勒、约翰·纳尔班迪：《公共部门人力资源管理：系统与战略》，孙柏瑛等译，中国人民大学出版社，2001。

〔美〕罗森布鲁姆、克拉夫丘克：《公共行政学：管理、政治和法律的途径》，张成福等译，中国人民大学出版社，2002。

〔美〕罗斯科·庞德：《通过法律的社会控制法律的任务》，沈宗灵、董世忠译，商务印书馆，1984。

〔英〕洛克：《政府论》（下篇），瞿菊农、叶启芳译，商务印书馆，1964。

骆立骞：《广东省公务员辞职、辞退、开除状况调查》，《探求》2006年第5期。

〔德〕马克斯·韦伯：《经济与社会》（上卷），林荣远译，商务印书馆，2006。

马爽、王晨曦、胡婧、张西超：《地税基层公务员工作压力与工作满意度、离职意向的关系：心理资本的调节作用》，《中国临床心理学杂志》2015年第2期。

毛寿龙：《引咎辞职、问责制与治道变革》，《浙江学刊》2005年第1期，第47页。

美原：《辞官纪事》，《新西部》2001年第9期。

明来香：《引咎辞职官员的职业发展通道分析》，《理论学习》2012年第5期。

《墨子·节葬下》，大众文艺出版社，2005。

〔美〕尼古拉斯·亨利：《公共行政与公共事务》（第八版），张昕译，中国人民大学出版社，2002。

〔英〕欧内斯特·巴克：《英国政治思想》，黄维新、胡待岗译，商务印书馆，1987。

潘晨光：《2005年中国人才报告》，社会科学文献出版社，2005。

彭冰：《吉林榆树千余名干部带薪"下海" 保留身份和职务》，《中国青年报》2003年4月6日。

彭和平、竹立家等编译《国外公共行政理论精选》，中共中央党校出版社，1997。

钱行：《朱元璋的〈大诰〉》，《读书》1995年第12期。

《清末那些辞官教书的"厅官"》，《羊城晚报》2011年9月28日，第B04版。

《庆元条法事类》卷七十七《丁忧服阕》，载《续编四库全书》（第861册），上海古籍出版社，2006，第619页。

屈家权：《尽快建立领导干部引咎辞职制度》，《领导科学》2001年第13期。

任俊华等：《中国古代官员创新之道》，中共中央党校出版社，2012。

〔美〕萨拜因等：《政治学说史》（下册），盛葵阳、崔妙因译，商务印书馆，1986。

《上市公司中的官员》，《投资者报》2010年7月5日。

沈星棣、沈凤舞：《中国古代官吏退休制度史》，江西教育出版社，1992。

〔美〕施密特、谢利、巴迪斯：《美国政府与政治》，梅然译，北京大学出版社，2005。

舒放、王克良主编《公务员制度教程》（第三版），中国人民大学出版社，2008。

舒锋：《公务员辞职给补偿是赎买权力》，《检察日报》2008年6月11日。

〔西汉〕司马迁：《史记·越王勾践世家第十一》，韩兆琦译注，中华书局，2010，第3250页。

宋斌、鲍静、谢昕：《政府部门人力资源开发》，清华大学出版社，2005。

宋德福：《八年人事制度改革行》，中国人事出版社，2000。

苏力：《中国司法改革逻辑的研究——评最高法院的〈引咎辞职规定〉》，《战略与管理》2002年第1期。

孙文霞：《领导干部引咎辞职在实施中存在的问题及对策》，《领导科学》2018年3期。

《申报》，民国11年3~8月。

《申报》，民国4年7月11日。

盛堃：《韩正：上海公务员离职与辞职现象每年都有未成"潮"》，凤凰山东，2016年3月7日。

《孙中山全集》（第1卷），中华书局，1981。

《孙中山全集》（第2卷），中华书局，1982。

《孙中山全集》（第5卷），中华书局，1985。

《孙中山全集》（第6卷），中华书局，1985。

《孙中山全集》（第9卷），中华书局，1986。

谭健主编《二十国人事制度》，辽宁人民出版社，1987。

谭健主编《外国人事法规选编》，劳动人事出版社，1985。

谭野：《上书总理的李昌平，乡党委书记到NGO官员》，《大河报》2004年10月17日。

唐静：《论中国公务员的辞职、辞退制度》，《四川行政学院学报》2001年第3期。

仝志敏主编《国家公务员概论》，中国人民大学出版社，1989。

王宝林：《建立国家公务员离职审计制度初探》，《中国审计信息与方法》1994年第3期。

王超：《中国反避税空间大难题多》，《中国青年报》2012年5月2日，第5版。

王红茹：《我国公务员总数首披露：截至2015年底共有716.7万人》，《中国经济周刊》2016年第24期。

参考文献

王虎：《公务员流失报告：中央部委三年流失人才1039人》，《21世纪经济报道》2003年9月10日。

王建邦：《瑞士政府机构与公务员制度》，人民出版社，1984。

王名扬：《美国行政法》（第二版），中国法制出版社，2005。

王能昌、岳贤猛：《"引咎辞职"的道德解析》，《求实》2007年第11期。

孙亚菲：《政府瘦身：效果如何？》，《领导文萃》2003年第2期。

王世涛：《中国的引咎辞职法律化评析》，载《中国法学会行政法学研究会2010年会论文集》，2010年7月19日。

王文俊：《女性公务员工作满意度、组织承诺与离职倾向的关系研究》，《领导科学》2016年第23期，第44~47页。

卫清：《公务员制度备览》，书目文献出版社，1994。

魏英杰：《公务员辞职无须过度解读》，《钱江晚报》2015年5月11日。

温薷：《5年流失500余法官》，《新京报》2014年3月12日。

吴国庆：《法国政府机构与公务员制度》，人民出版社，1959。

吴兢、白龙：《公务员"下海"：政府该鼓励，还是中立？》，《人民日报》2008年7月2日。

吴琼恩、张世杰、许世雨等：《公共人力资源管理》，北京大学出版社，2006。

吴志华：《当今国外公务员制度》，上海交通大学出版社，2008。

吴志华：《美国公务员制度的改革与转型》，上海交通大学出版社，2006。

武博：《当代中国人才流动》，人民出版社，2005。

肖登辉、张文杰：《党政领导干部引咎辞职程序制度规范化的路径探析》，《学术探索》2017年1期。

《限制下海》，《职业》2009年第31期，第72页。

徐颂陶、孙建立主编《中国人事制度改革三十年》，中国人事出版社，2008。

徐颂陶、原所安主编《国家公务员实用手册》，中国人事出版社，

1993。

〔古希腊〕亚里士多德：《政治学》（第二版），商务印书馆，1981。

严伍虎、张淑琴：《陕西省政府来了见习生》，《决策》2013年第4期。

杨国宜：《从〈大诰〉看朱元璋的反腐败》，《安徽史学》1999年第2期。

杨明、张璐：《徐刚：辞官八年谈下海》，《瞭望东方周刊》2010年第29期。

叶必丰：《"辞官下海"与廉政监控》，《政治与法律》2004年第4期。

袁名富：《证监会官员下海 如何防火与灭火》，《南方周末》2012年10月19日。

〔美〕约翰·格林伍德、戴维·威尔逊：《英国行政管理》，汪淑钧译，商务印书馆，1991。

〔美〕约瑟夫·斯托里：《美国宪法评注》，毛国权译，上海三联书店，2006。

〔美〕詹姆斯·M.伯恩斯、杰克·W.佩尔塔森、托马斯·E.克罗宁：《民治政府》，陆震纶、郑明哲等译，中国社会科学出版社，1996。

张爱军、韩睿：《西方发达国家弹劾制及对中国的启示》，《甘肃社会科学》2010年第1期。

张彩凤：《英国法治研究》，中国人民公安大学出版社，2001。

张富强：《基于三个维度的政府管理人才流出行为及原因剖析》，《价值工程》2012年第27期。

张海平：《李贽辞官的心路历程》，《楚雄师范学院学报》2005年第4期。

张立荣：《中外行政制度比较》，商务印书馆，2002。

张勉、张德：《国外雇员主动离职模型研究新进展》，《外国经济与管理》2003年第9期。

张鹏、孙国光：《公务员职业倦怠成因及干预对策》，《中国行政管理》2008年第10期。

［清］张廷玉等著《明史》（卷二百八十八），中华书局，1974，第7397页。

张维迎：《是什么推动了中国经济的高增长？》，《市场报》2005年2

月 22 日。

张伟：《青年人才流动与辞职权》，《上海青少年研究》1984 年第 12 期。

张玮：《"辞官从教"中国官员的另类退出通道》，《国际人才交流》2004 年第 4 期。

张序：《我国古代官员监察弹劾制度之演变》，《政治学研究》1987 年第 5 期。

章敬平：《权变：从官员下海到商人从政》，浙江人民出版社，2004。

赵锋、李牧编《跳槽》，清华大学出版社，2011。

赵克生：《明代国家礼制与社会生活》，中华书局，2012。

赵鹏：《人社部否认出现公务员离职潮》，《京华时报》2015 年 4 月 25 日。

赵曙明、〔美〕马希斯、〔美〕杰克逊：《人力资源管理》（第九版），电子工业出版社，2003。

赵勇、杨静、潘雯：《神奇始于足下——访美国康龙集团总裁叶康松》，中广网，2009 年 5 月 29 日。

郑励志、臧志军：《日本公务员制度与政治过程》，上海财经大学出版社，2001。

〔日〕中顿章、竹下让：《日本的政策过程——自民党·在野党·官僚》，梓出版社，1989。

中共中央办公厅：《党政领导干部选拔任用工作责任追究办法（试行）》，2010 年 3 月。

中共中央组织部研究室（政策法规局）编《干部人事制度改革》，中国方正出版社，2004。

中国社会科学院语言研究所词典编辑室编《现代汉语词典》第三版（增订本），商务印书馆，2002。

周俊：《上市公司中的官员：官系高管最高年薪 663 万》，《投资者报》2010 年 7 月 5 日。

周琪、袁征：《美国的政治腐败与反腐败——对美国反腐败机制的研究》，中国社会科学出版社，2009。

周庆行、吴新中：《新一轮"官员下海"析》，《党政论坛》2005 年第 2 期。

周亚越：《被问责官员：无原则复出和复出的原则》，《北京航空航天大学学报》（社会科学版）2012 年第 5 期。

朱立言、雷强：《公共行政领导角色》，《天津行政学院学报》2002 年第 2 期。

朱立言、谢明：《公共管理概论》，中国人民大学出版社，2007。

朱立言：《行政领导学》（修订版），中国人民大学出版社，2010。

〔日〕猪口孝、岩井奉信：《"族议员"的研究》，日本经济新闻社，1987。

〔宋〕朱熹撰，张茂译整理《孟子·告子下》，三秦出版社，2005，第 208 页。

〔日〕佐藤诚三郎、松崎哲久：《自民党政权》，中央公论社，1986。

（二）英文文献

Amlan Haque, Mario Fernando, and Peter Caputi, "The Relationship Between Responsible Leadership and Organisational Commitment and the Mediating Effect of Employee Turnover Intentions: An Empirical Study with Australian Employees," *Journal of Business Ethics* 156 (2019).

Andrew B. Whitford, and Soo-Young Lee, "Exit, Voice, and Loyalty with Multiple Exit Options: Evidence from the US Federal Workforce," *Journal of Public Administration Research and Theory* 25 (2015).

Australian Public Service Commission, "The Australian Experience of Public Sector Reform", 2003, http://www.apsc.gov.au/publication/index.html#s.

M. Anthony Bertelli, "Determinants of Bureaucratic Turnover Intention: Evidence from the Department of the Treasury," *Journal of Public Administration Research and Theory* 17 (2007).

M. Anthony Bertelli, and David E. Lewis, "Policy Influence, Agency-Specific Expertise, and Exit in the Federal Service," *Journal of Public Administration Research and Theory* 23 (2013).

Michael Beyerlein, "Job Embeddedness Versus Traditional Models of Voluntary Turnover: A Test of Voluntary Turnover Prediction," *Unt Theses & Dissertations* 12 (2005).

Bruce E. Kaufman, "Personnel/Human Resource Management: Its Roots as Applied Economics," *History of Political Economy* 32 (2000).

Leonard Bright, "Does Public Service Motivation Really Make a Difference on the Job Satisfaction and Turnover Intentions of Public Employees?" *American Review of Public Administration* 38 (2008).

C. E. Rusbult, et. al., "Impact of Exchange Varialbes on Exit, Voice, Loyalty and Neglect: An Integrative Model of Responses to Declining Job Satisfaction," *Academy of Management Journal* 31 (1988).

Carl E. Prince, *The Federalists and the Origins of the U. S. Civil Service* (New York: New York University Press, 1977).

Carl Russell Fish, *The Civil Services and the Patronage* (Harvard University Press, Cambridge, Mass).

F. Wayne Cascio, "Downsizing: What Do You Know? What Have We Learned?" *Academy of Management Executive* 7 (1993).

Charles R. Lingley, *Since the Civil War* (New York: The Century Co., 1924).

Yoon Jik Cho, and Gregory B. Lewis, "Turnover Intention and Turnover Behavior: Implications for Retaining Federal Employees," *Review of Public Personnel Administration* 32 (2012).

Sung-Joo Choi, "Diversity in the US Federal Government: Diversity Management and Employee Turnover in Federal Agencies," *Journal of Public Administration Research and Theory* 19 (2009).

T. J. Fogarty, J. Singh, G. K. Rhoads, and R. K. Moore, "Antecedents and Consequences of Burnout in Accounting: Beyond the Role Stressmodel," *Behavioral Research in Accounting* 12 (2000).

"Forty-Seventh Congress of the United States of America," *Civil Service Act of 1883*.

Frank N. Pieke, *The Good Communist—Elite Training and State Building in Today's China* (Cambridge University Press, 2009).

Fred W. Riggs, "Bureaucrats and Political Development: A Paradoxical View," In Joseph LaPalombara, ed., *Bureaucracy and Political Development* (Princeton: Princeton University Press, 1963).

Frederick C. Mosher et al., *Watergate. Implications for Responsible Government* (Washington, D. C.: National Academy of Public Admimistration, 1974).

H. J. Freudenberger, "Staff Burnout," *Journal of Social Issues* 30 (1974).

B. Geys, T. R. Heggedal, and Rune J Sørensen, "Are Bureaucrats Paid like CEOs? Performance Compensation and Turnover of Top Civil Servants," *Journal of Public Economics* 152 (2017).

Gregory B. Lewis, "Turnover, Hiring, and the Changing Face of the Federal Service," *Social Science Electronic Publishing* 7 (2010).

J. Hoffman, "The Plague of Small Agencies: Turnover," *Law and Order* 41 (1993).

James Gerard Caillier, "I Want to Quit: A Closer Look at Factors That Contribute to the Turnover Intentions of State Government Employees," *State & Local Government Review* 43 (2011).

Jay M. Shafritz, Albert C. Hyde, and Sandra J. Parkes, *Classics of Public Administration* (Fifth edition, Wadsworth, 2004).

Chansu Jung, "Predicting Organizational Actual Turnover Rates in the U. S. Federal Government," *International Public Management Journal* 13 (2010).

Kam C. Wong, "How Chinese E – public Feel and Think about Corruption: A Case Study of Audit Storm (Shenji fengbao)," *International Journal of Law, Crime and Justice* 37 (2009).

Soonhee Kim, "Factors Affecting State Government Information Technology Employee Turnover Intentions," *American Review of Public Administration* 35 (2005).

Kiwook Kwon, Kweontaek Chung, Hyuntak Roh, Clint Chadwick, and John J. Lawler, "The Moderating Effects of Organizational Context on the

Relationship between Voluntary Turnover and Organizational Performance: Evidence from Korea," *Human Resource Management* 51 (2012).

Geon Lee, and Benedict S. Jimenez, "Does Performance Management Affect Job Turnover Intention in the Federal Government?" *The American Review of Public Administration* 41 (2011).

Soo-Young Lee, and Andrew B. Whitford, "Exit, Voice, Loyalty, and Pay: Evidence from the Public Workforce," *Journal of Public administration Research and Theory* 18 (2008).

Soo-Young Lee, and Jeong Hwa Hong, "Does Family-friendly Policy Matter? Testing Its Impact on Turnover and Performance," *Public Administration Review* 71 (2011).

Gregory B. Lewis, "Turnover and the Quiet Crisis in the Federal Civil Service," *Public Administration Review* 51 (1991).

Li Yongkang, Ai Jun, Li Bo, *An Empirical Analysis of the Impact of Psychological and Emotional States on Job Performance and Turnover Intention of Civil servants* (Paper represented at Atlantics Press, ICPM 2018, Kunming, China, September 2018).

Li Yongkang, Xie Hejun, Duan Yuping, *Research on Issues Concerning Chinese Civil Servant Resignation Administration* (Paper represented at Atlantics Press, ICPM 2018, Kunming, China, July 2016).

Li Yongkang, and Yan Xiong, *The Difference between Chinese and American Culture and Advices for Cross-Cultural Management—Based on Hofstede's Research* (Paper represented at IEEE Press, ICIII 2012, Sanya, China, October 2012).

Li Yongkang, *Analysis of Reasons for Chinese Civil Servants Resigning from Office* (Paper represented at Atlantics Press, ICPM2014, Bali, Indonesia, August 2014).

Louis M. Harris, and J. Norman Baldwin., "Voluntary Turnover of Field Operations Officers: A Test of Confluency Theory," *Journal of Criminal Justice* 27 (1999).

Mary Conyngton, "Separations from the Government Service," *Monthly Labor Review* 6 (1920).

C. Maslach, and Susan E. Jackson, "The Measurement of Experienced Burnout," *Journal of Occupational Behavior* 2 (1981).

Max Weber, *The Theory of Social and Economic Organization* (New York: The Free Press of Glencoe, 1947).

Max Weber, *Theory of Social and Economic Organization*, Talcott Parsons, ed. (London: Oxford University Press, 1974).

A. R. Moriarty, and M. W. Field, *Police Officer Selection. Springfield* (IL: Charles C. Thomas, 1994).

A. R. Moriarty, and M. W. Field, "Proactive Intervention: A New Approach to Police EAP Programs," *Public Personnel Management* 19 (1990).

Donald P. Moynihan, and Noel Landuyt, "Explaining Turnover Intention in State Government: Examining the Roles of Gender, Life Cycle, and Loyalty," *Review of Public Personnel Administration* 28 (2008).

Donald P. Moynihan, and Sanjay K. Pandey, "The Ties that Bind: Social Networks, Person Organization Value Fit and Turnover Intention," *Journal of Public Administration Research and Theory* 18 (2008).

Murray N. Rothbard, Bureaucracy and the Civil Service in the United Stated. http://archive.lewrockwell.com/rothbard/tothbard123.html.

O. Glenn Stahl, *Public Personnel Administration*, 8*th* (New York: Harper and Row, 1983).

O. P. Divedi, and James Gow, *From Bureaucracy to Public Management: The Administration Culture of Cadana* (Peterborough, ONT: Broadview Press, 1999).

Office of Personnel Management, *Biography of an Ideal: A History of the Federal Civil Service* (2004).

Paul P. Van Riper, *History of the United States Civil Service* (Row, Peterson and Company, 1958).

Perry Moore, *Public Personnel Management: A Contingency Approach* (Lexington Massachusetts: DC Heath and Company, 1985).

M. Phelan, "Number of Officers Leaving a Department for Any Reason Other Than Retirement," *Law and Order* 39 (1991).

Public Service (Disciplinary Proceedings) Regulations (Recised Edidion, 1996).

R. B. Freeman, and J. L. Medoff, *What Do You Do?* (New York: Basic Books, 1984).

Retirement Age Act (2000 Revised Edition, Article 4).

Robert N. Roberts, and Marion T. Doss Jr., *From Watergate to Whitewater, the Public Interity War* (Westport: Greenwood Publishing Group, Inc., 1997).

W. B. Schaufeli, and A. B. Bakker, "Job Demands, Job Resources, and Their Relationship With Burnout and Engagement: A Multisample Study," *Journal of Organizational Behavior* 25 (2004).

Sally C. Selden, and Donald P. Moynihan, "A Model of Voluntary Turnover in State Government," *Review of Public Personnel Administration* 20 (2000).

J. R. Sparger, and D. J. Giacopassi, "Copping out: Why Police Leave the Force," In R. R. Bennett, ed., *Police at work: Policy Issues and Analysis*, ed. R. R. Bennett (Beverly Hills, CA: Sage Publications, 1983).

D. W. Stevens, "Protecting the Investment in Entry Level Training," *Police Chief* 49 (1982).

SURF for Arab State, *Public Sector Downsizing: Early Retirement Schemes and Voluntary Severance Pay* (Beirut: United Nations Development Programme, 1999).

N. D. Swanstrom, "Resolving the Free 'Exiter' Problem," *Police Chief* 49 (1982).

Terry W. Culler, "Most Federal Workers Need Only Be Competent," *Wall Street Journal* 21 (1986).

The Congress of the United States Congressional Budget Office, "Employee Turnover in the Federal Government," 1986.

Thomas Van Waeyenberg, Adelien Decramer, Sebastian Desmidt, and Mieke Audenaert, "The Relationship Between Employee Performance Management and Civil Servants' Turnover Intentions: A Test of the Mediating Roles of System Satisfaction and Affective Commitment," *Public Management Review* 19 (2017).

United States, "Civil Service Commission," *A Brief History of the United States Civil Service* (United States Government Printing Office Washington, 1929).

White, "The Jacksonians," *On Resistance in the Senate*, see Van Riper, History.

Y. Z. Chan G., "China and English Civil Service Reform," *American Historical Review* 42 (1942).

Li Yongkang, *Analysis of Resignation Trend of Chinese Civil Servants* (2016 2nd International Conference on Social, Education and Management Engineering, Bangkok, Thailand, March 2016), p. 20.

L. Gomez-Mejia, and D. Balkin, *Compensation, Organization Strategy and Firm Performance* (Cincinnati, Ohio: South Western College Publishing, 1992).

P. Cappelli, "A Market-driven Approach to Retaining Talent," Harvard Business Review1/2 (2000): 103-111; IRS., "Employee Retention 1 - the tools and techniques," Employee Development Buletin118 (2000a): 6-10; IRS., "Retention 2 - effective methods," Employee Development Buletin129 (2000b): 6-16.

致　谢

本书从写作、修改到出版整个过程花了近十年。专著的主体框架及主要内容是 2013 年在中国人民大学公共管理学院通过答辩的博士论文。2012 年，我获得国家留学基金委西部项目的支持，于 2014 年 4 月 15 日至 2015 年 4 月 29 日在美国佛罗里达大学商学院人力资源研究中心访学。因此书中大量的关于国外公务员离职的文献梳理、美国公务员辞职的演变历程、美国公务员辞职管理及经验等内容系在美国访学期间完成。2014 年 6 月，我申报的"公务员去职行为实证研究"被国家社科基金规划办批准为面上项目（批准号：14BZZ055）。2015 年 5 月访学结束回国后，随即展开项目研究，本书中"十八大以来公务员辞职趋势"的内容来自该项目公开发表的阶段成果（课题研究报告将在通过国家基金委的验收后申请出版）。有了后续的研究支持和不断完善，才有了现在的书稿。

我要对帮助过本书写作、完稿和出版的所有单位、老师、领导、同事及同学表达由衷的敬意和谢意！

首先，我要特别感谢博士生导师朱立言教授！如果不是朱老师对西部边疆的照顾，就没有我到人民大学攻读博士的机会；如果不是朱老师高屋建瓴、前瞻性的指导，就不会有本书的研究方向和研究成果。感谢朱老师，祝福老师晚年健康、幸福！同时要感谢中国人民大学为我授过课的刘昕、方振邦、吴春波、蓝志勇、张成福、谢明、祁凡骅等老师！要感谢同师门的刘俊生、刘旭涛、李家福、汪大海、高鹏怀、胡晓东等教授！要感谢李国梁、白洋、卢小溪、潘娜、葛蕾蕾、邓斌、雷尚清、倪咸林等同学！

其次，要感谢我所在的单位云南财经大学！是单位的支持，让我有机会继续攻读博士学位，继续出国访学，让我的研究成果有机会与读者见面！

再次，我要感谢中国人民大学的培养，感谢国家留学基金委对访学项目的资助，感谢国家社科基金委对公务员辞职项目的资助，感谢社会科学文献出版社经济与管理分社恽薇社长、宋淑洁编辑，她们为本书的编辑出版做了大量工作！感谢所有我参考过的精彩文献的作者，是他们的研究让我有了坚实的研究基础！

最后，我要特别感谢我的家人！感谢妻子张小萍女士在我求学和写作的过程中对我的全力支持！感谢女儿李雨阳，她与本书的创作共同成长！感谢我的父母给我生命，给我受教育的机会，从小学到读博士，始终默默支持！感谢我已逝去的爷爷奶奶，给了我快乐的童年！感谢我的岳父张绪生先生，老人家帮我照顾小孩，还对本书的写作提出了独到的见解！

虽然我已经尽了最大努力，但是由于本人才疏学浅，书中肯定存在诸多不足，敬请读者宽容并提出宝贵意见和建议！

李永康
于昆明盘龙江畔
2019 年 9 月 8 日

图书在版编目(CIP)数据

中国公务员辞职及其管理研究/李永康著.--北京：社会科学文献出版社，2020.6
（云南财经大学前沿研究丛书）
ISBN 978-7-5201-6594-5

Ⅰ.①中⋯ Ⅱ.①李⋯ Ⅲ.①公务员-人事管理-研究-中国 Ⅳ.①D630.3

中国版本图书馆CIP数据核字（2020）第069057号

·云南财经大学前沿研究丛书·

中国公务员辞职及其管理研究

著　者／李永康

出 版 人／谢寿光
组稿编辑／恽　薇
责任编辑／宋淑洁
文稿编辑／刘　争

出　版／社会科学文献出版社（010）59367226
　　　　　地址：北京市北三环中路甲29号院华龙大厦　邮编：100029
　　　　　网址：www.ssap.com.cn
发　行／市场营销中心（010）59367081　59367083
印　装／三河市龙林印务有限公司
规　格／开　本：787mm×1092mm　1/16
　　　　印　张：17.5　字　数：267千字
版　次／2020年6月第1版　2020年6月第1次印刷
书　号／ISBN 978-7-5201-6594-5
定　价／99.00元

本书如有印装质量问题，请与读者服务中心（010-59367028）联系

▲ 版权所有 翻印必究